Singen mit den Partnerkirchen
Singing with our Partner Churches

Internationales Ökumenisches Liederbuch
International Ecumenical Hymnbook

Herausgegeben von der
Basler Mission, Basel
und dem
Evangelischen Missionswerk
in Deutschland, Hamburg

Erarbeitet von
DIETER TRAUTWEIN
(Projektleitung), Frankfurt

BEATRICE AEBI
Basler Mission, Basel

JOHANNA LINZ
Evangelisches Missionswerk, Hamburg

DIETRICH WERNER
Missionsakademie an der Universität Hamburg

BASILEIA VERLAG, BASEL
STRUBE VERLAG, MÜNCHEN-BERLIN

ISBN 3–921946–17–4 (Strube Verlag)
ISMN M–2009–0602–8 (Strube Verlag)

Bildmotive bei den Kapitelüberschriften
aus der Reihe der Indischen Altarparamente
(nähere Informationen siehe Nr. 167)

Umschlag: Jürgen Wolf, Berlin
Druck und Verarbeitung: PPK, Bielefeld

Geleitwort

"Singen mit den Partnerkirchen" – der Untertitel des vorliegenden Liederbuches drückt aus, was zwischen Christinnen und Christen in Süd und Nord in den vergangenen zwei Jahrzehnten gewachsen ist: eine weltweite ökumenische Partnerschaft. Kontakte zwischen Kirchen hier bei uns und in Asien, Afrika und Lateinamerika, gegenseitige Besuche, miteinander singen und gemeinsam Gottesdienst feiern, Austausch von Erfahrungen gehören vielerorts ganz selbstverständlich zum Leben der Gemeinde.

Lieder sind dabei oft die direkteren und mitteilsameren Botschafter ökumenischer Erfahrungen von Leid und Schmerz, Freude, Vertrauen und Hoffnung als Reden oder Predigten. Töne und Melodien nehmen leichter mit hinein in die Spiritualität anderer Lebenswelten und öffnen in unaufdringlicher Weise Türen in unbekannte Räume anderer Traditionen und Kulturen.

In einer fremden Sprache und unbekannten Melodie zu singen ist in manchen Gemeinden sicherlich noch gewöhnungsbedürftig und muß eingeübt werden. Wer sich jedoch darauf einläßt, entdeckt einen großen, nicht nur musikalischen Reichtum. Singen mit den Liedern der Partnerkirchen heißt, an der Lebendigkeit des Glaubens in der Ökumene teilzunehmen.

Möge der Gebrauch dieser Liedersammlung neue Freude an der Gemeinschaft der Christen und Christinnen, am gemeinsamen Feiern der Liebe Gottes bringen, Freude an Begegnungen, zu denen alle etwas beitragen, zum Beispiel: ein neues Lied!

Bischöfin Maria Jepsen
Vorsitzende des Vorstandes
des Evangelischen Missionswerks

Dr. Wolfgang Schmidt
Präsident der
Basler Mission

Preface

This hymn book is intended as an aid for "Singing with our Partner Churches" and as such forms part of a movement of worldwide ecumenical partnership which has grown up over the past two decades between Christians in South and North. Making contacts with churches in Asia, Africa and Latin America, exchanging visits with them, singing and worshipping together, sharing our experiences: all this has now become a normal part of church life for many local congregations in Europe.

Hymns can often convey ecumenical experiences of suffering and pain, joy, trust and hope in a more direct and communicative way than talking or preaching. Music and melodies give us a feeling for the sprititualitу of people from other parts of the world and open the doors of unfamiliar rooms in other traditions and cultures in an unobtrusive way.

No doubt some congregations are not used to singing unknown tunes in a foreign language, and will have to spend some time practising. But those who give it a try will unearth a rich treasure – and one not only of musical wealth. Joining in the hymns of our partner churches means participating in the liveliness of faith as it is found throughout the worldwide Christian community.

May using this collection of hymns give many people a new experience of joy in Christian fellowship and in celebrating the love of God together; and may we all be able to experience gatherings at which everyone has something to share – like a new song!

Bishop Maria Jepsen
Executive Board,
Association of Protestant
Churches and Missions in Germany
(Evangelisches Missionswerk)

Dr. Wolfgang Schmidt
President,
Basel Mission

Einführung

Thuma mina – Sende mich! Ein Lied aus Südafrika, mit dem sich Frauen, Männer und Kinder Mut zu einem befreiten Leben machten, um auf dem Weg der Hoffnung zu bleiben. Dies ist nur ein Beispiel aus einer wachsenden Fülle von neuen Liedern aus der weltweiten Christenheit, die uns entgegenkommen als lebendige Zeugnisse davon, wie Glauben sich heute entfaltet.
Das hier vorgelegte "Internationale Ökumenische Liederbuch" ist geprägt von ***Erfahrungen des zunehmenden ökumenischen Austauschs*** zwischen verschiedenen Kirchen, Kontexten und Kulturen. Die meisten der gesammelten Lieder wurden bei großen Konferenzen, bei Partnerschaftsbesuchen oder bei ökumenischen Gottesdiensten mehrfach erprobt. Dankbar konnten wir auf zahlreiche Liederbücher und Sammlungen des Ökumenischen Rates der Kirchen zurückgreifen. Nachdem für partnerkirchliche Treffen der Basler Mission (1990) und für mehrere europäische ökumenische Versammlungen (Budapest 1992, Potsdam 1993 und Wien 1994) jeweils eigene Liederhefte improvisiert worden waren und regionale Missionswerke eigene kleinere Liedersammlungen herausgebracht haben, wurde ein für dauerhafteren Gebrauch konzipiertes "Internationales Ökumenisches Liederbuch" immer dringender. Die Bitte um Liedvorschläge an die regionalen Mitgliedswerke des Evangelischen Missionswerkes in Deutschland fand eine beachtliche Reaktion. Gleichwohl konnte nur ein Bruchteil dessen, was an Vorschlägen aus Europa und Übersee eingegangen ist, in dieser Auswahl vorgestellt und aufgenommen werden. Dies Liederbuch soll Interesse wecken an dem, was in anderen Kirchen im Bereich gesungener Spiritualität wächst und im Austausch noch intensiver zur Geltung kommen sollte. Folgende Gesichtspunkte haben uns bei der Konzeption dieses Liederbuchs bestimmt:

- Wo Glaube in Liedern lebendig wird, können wir entdecken, was anderen Kraft zum Leben gibt. Nicht nur mit dem Kopf, sondern "mit Herzen, Mund und Händen" nehmen wir Anteil an Freude, Schmerz und Hoffnung in der weltweiten Christenheit. In Zeiten drohender Entfremdung durch Nationalismus und Konfessionalismus ***wird die gesungene Ökumene zu einer wesentlichen Triebkraft der ökumenischen Bewegung,*** in der über Grenzen Vertrauen wächst und Haß und Angst der Boden entzogen wird.
- Bei (fast) allen Liedern und Gesängen wird ***zuerst die Originalsprache*** wiedergegeben. Dies soll zum einen erleichtern, die Lieder gemeinsam mit Nachbarn und Besuchern anderer nationaler Herkunft zu singen. Zum anderen ist uns wichtig, daß wir uns Lieder, die in anderen Kontexten und unter anderen Lebensbedingungen entstanden sind, nicht leicht-

fertig "aneignen" oder ihr Singen nur in einem oberflächlich-folkloristischen Sinne verstehen. Sie bleiben die Lieder der anderen, geprägt durch einen bestimmten "Sitz im Leben", doch geben sie uns zugleich die Möglichkeit, uns berühren zu lassen von der Vielfalt gesungener Spiritualität, die Christen weltweit verbindet. Wer in diese Lieder einstimmt, läßt sich selber ein auf jene Bewegung, in der der Glaube jeweils neu sprachlich-musikalische Gestalt gewinnt in und zwischen den verschiedenen Kulturen und damit weitersagbar bleibt zwischen den Völkern und Generationen.

• Die ***singbaren Übersetzungen*** nehmen deshalb in der Regel enge Rücksicht auf die Ursprache. Nah am Original bleibenden Übersetzungen wird in der Regel der Vorrang gegeben vor freien Übertragungen, weil die Lieder auch im Nebeneinander verschiedener übersetzter Sprachen singbar und ihr "Urcharakter" möglichst erhalten bleiben sollen.

• Ein wichtiges Kriterium war die Singbarkeit im gottesdienstlichen Zusammenhang für ein möglichst breites Spektrum von Interessierten. Das Liederbuch hat thematische Rubriken, die der liturgischen Bewegung des Gottesdienstes folgen (vgl. S. 11f.), am Ende ist als Vorschlag eine Kurzliturgie (Ordnung eines Kurzgottesdienstes) abgedruckt. Selbstverständlich lassen sich viele Lieder auch außerhalb eines liturgischen Zusammenhangs, bei Freizeiten, Fahrten und spontanen Anlässen singen. In der Sammlung fehlen Kunstlieder, die ein besonderes Arrangement benötigen. Eine besondere Bedeutung wurde den "kurzen liturgischen Stücken" beigemessen, die sich vielfach bewährt haben und die sich vor allem in den Abschnitten A–H finden. Eine reiche Auswahl biblischer und thematischer Lieder kann zusätzlich zum regulären Gesangbuch mithelfen, bei vielfältigen Anlässen die weltweite Zusammengehörigkeit und Weltverantwortung der Christen ins Bewußtsein zu rufen und zu feiern. Zahlreiche Lieder gehen auf katholische Autoren zurück, die beim Auswahlprozeß von Liedern für Konferenzen des Ökumenischen Rates der Kirchen (ÖRK) regelmäßig einbezogen werden. Manche Lieder sind auch in ökumenischer Zusammenarbeit bei Evangelischen Kirchentagen oder Katholikentagen in Deutschland entstanden.

• Die frühere "Einbahnstraße", die fast nur das Liedgut aus dem "Land der Reformation" oder aus Europa nach Übersee transportierte, ist mittlerweile zunehmend durch einen ***gegenseitigen ökumenischen Austausch*** aufgehoben. Zum lebendigen Austausch gehört es deshalb, daß auch einige ältere und neuere Lieder aus dem deutschsprachigen Raum, die gerne bei ökumenischen Anlässen gesungen werden, aufgenommen worden sind. Der Prozeß der "Einheimischwerdung" im liturgischen Ausdruck geht in vielen überseeischen Kirchen noch voran. Von daher überrascht es nicht, daß in manchen Liedern, die jetzt zu uns aus dem Süden "zurückkommen", die missionarischen Beigaben und Prägungen

Europas und Amerikas noch unverkennbar sind. Doch werden solche Lieder in den Partnerkirchen als die je eigene Ausdrucksform verstanden, und wir müssen uns vor einem vorschnellen Urteil über ihre Authentizität hüten.

- Das Liederbuch will eine ***Einladung und Hilfe sein, hineinzuwachsen in eine ökumenische Singbewegung und eine Kultur des gegenseitigen Teilens im Gottesdienst.*** Ökumenisches Singen aber braucht ökumenische Begegnung und Gemeinschaft. Zwar gibt es im Buch bei einzelnen Liedern Hinweise zur Aussprache der Originalfassungen. Viel besser aber ist es, wenn man im eigenen Umfeld einmal Menschen aus der Nachbarschaft oder aus Partnerschaftskontakten anspricht, die beim Erlernen z. B. eines polnischen, russischen, afrikanischen oder portugiesischen Liedtextes helfen können. Das gleiche ist möglich bei der instrumentalen Begleitung der Lieder, die durch angegebene Harmonien erleichtert und mit Flöten, Gitarren und anderen Instrumenten möglich ist. Ein Lied erschließt sich – und seinen Inhalt – neu, wenn es von Menschen (mit)gesungen oder begleitet wird, für die dieses Lied Heimat, Identität, Erinnerung und Kraft bedeutet. Manche Lieder sind im mehrstimmigen Satz wiedergegeben, und auch bei vielen anderen Liedern, wo dies aus Platzgründen nicht erfolgen konnte, ist leicht eine mehrstimmige chorische Entfaltung möglich.
- Zu einem wichtigen Anliegen dieses Buches gehört es auch, den ***Autoren von Liedern und Texten*** vor allem aus den Kirchen des Südens eine angemessene finanzielle Anerkennung für den Abdruck ihrer Kompositionen zukommen zu lassen. Wir danken allen, die uns dafür ***Zuschüsse*** gegeben haben (u. a. Evangelisches Missionswerk in Deutschland, Basler Mission, Evangelische Kirche in Deutschland, Schweizerisch-Evangelischer Missionsrat, Österreichischer Missionsrat und mehrere Gliedkirchen der EKD sowie die Ev. Kirche der Union und die Bildungsarbeit des schweizerischen Hilfswerks Brot für Alle). Für fachlichen Rat bei Übersetzungen und Liedauswahl danken wir besonders Rev. Terry MacArthur vom ÖRK und vielen anderen Freunden/innen! Für Hinweise auf weitere Textfassungen ökumenischer Basis-Lieder in europäischen Sprachen danken wir Professor Andreas Marti vom UNISONO-Projekt der Internationalen Arbeitsgemeinschaft für Hymnologie. Nicht zuletzt sagen wir Herrn Friedemann Strube Dank, ohne dessen engagierte Unterstützung ein Gelingen unseres Vorhabens nicht möglich gewesen wäre.

Die Arbeit an diesem Liederbuch hat uns mit Freude und Begeisterung erfüllt. Das gleiche wünschen wir für seinen Weg in Gruppen, Gemeinden, Schulen und Kirchen!

Beatrice Aebi, Johanna Linz, Dieter Trautwein, Dietrich Werner

Introduction

Thuma mina – Send me! Women, men and children in South Africa sing this song to encourage each other to live as those set free and to keep going on the path of hope. This is just one of a growing range of new songs and hymns emerging from the worldwide Church as living witnesses to use of how Christians in different countries live out their faith today.

This "International Ecumenical Hymn Book" is a *product of increasing ecumenical contacts* between different churches, contexts and cultures. Most of the hymns in this book have been sung many times at large-scale conferences, during visits to partner churches and in ecumenical worship services. We are grateful for being able to make use of all the hymn books and collections of songs published by the World Council of Churches. In recent years booklets have been improvised for singing at various special occasions – Basel Mission partner church meetings in 1990 and the European Ecumenical Assemblies in Budapest 1992, Potsdam 1993 and Vienna 1994. There is obviously an urgent need now for an international ecumenical hymn book for longer-term use. When the regional mission centres affiliated with the Association of Protestant Churches and Missions in Germany (Evangelisches Missionswerk, EMW) were asked for contributions, the response was remarkable. Only a fraction of the hymns and songs sent in from Europe and overseas could be included in this book.

The aim of this book is to arouse interest in the sung spirituality which is alive and growing in other churches. When deciding what kind of hymn book to produce, we were guided by the following considerations:

- When people express their faith in songs and hymns, we can discover what gives them the strength to live. We share in the concerns, joys, pain and hopes of Christians in other parts of the world not only through "head-knowledge", but with "hearts and hands and voices". In times when nationalism and denominationalism are threatening to alienate us, *ecumenical encounter in song is one of the driving forces behind the ecumenical movement.* It can enable trust to grow across borders and cut the ground from under the feet of hate and fear.
- In the case of (almost) all the hymns the original language has been printed first. We wanted to make it easy to sing them with neighbours and visitors from other countries. We also felt it was important not to simply "assimilate" hymns written in other contexts and under different living conditions or to sing them in a superficial way like folk songs. They remain the property of people from other countries and bear the

indelible mark of their own context ("Sitz im Leben"). Yet they also give us the opportunity to be touched by the wide variety of sung spirituality which links Christians all over the world with each other. When we join in these hymns, we become part of the movement of faith being given a new voice in language and music both within individual cultures and in communication between them. In this way faith remains communicable between the nations and generations.

- The *translations can be sung* and generally keep very close to the original language. We prefered these to free paraphrases because we wanted to have hymns which could be sung in different languages at the same time, which meant that their original meaning had to be preserved as far as possible.
- An important criterion was to ensure that the hymns and songs chosen can be sung in worship by a wide range of different people. The book is divided into sections according to the liturgy within worship services (see p. 11f.), and a short order of service is suggested at the end of the book. Of course many of the hymns and songs can also be sung on other occasions such as conferences and retreats, while travelling or just spontaneously. We have omitted hymns which require special musical arrangements. A special place has been given to "short liturgical pieces" which have proved their worth on many occasions – these can be found mainly in sections A–H. A wide selection of songs on biblical and other themes are included, which can be used in addition to our regular hymn books on many occasions. This will make people aware of and able to rejoice in the community and joint responsibility of Christians all over the world. Many hymns are by Roman Catholic writers who are regularly included when making selections for conferences held by the World Council of Churches. Many have also emerged from ecumenical cooperation at the German Protestant "Kirchentage" and "Katholikentage" in Germany as well.
- What used to be a "one-way street" in transporting hymns from the "land of the Reformation" or from Europe in general to other parts of the world has now been replaced by a *mutual ecumenical exchange*. Exchange also means that some old and new hymns from German-speaking countries which people like to sing at ecumenical occasions have also been included in this book. As the process of "indigenisation" of liturgical and musical expression is still under way in many churches overseas, it is hardly surprising that we find unmistakable marks of missionary tradition and the influence of Europe and America in many hymns from churches of the South. Yet these hymns are considered by our partner churches to be their own forms of expression, and we should be wary of passing premature judgements on their authenticity.

• This book is intended to be an invitation and an aid to become part of an ecumenical movement of song and develop a culture of mutual sharing in worship. Ecumenical song needs ecumenical encounter and fellowship. We have tried to give some hints on how to pronounce the original versions of some hymns, but it is much better to ask people from other countries living in our neighbourhood or those we meet through partnerships to help us to learn a Polish, Russian, African or Brasilian song. They may also be able to help with a musical accompaniment; harmonies are given for recorders and flutes, guitars and other instruments. The message of a hymn will come across more easily if it is sung or accompanied by people for whom it has a meaning – their homeland, their identity, their memories and their inner strength. Some hymns have been set for more than one part. There was not enough room for this in the case of others, but all of them can easily be harmonised for different voices in a choir.

• Another concern which we had was to give appropriate financial remuneration to the hymn and text-writers, mainly to those who come from churches of the Southern hemisphere, for printing their hymns. We would like to express our gratitude to all those who have given us grants for this purpose (including the EMW, the Basel Mission, the Evangelical Church in Germany, the Swiss Protestant Mission Council, the Austrian Mission Council and various member churches of the Evangelical Church in Germany (EKD) as well as the Evangelical Church of the Union (EKU) and the education board of the Swiss Bread for All (BFA). We also want to extend special thanks to Rev. Terry MacArthur from the WCC and many other friends for their expert advice on translations and the selection of songs and hymns. For copies of ecumenical basic-hymns in European languages provided for the UNISONO-project of the International Association of Hymnology we give Professor Andreas Marti our thanks. Last but not least we want to express our thanks to Friedemann Strube, without whose commitment and support our projekt would not have succeded.

We have worked on this book with joy and enthusiasm. We hope that all those who use it in groups, congregations, schools and churches will have the same experience!

Beatrice Aebi, Johanna Linz, Dieter Trautwein, Dietrich Werner

Inhaltsübersicht / Table of Contents
Table de matieres / Indice

A

Einladung und Eröffnung
Call to worship, Opening
Invitation, Ouverture
Invitación, Apertura

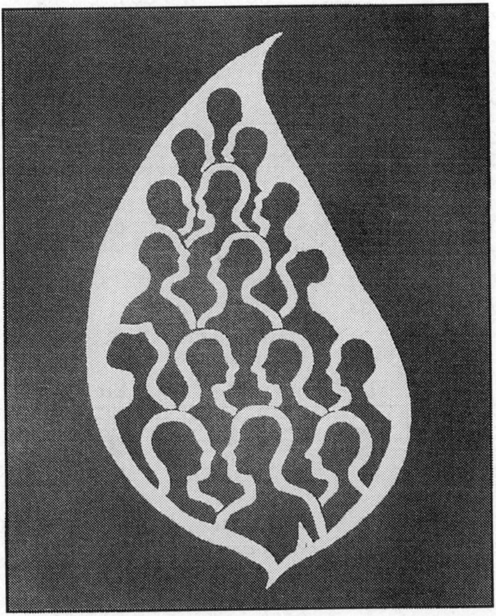

1 Agios o Theos

Heiliger, heil'ger Gott / Holy, holy God

Greece/Griechenland

1 A - - gi - os o___ The - os, A - gi - os
2 *Hei - li - ger, heil' - ger Gott, Hei - li - ger*
3 Ho - ly,___ ho - ly God, ho - ly___
4 *Shen___ sheng Shang___ Zhu, shen sheng*
5 Al - lah yang ku - - dus. Al - lah yang

Is - - chi - ros, A - gi - os___ A - -
star - ker___ Gott, Hei - li - ger___ un -
migh - ty___ God, Ho - - ly___ im -
qui - ang da Zhu, Shen___ sheng youn
ku - - - at. Kau - pe - cah - kan___

tha - na - tos, E - le - i - son i - mas.
sterb - li - cher Gott, er - barm dich ü - ber uns.
mor - tal___ God, have mer - cy up - on us!
sheng Zhu,___ li - an min___ wo men!
ke - ma - ti - an, ka - sih - an - i ka - mi.

Th und the gesprochen wie das Englische "th".
Th and the spoken as the English "th".

1 = griechisch, 2 = deutsch, 3 = englisch, 4 = chinesisch, 5 = indonesisch
Melodie und Text: aus der Orthodoxen Liturgie. 2: Dieter Trautwein, 3, 4, 5: Basler Mission.

Bani ngyeti Ba Yawe **2**

Preisen laßt uns Gott / Let us praise the Lord

Kamerun

1 Ba - ni ngye - ti Ba Ya - we,
2 *Prei - sen laßt uns Gott, den Herrn,*
3 Let us praise the Lord, our God,
4 *Ren - dons grâ - ce au Sei - gneur,*
5 A - la - be - mos al Se - ñor,
6 *Lo - be wäm - mer eu - se Gott,*

ba - ni ngye - ti Ba Ya - we,
prei - sen laßt uns Gott, den Herrn,
let us praise the Lord, our God,
ren - dons grâ - ce au Sei - gneur,
a - la - be - mos al Se - ñor,
lo - be wäm - mer eu - se Gott,

ba ni ngye - ti Ba Ya - we. A - men.
prei - sen laßt uns Gott, den Herrn, A - men.
let us praise the Lord, our God, A - men.
ren - dons grâ - ce au Sei - gneur, A - men.
a - la - be - mos al Se - ñor, A - men.
lo - be wäm - mer eu - se Gott, A - men.

Hal - le-lu-jah, Hal - le-lu-jah, Hal - le-lu-jah, A - men.

1 = mungaka, 2 = deutsch, 3 = englisch, 4 = französisch, 5 = spanisch, 6 = schweizerdeutsch.

Melodie und Text: aus Kamerun, Mungaka. 2+3: Irmhild Lyonga und Dieter Trautwein, 4: Bayiga Bayiga, 5: Pablo Sosa, 6: Basler Mission.

3 **Cantai ao Senhor**

Singt Gott, unserm Herrn / Oh, sing to the Lord

Brasilien

1 2. Porque ele fez, ele faz maravilhas (3x) / cantai ao Senhor, cantai ao Senhor!

3. Cantai ao Senhor, bendizei o seu nome, (3x) / cantai ao Senhor, cantai ao Senhor!

4. É ele quem dá o Espirito Santo, (3x) /
cantai ao Senhor, cantai ao Senhor!

5. Jesus é o Senhor! Amém, aleluia! (3x) /
cantai ao Senhor, cantai ao Senhor!

---

2 *2. Denn Wunder tat Gott, er tut sie noch immer, (3x) /*
Singt Gott, unserm Herrn, singt Gott, unserm Herrn!

3. Jauchzt Gott, alle Welt, lobsingt seinem Namen! (3x) /
Singt Gott, unserm Herrn, singt Gott, unserm Herrn!

4. Gott gibt uns den Geist, der aufweckt und sammelt! (3x) /
Singt Gott, unserm Herrn, singt Gott, unserm Herrn!

5. Denn Jesus ist Herr. Amen. Halleluja! (3x) /
Singt Gott, unserm Herrn, singt Gott, unserm Herrn!

---

3 2. By his holy power our God has done wonders (3x) /
Oh, sing to our God, Oh, sing to our God.

3. So dance for our God and blow all the trumpets. (3x) /
Oh, sing to our God, Oh, sing to our God.

4. Oh, shout to our God, who gave us the Spirit (3x) /
Oh, sing to our God, Oh, sing to our God.

5. For Jesus is Lord! Amen! Alleluia! (3x) /
Oh, sing to our God, Oh, sing to our God.

---

4 *2. Porque el creó, creó maravillas: (3x) /*
cantad al Señor, cantad al Señor.

3. La peña se abrió, y agua bebimos, (3x) /
cantad al Señor, cantad al Señor.

4. El es quien nos da el Espiritu Santo (3x) /
cantad al Señor, cantad al Señor.

5. Jesus es Señor, Amén Aleluya (3x) /
cantad al Señor, cantad al Señor.

Zu Psalm 98

1 = brasilianisch (portugiesisch), 2 = deutsch, 3 = englisch, 4 = spanisch

Melodie und Text: aus Brasilien. 2: Dorival Ristoff/Dieter Trautwein, 3: Gerhard Cartford, 1+4: überliefert.

4 Het bôt ba to ba'a

Sind zwei, sind drei / Where two or three

Kamerun

1 Het bôt ba to ba'a ba kot - ba i jôi
2 *Sind__ zwei, sind drei in mei- nem Na - men*
3 Where two or three are ga-thered in my
4 *Là où deux ou trois sont u - nis en mon*
5 Si____ dos o tres me in - vo - can al o -

jem me ga ba lôn - ni bo. bo.
eins, bin im - mer ich da - bei. bei.
name, I will be in their midst. midst.
nom, je se - rai a - vec eux. eux.
rar con e - llos es - ta - ré. ré.

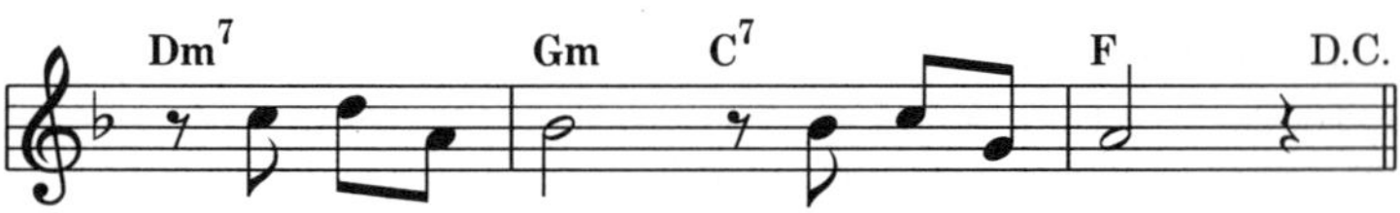

Ba lôn - ni bo, ba lôn - ni bo.
Ich bin da - bei, ich bin da - bei.
Be in their midst, be in their midst.
Se- rai a-vec eux, se- rai a-vec eux.
A -llí es -ta - ré, a -llí es -ta - ré.

zu Matthäus 18,20

1 = bassa, 2 = deutsch, 3 = englisch, 4 = französisch, 5 = spanisch

Melodie und Text: Bayiga Bayiga. 2: Dieter Trautwein 1982, 3+4: Bayiga Bayiga, 5: Pablo Sosa.

Hineh ma tov

Schön ist’s, wenn Brüder und Schwestern

Behold how good and how pleasant

5

Israel

1 Hi - neh ma tov u - ma na - - im
2 *Schön ist’s, wenn Brü - der und Schwe - stern*
3 Be - hold how good and how plea - sant:
4 *In - dah sau - da - ra sau - da - - ri*
5 Mir - ren qué bue - no y lin - - do:

sche - wet a - chim gam - ja - chad, hi - neh
fried - lich bei - sam - men woh - nen. In Ge -
God’s peop - le live to - ge - ther! Be - hold,
du - duk ber-sama ber - da - mai. Per - se -
el pueb - lo de Dios uni - do! Mi - ren

ma - tow sche - wet a - chim gam - ja - chad.
mein - schaft fin - den wir Got - tes Frie - den!
how___ good God’s peop - le live to - ge - ther!
ku - tu - an tan - da da - mai Tu - han.___
qué her-moso cuan - do es - ta - mos jun - tos.

1 = hebräisch, 2 = deutsch, 3 = englisch, 4 = indonesisch, 5 = spanisch.

Melodie: aus Israel. Text: nach Psalm 133,1. 2: Dieter Trautwein, 3, 4, 5: Basler Mission.

6 Miren qué bueno

Seht doch, wie gut und herrlich es ist / Behold, how pleasant

1 2. Miren qué bueno es cuando los hermanos están juntos: / se parece al rocío sobre los montes de Sión.

3. Miren qué bueno es cuando los hermanos están juntos, / porque el Señor ahí manda vida eterna y bendición.

2 *2. Seht doch, wie gut und herrlich ist's, wenn wir in Eintracht leben. / Das ist erfrischend wie der Tau, der auf dem Zion fällt.*

3. Seht doch, wie gut und herrlich ist's, wenn wir in Eintracht leben. / Dann segnet Gott und gibt uns Leben bis in Ewigkeit.

---

3 2. How pleasant and harmonious when God's people are together: / refreshing as the dew upon the mountain of our God.

3. How pleasant and harmonious when God's people are together: / there our God bestows his blessing – life for evermore.

1 = spanisch, 2 = deutsch, 3 = englisch

Melodie und Text: Pablo Sosa. 2: Dieter Trautwein.

Jesus beruft uns **7**

Jesus has called us / Lobet den Herren

Deutschland

1 Je - sus be - ruft uns, Ein-heit zu ge - win - nen.
2 *Je - sus has called us to re - co - ver uni - ty,*

3 Lo - bet den Her - ren al - le, die ihn eh - ren!
4 *Praise God for ev - er, all his peo- ple praise him!*
5 Chante et pro - cla - me, peu -ple que Dieu ai - me,

Folgt ihm nach, folgt ihm nach, denn er führt uns zum Ziel.
fol - low him, fol - low him, he is lead-ing the way.

Lo - bet, lo - bet, lo - - bet den Herrn!
Praise him, praise him, praise___ him to - day!
ton Sei-gneur, ton Sau-veur, chan - te ton Dieu!

1+3 = deutsch, 2+4 = englisch, 5 = französisch.

Melodie: Herbert Beuerle (nach Johann Crüger). Text 1+2: Dieter Trautwein, 3: Paul Gerhardt, 4: Erik Routley. 5: Joseph Gelineau 1973.

8 Ka, za ku ina?

Sagt, wohin geht ihr? / Where are you going

Nigeria

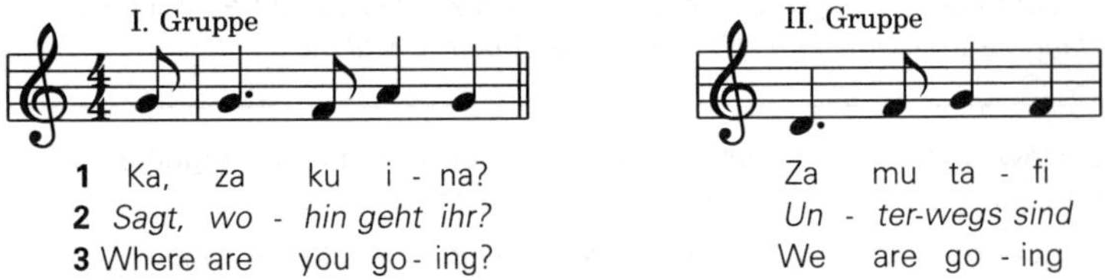

1 I Yabon mene ne?
II Domin abinci, / ai da sutura / da Alah ya ke ba mu.
I Wannan kadai, ko?
II A'a, da sauran / abu da yawa / da Allah ya ke ba mu.
I Sauran mene ne?
II Saura da yawa, / kwanciyar zuciya, / murna da farin ciki.
I Don me da murna?
II Muna da murna / saboda Yesu / ya zo ya kowa ceto.
I Kun biya mene ne?
II Ba mu biya ba, / daga alherinsa / ya biya laifofinmu.
I Kaka zan samu?
II Tuba, ka yarda / Allah ya aiko / Yesu ya ceci duniya.
I Wannan na yarda
II To, ya isa, / an cece ka, / ka zo mu tafi tare.
I Za ni tare.
II To mu tafi / majami'a, / mu yi wa Allah yabo.

---

2 *I Wozu Gott loben?*
II Für das Leben, / Brot, die Kleidung auch, /
denn sie sind Gaben von Gott.
I Und das ist alles?
II Nein, für vieles / andre danken wir, / für alles, was uns Gott gibt.
I Was ist das andre?
II Das ist vieles: / Glück, Geborgenheit, / Frieden, Gerechtigkeit auch.

I Was macht euch fröhlich?
II Wir sind glücklich, / weil uns Jesus kennt, / er kam und hat uns erlöst.
I Was war zu zahlen?
II Nichts von uns aus. / Gnade war's allein, /
Liebe, mit der er das tat.
I Kann ich sie haben?
II Komm und glaube, / daß Gott Jesus schickt, /
Retter für uns und die Welt.
I An ihn ich glaube.
II Weil das gut ist, / du gerettet bist, /
laßt uns zusammen nun gehn!
I Ich komme mit euch!
II Laßt uns gehen, / gehn zum Gottesdienst, /
zu loben Gott, unsern Herrn!

---

3 I Why are you praising God?
II Because of food and / life and clothing / that God has given to us.
I Only for these things?
II No, for all things / we have in our life / that God has given to us.
I What are the other things?
II Among the other things, / there is happiness, /
justice, peace and salvation.
I Why are you happy?
II We are happy / because of Jesus, /
he came and brought salvation.
I What was the price for this?
II We paid nothing, / only through grace and love, /
he paid for our sins.
I How can I get this?
II Repent and then believe, / God sent Jesus /
to come and save the whole world.
I With this then I agree.
II That's enough then, / you are welcome, / now let us go together.
I I will come with you.
II Okay, let us go / to the service / to worship God, our Saviour.

1 = haussa, 2 = deutsch, 3 = englisch

Melodie und Text aus Nigeria. Lied auf dem Weg zum Gottesdienst.
2: Jörg und Katharina Stähler, Dieter Trautwein, 3: Dieter Trautwein.

9 Jesu tawa pano

Jesus, sieh, hier sind wir / Jesus, we are with you

Zimbabwe

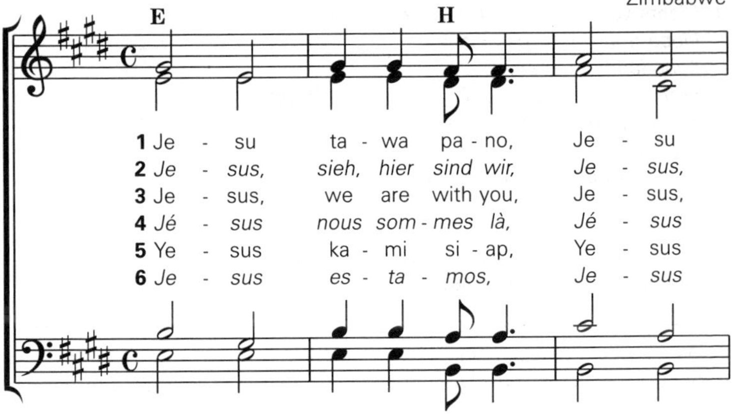

1 = shona, 2 = deutsch, 3 = englisch, 4 = französisch, 5 = indonesisch, 6 = spanisch

Melodie und Text: Patrick Matsikenyiri, Zimbabwe (Shona). 2–6: Basler Mission.

Dodji knama sveti Duše 10

Komm zu uns, Heilger Geist / O Holy Spirit, come

Serbien

1 = serbisch, 2 = deutsch, 3 = englisch, 4 = spanisch

Text und Melodie: Milos Vesin, Serbien. 2: Dieter Trautwein, 3: Fred Kaan, 4: Joan A. Gattinioni.

11 Tsarju nibiesni

O Himmelskönig / O heavenly King

Rußland

1 = russisch, 2 = deutsch, 3 = englisch, 4 = französisch

Melodie und Text: aus Rußland, 2–4: überliefert.

12 Wa Emimimo

Komm, Heiliger Geist / Come, O Holy Spirit

Nigeria

1 = yoruba, 2 = deutsch, 3 = englisch, 4 = französisch

*Melodie und Text: mdl. überliefert durch Samuel Solanke, Yoruba, Nigeria.
2: Wolfgang Leyk, 3: I-to-Loh, 4: Joëlle Gouël.* © *bei den Autoren bzw. World Council of Churches, Genf*

Mi pela i bung **13**

Wir versammeln uns / God of all the world

Papua Neu Guinea

1 Mi pe - la i bung pa - pa God long on - rim
2 *Wir ver-sam-meln uns, dich zu eh - ren und zu*
3 God of all the world, we have come to give you
4 *Tous en-sem- ble nous t'ho - no - rons, Te re - mer -*

yu na long ten - kim yu tru. tru. Long dis - pe la
lo - ben, dir dank- bar zu sein. sein. Und in die-sem
thanks and be-come more like you. you. In wor-ship we
cions, no - tre Père, no - tre Dieu. Dieu. Tous en - sem-ble,

lo tu ol pi - pel i bung wan-taim yu.
Got - tes-dienst sind wir ver - eint als dein Volk!
long to be one with each oth - er and you.
tous dans ce lieu, nous t'a - do - rons.

1 = pidgin, 2 = deutsch, 3 = englisch, 4 = französisch

Melodie und Text: aus Papua Neu Guinea, Fassung: I-to-Loh. 2: Dieter Trautwein, 3: Fred Kaan, 4: Joëlle Gouël. © *bei den Autoren.* © *2: Strube, München*

14 Ndi mitima

Kommt mit Freude / O be joyful

Malawi

1 Ndi mi - ti - ma, Ndi mi - ti - ma yo - ko - na - we - ra.
2 *Kommt mit Freu - de, kommt mit Freu-de tief im Her - zen,*
3 O be joy - ful, O be joy -ful in your hearts, ____

Mbu - ye wa - thu ti - ya mi - ka. ____
sagt ihm Dank, Gott, un -serm Ret - - - ter, ____
and give thanks to God our Sav - - - ior. ____

E - chi - fu-ndo, E - chi fu - ndo cha - ke cho-nse. ____
Ndi -cho- sa- tha, Ndi-cho - sa - tha ntha- wi zo -nse. ____
sei - ne Gna-de, sei - ne Gna - de währt in E- wig-keit!
for his mer-cy, for his mer-cy's ev - er last - ing.

1 = chichewa, 2 = deutsch, 3 = englisch

Melodie und Text: Danklied in der Chichewa-Sprache aus Malawi, aufgezeichnet von I-to-Loh. 2: Dieter Trautwein, 3: I-to-Loh.

15 Nehmet einander an

Welcome each other / Recevez l'autre

Deutschland

1 Neh - met ein - an - der an, so wie euch
2 *Wel- come each oth - - er, as Christ has*
3 Re - ce - vez l'au - - tre, com - me le
4 *Fo - gád - ja - tok el egymást, ta - nit - já*

1 = deutsch, 2 = englisch, 3 = französisch, 4 = ungarisch

Melodie: Rolf Schweizer. Text: Römer 15,7. 2–4: Dieter Trautwein und andere.

Veni Creator **16**

Komm Schöpfer Geist / Come Creator Spirit

Frankreich

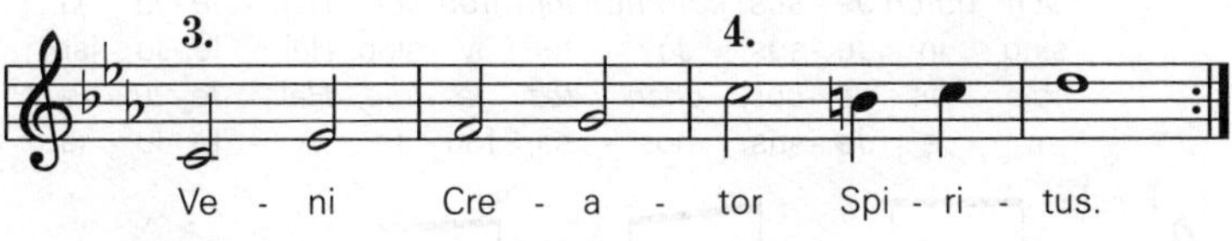

Komm Schöpfer Geist.
Come Creator Spirit.
Viens Esprit Créateur.
Ven Espíritu Creador.

Text: aus der Liturgie. Melodie: Jacques Berthier, Taizé.

17 **Munezero munezero**

Kommt und laßt uns fröhlich singen / Joyfully sing

Ruanda

1 Mu - ne - ze - ro mu - ne - ze - ro.
2 *Kommt und laßt uns fröh - lich sin - gen!*
3 Joy - fully sing, re - joice and sing out.
4 *Chan - tez la joie, chan - tez la joie.*
5 A - le - gri - a a - le - gri - a!

Mu - ne - ze - ro, mu - ne - ze -
Kommt, singt fröh - lich, kommt, singt fröh -
Joy - ful - ly sing; joy - ful - ly
Chan - tez la joie, chan - tez la
Nos - sa fon - te de a - le - gri -

ro kwa Ye - su Mu - ne - ze - ro Hal - le - lu - ya.
lich durch Je - sus, kommt, singt fröh - lich. Hal - le - lu - ja.
sing in Je - sus. Joy - ful - ly sing Hal - le - lu - jah!
joie en Jé - sus, chan - tez la joie, Hal - le - lu - ya!
a e Je - sus, nos - sa fon - te A - le - lu - ia.

2. Mu - ne - ze - ro mu ba - hu - ngu.
3. *Mu - ne - ze - ro mu ba - ko - bwa.*
4. Mu - ne - ze - ro mu ba - sa - za.
5. Mu - ne - ze - ro mu bana - mwe sa.
6. *Mu - ne - ze - ro mu mwisi yo - se.*

2 *2. Kommt und singt, ihr jungen Männer!*

3. Kommt und singt, ihr jungen Frauen!

4. Kommt und singt, ihr ält'ren Leute!

5. Kommt und singt, ihr Kinder alle!

6. Kommt und singt, ihr Völker alle!

---

3 2. Joyfully sing out, all you young men.

3. Joyfully sing out, all you women.

4. Joyfully sing out, older people.

5. Joyfully sing out, all you children.

6. Joyfully sing out, all you nations.

---

4 *2. Chantez la joie, vous les jeunes.*

3. Chantez la joie, vous les femmes.

4. Chantez la joie, vous les vieux.

5. Chantez la joie, vous les enfants.

6. Chantez la joie, vous les nations.

1 = ruanda, 2 = deutsch, 3 = englisch, 4 = französisch, 5 = portugiesisch

Melodie und Text: Leonidas Ntibimenya, Ruanda. 2: Dieter Trautwein, 3: Terry MacArthur, 4: Robert Faerber, 5: Simei Monteiro.

18 **Nun jauchzt dem Herren, alle Welt**

Rejoice in God, all earthly lands / Vous, qui sur la terre habitez

Deutschland/Schweiz

1 Nun jauchzt dem Her-ren, al - le Welt. Kommt her, zu
2 *Re - joice in God, all earth - ly lands; lift up your*
3 Vous, qui sur la terre ha - bi - tez, chan - tez à
4 *Oh pueb - los to -dos a - la - bad en al - ta*
5 Tut - ta la ter - ra can - ti a - re, Di - o dell

sei - nem Dienst euch stellt; kommt mit Froh - lok - ken,
hearts in song and prayer. De - light to live by
plei - ne voix, chan - tez. Ré - jou - is -sez-vous
voz a Dios can - tad, re - go - ci - já - os
u - ni - ver - - so, tutto il cre - a - to

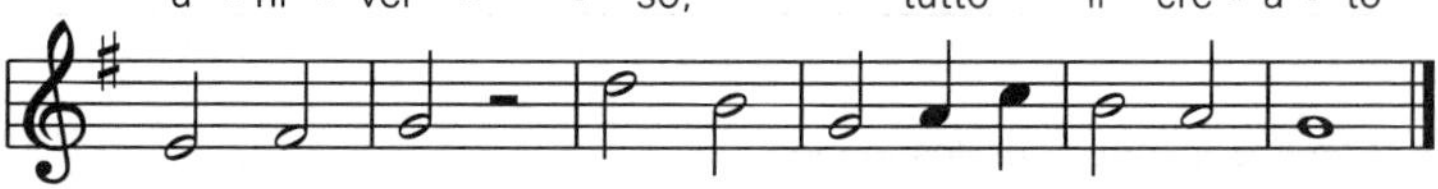

säu - met nicht, kommt vor sein hei - lig An - ge - sicht.
God's com-mands; sing joy - ful prais-es ev - ery - where.
au Sei - gneur, é - gay - ez-vous en son hon - neur.
en su ho - nor ser - vid a - le - gres al Se - ñor.
viene a te, an - nun - cia la tua glo ri - a.

1 2. Erkennt, daß Gott ist unser Herr, / der uns erschaffen ihm zur Ehr. / Als guter Hirt ist er bereit, / zu führen uns auf seine Weid.

3. Die ihr nun wollet bei ihm sein, / kommt, geht zu seinen Toren ein / mit Loben durch der Psalmen Klang, / zu seinem Hause mit Gesang.

4. Er ist voll Güt und Freundlichkeit, / voll Lieb und Treu zu jeder Zeit. / Sein Gnad währt immer dort und hier / und seine Wahrheit für und für.

---

2 *2. Know this: we serve the Holy One, / to whom our restless souls belong. / We have our breath through God alone, / to whom we raise our grateful song.*

3. Like sheep, we wander without aim, / unless our gentle Shepherd lead. / In trust, we call upon God's name / for grace and hope, and daily bread.

4. On God our Maker we depend / for love that's gracious, strong and sure. / God's faithfulness shall never end; / from age to age it shall endure.

3 2. Lui seul est notre souverain; / c'est lui qui nous fait de sa main. / Nous le peuple qu'il menera, / le troupeau qu'il rassemblera.

3. Présentez-vous tous devant lui / dans sa maison dès aujourd'hui. / Célébrez son nom glorieux, / exaltez-le jusques aux cieux.

4. Pour toi, Seigneur, que notre amour / se renouvelle chaque jour. / Ta bonté, ta fidélité / demeurent pour l'éternité.

---

4 *2. El soberano Creador / de nuestra vida es el autor; / el pueble suyo somos ya, / rebaño que El pastoreará.*

3. A su santuario pues entrad, / y vuestras vidas ofrendad; / al nombre augusto dad loor, / que al mundo llena de esplendor.

4. Incomparable es su bondad, / y para siempre su verdad; / de bienes colma nuestro ser / su gracia no ha de fenecer.

---

5 2. Unico Dio sei per noi, / fatti dalla tua mano; / Padre, noi siamo figli tuoi, / popolo che tu guidi.

3. Nella tua casa accoglierai / l'inno delle nazioni. / A chi ti cerca tu darai / di lodarti per sempre.

4. Si, ogni uomo io dira: / "Buono è il Signore Dio, / l'amore suo è verita, / nei secoli fedele".

---

6 *1. E földönti minden népek, / az Istennek örvendjetek, / elötte szép énokekkel / szolgal játok öt víg szivvel.*

2. Tudjatok, hogy és az Isten, / ki minket teremtett bölcsen, / és mi vaguank ö népei, / es ö nyájának juhai.

3. Ö kapuin menjetek be, / hálat adván szivetekbe! / Jer, menjünk be tornácába, / néki nagy hálákat adva.

4. Mert nagy az ö kegyessége, / és megmarad mindorökre, / és ö huség mindenha / megall és el nem fogy soha.

---

7 1. Juicht Gode foe, vazuint en zingt. / Treedt nader tot gij Hem omringt, / gij aard' alom, zijn rijksdomein, / zult voor den HEER dienstvaardig zijn.

2. Roept uit met blijdschap: "God is Hij. / Hij schiep ons, Hem behoren wij, / zijn volk, de schapen die Hij hoedt / en als beminden weidt en voedt."

(3.+4 siehe nächste Seite)

1 = deutsch, 2 = englisch, 3 = französisch, 4 = spanisch, 5 = italienisch, 6 = ungarisch, 7 = niederländisch

Melodie: Louis Bourgeois, Genf 1551. Text: Psalm 100. 1 David Denicke nach Cornelius Becker 1602, 2: Ruth Duck, 3: Roger Chapal, 4: Federico J. Pagura, 5: Eugenio Costa, 6: überliefert, 7: Willem Barnard.

3. Treedt statig binnen door de poort. / Hier staat zijn troon, hier woont zijn Woord. / Heft hier voor God uiv lofzang aan: / Gebenedijd zijn grote naam.

4. Want God is overstelpend goed, / die ons in vrede wonen doet. / Zijn goedheid is als morgendauw: / elk nieuw geslacht ervaart zijn trouw.

19 **Auf und macht die Herzen weit**

Let us, with a gladsome mind / A mon Dieu, je me confie

sind an__ je - dem Mor - gen__ neu.___
e - ver__ faith - ful, e - ver__ sure.___
est fi - dè - le, é - ter - nel - le.
fir - me__ por__ la e - ter - ni______ dad.
ge - nom - al - la släk - ten - går.___

1 2. Gottes Wort erschuf die Welt, hat die Finsternis erhellt.
3. Segnend er sein Volk erwählt, das sich durch die Wüsten quält.
4. Gott, voll Mitleid und Verstehn, hat das Elend angesehn.
5. Darum macht die Herzen weit, euren Mund zum Lob bereit!

---

2 *2. He, with all-commanding might, filled the new-made world with light:*
3. He His chosen race did bless in the wasteful wilderness.
4. He hath, with a piteous eye, looked upon our misery.
5. Let us then with gladsome mind praise the Lord for He is kind

---

3 2. La lumière radieuse est ton oeuvre merveilleuse.
3. Tu consoles, tu pardonnes, ta bonté, sur tous, rayonne.
4. Par ta grâce prévenante l'âme s'ouvre à l'espérance.
5. Tout à toi je me confie, ta clémence est infinie.

---

4 *2. A su voz omnipotente fué la luz resplandeciente.*
3. Dio a su pueblo bendiciones en sus peregrinaciones.
4. El con ojos paternales se apiadó de nuestros males.
5. Demos pues, con alegría, gloria a Dios, en este día.

---

5 2. Han är den som med sitt ord skapat himmel, hav och jord.
3. Han oss kallt och valt ut till att bli hans sändebud.
4. Han oss hjälper när han ser att vi inte orkar mer.
5. Därför av allt hjärta nu vi tillsammans tackar Gud.

1 = deutsch, 2 = englisch, 3 = französisch, 4 = spanisch, 5 = schwedisch

Melodie: aus China. Text: zu Psalm 135 bzw. 136 nach John Milton 1923. 1: Str. 1,2 Christoph Hampe. 2: nach John Milton 1623. 3: S. Bidgrain. 4: Federico F. Pagura. 5: Anders Frostenson.

20 **Lobe den Herren, den mächtigen König**

Praise to the Lord, the Almighty / Peuples, criez de joie

Deutschland

1 Lo - be den Her-ren, den mäch-ti-gen Kö-nig der Eh-ren,
2 *Praise to the Lord, the Al - migh-ty, the King of cre - a -tion!*
3 Lof zij de Heer, de al-mach-ti-ge Ko-ning der e - re.
4 *Lo - ver den Her- re, den maeg-ti- ge kon-ge med ae- re.*
5 Chva-liž Hos-po - di - na, slá - vy vždy Kra - le moc-né - ho,
6 *Áld-jad, én lel-kem, a di-csö-ség ö - rök Ki - rá -lyát.*
7 Hva - li, Gos-po - da; mo - go-čne-ga kral-ja vse sla - ve;
8 *Lode all' Al - tis - si -mo, lode al Sig-nor del - la glo- ria.*
9 Peu-ples, cri - ez de joie et bon-dis-sez d'al - lé - gres-se:
10 *Njoo- ni tum- si - fu - ni Mung-u A - li -ye Mwen-ye - zi,*
11 Al -ma, ben - di -ce al Se- ñor, Rey po-ten-te de glo-ria;

1 lob ihn, o See - le, ver - eint mit den himm - li - schen
2 *O my soul, praise him for he is your health and sal -*
3 Laat ons naar har - te-lust zin-gen een bij mu - si -
4 *Lov ham, min sjael, og lat det din for - ly - tel - se*
5 ó du - še má, ne- bo tuž - ba to srd - ce je
6 *Ö - né - ki meny - nye - i ka - rok - kal eg - yütt zengj*
7 hva- li -jo s ta - bo naj, du - ša, ga zbo - ri z vi -
8 *Al re dei se - co- li for- za, o - no - re, vit -*
9 Le Père en - voie son Fils ma- ni - fes - ter sa ten -
10 *Mfal-me wa po - po- te mbing-u - ni na du - ni -*
11 De sus mer - ce - des es - té vi-va en ti la me -

1 = deutsch, 2 = englisch, 3 = niederländisch, 4 = dänisch, 5 = tschechisch, 6 = ungarisch, 7 = slowenisch, 8 = italienisch, 9 = französisch, 10 = suahili, 11 = spanisch

Melodie: 17. Jahrhundert/Stralsund 1665. 1: Joachim Neander, 2: Catherine Winkworth, 3: Jan Wit/Jan Willem Schulte Nordholt, 4: 1740, 5: Vsetin, 6: unbekannt. 7: Lovro Kassl, 8: Eugenio Costa jr., 9: Didier Rimaud, 11: Fritz Fliedner.

1 Chö - ren. Kom - met zu - hauf, Psal - ter und Har - fe, wacht

2 *va - tion! Let all who hear now to his tem - ple draw*

3 ce - ren. Komt al - len saam, psalm-zingt de hei - li - ge

4 *vae - re. Mød ham med sang; psal - ter och har - pe giv*

5 mé - ho. Shro-mažď-te se, har - fy at' tón o - zve

6 *há - lát. Zú - gó ha - rang, É - nek és or - go - na -*

7 ša - ve. Poj - tez me - noj, nje - mu, ki stvar - nik je

8 *tor - ia! Can - ta - te a lui, tut - ti ac - cla - ma - te con*

9 dres - se; ou - vrons les yeux; il est l'i - ma - ge de

10 *a - ni. Kwa - sau - ti kuu wo - te wam - si - fu Mung -*

11 mo - ria. ¡Oh, des - per - tad, ar - pa y sal - te - rio, en - to -

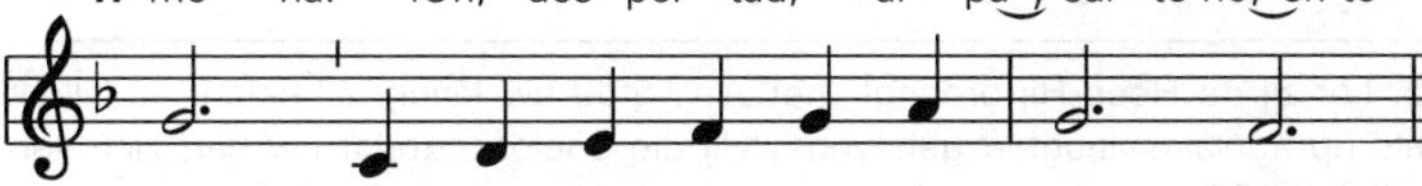

1 auf, las - set den Lob - ge - sang hö - ren.

2 *near, joi - ning in glad a - do - ra - tion.*

3 naam, looft al wat a - demt de He - re.

4 *klang. Ån - de - lig leg vil jag lae - re.*

5 se, zpí - vej - te chra - loz - pěv je - ho.

6 *hang, mind az ö szent ne - vét áld - ják.*

7 moj, poi - te z me - noj, vse šir - ja - ve.

8 *noi; cie - lo e ter - ra es - ul - ta - te.*

9 Dieu! Pour que cha - cun le con - nais - se!

10 *u, Kum - pi - gi - a mfal - me shang - we.*

11 nad Him - nos de ho - nor y vic - to - ria!

1 2. Lobe den Herren, der alles so herrlich regieret, / der dich auf Adelers Fittichen sicher geführet, / der dich erhält, / wie es dir selber gefällt. / Hast du nicht dieses verspüret?

3. Lobe den Herren, der künstlich und fein dich bereitet, / der dir Gesundheit verliehen, dich freundlich geleitet. / In wieviel Not / hat nicht der gnädige Gott / über dir Flügel gebreitet!

4. Lobe den Herren, der sichtbar dein Leben gesegnet, / der aus dem Himmel mit Strömen der Liebe geregnet. / Denke daran, / was der Allmächtige kann, / der dir mit Liebe begegnet.

5. Lobe den Herren, was in mir ist, lobe den Namen. / Lob ihn mit allen, die seine Verheißung bekamen. / Er ist dein Licht, / Seele, vergiß es ja nicht. / Lob ihn in Ewigkeit. Amen.

2 *2. Praise to the Lord, who o'er all things is wondrously reigning / and, as on wings of an eagle, up-lifting, sustaining. / Have you not seen / all that is needful has been / sent by his gracious ordaining?*

3. Praise to the Lord, who uniquely and splendidly made you, / gave you good health and strength and in your daily walk led you. / All of your need / God in his mercy would meet: / under his wings he would shade you.

4. Praise to the Lord, who will prosper your work and defend you: / surely his goodness and mercy shall daily attend you. / Ponder anew / what the Almighty can do / if with his love he befriend you.

5. Praise to the Lord! Oh let all that is in me adore him. / All that has life and breath, come now with praises before him. / Let the Amen / sound from his people again. / Gladly forever adore him.

---

3 2. Lof zij de Heer, Hij omringt met zijn liefde uw leven; / heeft u in 't licht als op adelaarsvleuglen geheven. / Hij die u leidt, / zodat uw hart zich verblijdt, / Hij heeft zijn woord u gegeven.

3. Lof zij de Heer die uw lichaam zo schoon heeft geweven, / dagelijks heeft Hij u kracht en gezondheid gegeven. / Hij heeft u lief, / die tot zijn kind u verhief, / ja, Hij beschikt u ten leven.

4. Lof zij de Heer die uw huis en uw haard heeft gezegend, / lof zij de hemelse liefde die over ons regent. / Denk elke dag / aan wat zijn almacht vermag, / die u met liefde bejegent.

5. Lof zij de Heer met de heerlijkste naam van zijn namen, / christenen looft Hem met Abrahams kinderen samen. / Hart wees gerust, / Hij is uw licht en uw lust. / Alles wat ademt zegt: Amen.

---

4 *2. Lov dog den Herre, som alting så herlig regerer, / ham, der som ørnen på vinger dig løfter og baerer, / lader dig få / mer, end du selv kan forstá, / bedre, end hjertet begærer.*

3. Lov dog den Herre, som alting så vel for dig mager, / ham, som dig sundhed forlener og venlig ledsager! / Tænk, af hvad nød / denne din Herre så sød / dig ved sin almagt uddrager!

4. Lov dog den Herre, som dig i din stand giver lykke, / ham, som med tusind velsignelser véd dig at smykke! / Tænk dog derpå, / at han sin ære kan få, / ak, i din sjæl det indtrykke!

5. Lov da den Herre, min sjael, og hvad i mig mon være, / hvad som har ånde, ophøje hans navn og hans ære! / Han er dig god, / ak, gør ham aldrig imod! / Amen, han selv dig det lære!

5 2. Chvaliž Hospodina, jenž všechno slavné spravuje, / na perutích orličich tebe mocně zdržuje / a vede tě / dle srdce svého v světě / tvá duše to pocit'uje.

3. Chvaliž Hospodina, jenž tě tak skvěle spořádal, / život dal, v lásce sprovázíval, víc nežlis žádal. / Kolikrát již / bidy když tižil te kříž / nad tebou křidla rozkládal!

4. Chvaliž Hospodina, jenž tobě věrně žehmává / jenž z nebe svého hojné rosy lásky ti přává; / pamatuj jen, / jak vpravdě mocný je ten, / u něhož láska je pravá.

5. Chvaliž Hospodina! Vše vyznej, že on je Pánem! / Co živo, chval Boha! Ezer mu postavte kámen! / On Otec tvůj, / ó duše má, pamatuj! / Chválic ho, vděčně rci: Amen.

---

6 *2. Áldjad öt, mert az Ûr mindent oly szépen intézett! / Sasszárnyon hordozott, vezérelt, bajodban védett. / Nagy irgalmát aponkent tölti ki rád: Áldását mindenben érzed.*

3. Áldjad öt, mert csodaképen megalkotott téged, / Elkíser utadon, tóle van testi épséged. / Sok baj között / e ród volt és örömöd: / Szárnyával takarva védett.

4. Áldjad öt, mert az Ür megáldja minden munkádat, / hüsége, mint az ég harmatja, bóven rád árad. / Lásd: mit tehet / jóságos Lelke veled, / es hited tóle mit várhat.

5. Áldjad az Ür nevét, öt áldja minden énben nem! / Öt aldjad, lelkem, és róla tégy hit_vallást, nyelvem. / El ne feledd: / Napfényed Ö teneked! / ö áldjad örökké! Amen.

---

7 2. Hvali Gospoda, vladar je sveta in vesoja; / modro te vodi njegova očetovska volja, / zate skrbi, / kakor srce ci želi, / greje, zaliva ti polja.

3. Hvali Gospoda, ki te čudovito je ustvaril, / ki ti zivljenje je, zdaravje, vse dobre podaril. / Zate y skrbeh / ti je v nevarnostin vsen / arne tvoj čolnič krmaril.

4. Hvali Gospoda, ki te noč in dan blagoslavlja, / ki ti življenje z ljubesnijo svojo obnavlja. / Pomni vsak dan, / da od Boga ti je dan / in ga Ljubezen pripravlja.

5. Hvali Gospoda, ki v tebi zanetil je plamen: / glej, v tvojem srea blešči se ko dragocen kamen: v tebi žari, / dša, vsa svetla si mi. / Hvali ga vekomaj. Amen.

8 *2. Lode all'Altissimo, re dell'immenso creato: / con ali d'aquila tutti i suoi figli ha portato. / Ci guiderà, / ed ogni uomo saprà quanto è grande il suo amore.*

3.Lode all'Altissimo, che a noi dal cielo ha parlato / e per gli uomini l'unico Figlio ha donato. / Morto per noi, / Cristo ci chiama con lui / oltre il peccato e la morte.

4. Lode all'Altissimo, Padre di grazia infinita, / che dona agli umili pace, benessere, vita. / Dio regenerà: / e tutto a lui canterà / gloria nei secoli! Amen.

---

9 2. Loué soit notre Dieu, Source et Parole fécondes; / ses mains ont tout créé pour que nos cœurs lui répondent; / par Jésus-Christ il donne l'être et la vie / en nous sa Vie surabonde.

3. Loué soit notre Dieu, dont la splendeur se révèle / quand nous buvons le vin pour une terre nouvelle; / en Jésus-Christ le monde passe aujourd'hui / vers une gloire éternelle.

4. Peuples, battez des mains et proclamez votre fête: / Le Père accueille en lui ceux que son Verbe rachète; / par l'Esprit Saint en qui vous n'êtes plus qu'un, / que votre joie soit parfaite!

---

10 *2. Njooni tumsifuni Mungu anayetawala / vyote vizuri akuongozaye na wewe. / Waruka juu / kama kwa nguvu ya tai, / ukiongozwa na Mungu.*

3. Njooni tumsifuni Mungu aliyetulinda, / atubariki kwa pendo atupa riziki. / Ni mwenyezi, / atutendea makuu, / anatupenda kwa kweli.

4. Njooni tumsifuni Mungi, tumsifu kwa nyimbo, / kama Daudi imbeni na mashangilio. / Tusisahau / ndiye nuru ya roho. / Tumsifu hata milele.

---

11 2. Alma, bendice al Señor, que a los orbes gobierna / y te conduce paciente con mano paterna; / te perdonõ, / de todo mal te libró, / porque su gracia es eterna.

3. Alma, bendice al Señor, de tu vida la fuente, / que te creó, y en salud te sostiene clemente; / tu defensor / en todo trance y dolor; / su diestra es omnipotente.

4. Alma, bendice al Señor y su amor infinito; / con todo el pueblo de Dios su alabanza repito: / Dios, mi salud, / de todo bien plenitud, / ¡Seas por siempre bendito!

Unser Leben sei ein Fest

May our living be a feast / Notre vie soit une fête

Deutschland

1 Un - ser Le-ben sei ein Fest, Je - su Geist in un-se - rer
2 *May our liv- ing be a feast, Je- sus' spir - it be in our*
3 No - tre vie soit u - ne fête! Que l'Es - prit a - ni-me nos
4 *Heel ons le - ven wordt een feest, met__ Je- sus in ons__*

Mit - te, Je - su Werk in un - se - ren Hän-den, Je - su
midst, Je- sus' works be those of our hands, Je-sus'
vies, Par nos mains, il vient pour com - bat - tre la dé -
mid-den, mit zijn werk en on - ze___ han-den en zijn

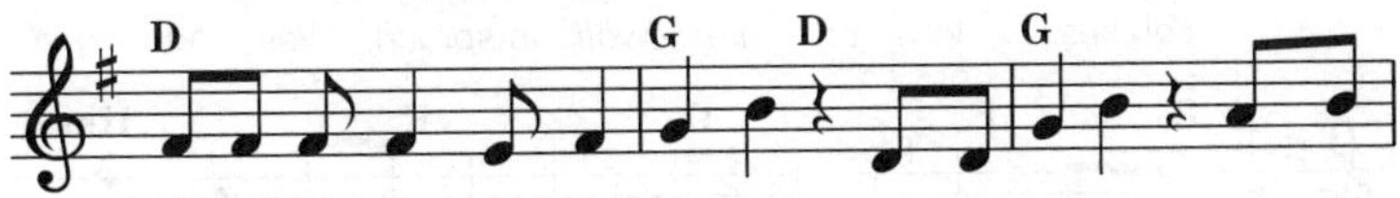

Geist in un - se - ren Wer-ken, un - ser Le-ben sei ein
spir - it in all of our works, may our liv- ing be a
tres-se des hom-mes, nos frè -res. No - tre vie est joie et
Geest in on - ze___ wer-ken. Heel ons le-ven wordt een

Fest an die-sem Mor-gen* und je - den Tag.__
feast this ver- y morn-ing and ev' - ry day.__*
chants en ce beau jour et dans tous les temps.
feest, zo - als___ nu dan ook el - ke dag.__

* **Abend, Evening**

1 = deutsch, 2 = englisch, 3 = französisch, 4 = niederländisch

Text: Josef Metternich u. Team. Melodie: Peter Janssens. Aus "Wir haben einen Traum". 2: Evelyn Talbot-Ponsonby, 3: E. de Peyer, 4: Jan J. H. Hofland.

22 **Who are we**
Wer sind wir

Kanada

1 2. What command does he impart to us his People? / Soul and strength and mind and heart; / serve me, my People. As God in Christ came low, our world and work to know; / to life he bids us go to be his People.

1 = englisch, 2 = deutsch

Melodie: Patrick Wedd. 1 = Herbert O'Driscoll, 2 = Dieter Trautwein.

3. Who are we who say one Creed? We are his People. / What the word we hear and read? Word of his People. / Through time, in every race, from earth to farthest space, / we with our God's good grace will be his People.

---

2 *2. Was hat er uns aufgetragen, uns, dem Volk Gottes? / "Freut euch, seid an allen Tagen Volk, das mir gern dient." / Gott war in Christus klein, um allen nah zu sein, / lädt uns ins Leben ein, sein Volk dort zu werden.*

3. Wer sind wir, wenn wir bekennen? Volk Gottes sind wir. / Vom Wort Gottes nicht zu trennen. Wort seines Volkes. / Geschlechter jeder Zeit, ob erdnah, sternenweit / werden durch sein Geleit mit uns zum Volk Gottes.

Schweige und höre
Silent be and listen **23**

England/Deutschland

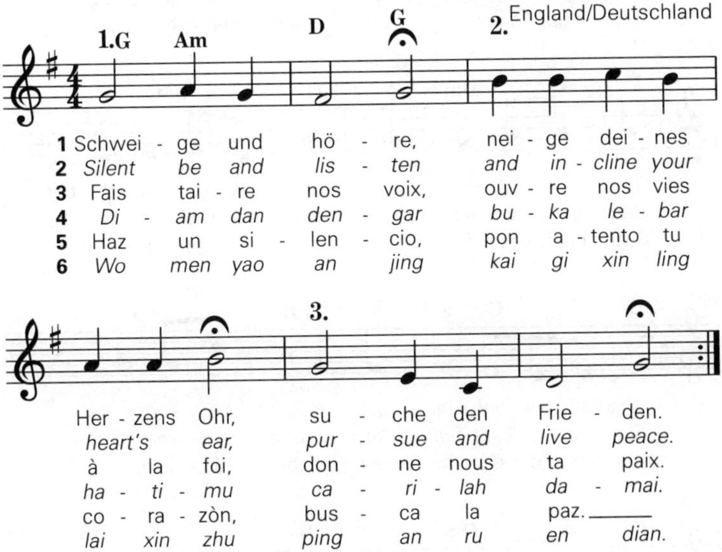

1 = deutsch, 2 = englisch, 3 = französisch, 4 = indonesisch, 5 = spanisch, 6 = chinesisch

Melodie und Text: überliefert, aus England. Textfassungen: Basler Mission.

24 Gott gab uns Atem, damit wir leben

God gave us breath / God gaf ons adem

Deutschland

1 2. Gott gab uns Ohren, damit wir hören. / Er gab uns Worte, daß wir verstehn. / **I:** Gott will nicht diese Erde zerstören. / Er schuf sie gut, er schuf sie schön. **:I**

3. Gott gab uns Hände, damit wir handeln. / Er gab uns Füße, daß wir fest stehn. / **I:** Gott will mit uns die Erde verwandeln. Wir können neu ins Leben gehn. **:I**

---

2 *2. God gave us ears so that we might listen, / words he has given to understand. /* **I:** *Never will God destroy his creation. He made it good – a precious land.* **:I**

3. God gave us hands to reach out and take care. / He gave us feet to stand up for right. / **I:** *God himself will with us change the world's face. We enter life in God's new light.* **:I**

---

3 2. God gaf ons oren opdat wij horen, / Hij gaf ons woorden om te verstaan. / **I:** God wil niet deze aarde verloren, / Hij schiep haar goed en aangenaam. **:I**

3. God gaf ons handen opdat wij hand'len, / Hij gaf ons voeten om op te staan. **I:** God wil met ons de aarde verand'ren, opdat wij nieuw door 't leven gaan. **:I**

1 = deutsch, 2 = englisch, 3 = niederländisch

Text 1: Eckart Bücken, 2: Sybille Fritsch, 3: Jan J. H. Hofland. Melodie: Fritz Baltruweit.

25 **Wir strecken uns nach dir**
We're reaching out towards you

Deutschland

1 2. Wir öffnen uns vor dir, / in dir wohnt die Wahrhaftigkeit. / Wir freuen uns an dir, / in dir wohnt die Gerechtigkeit. / Du bist, wie du bist: / Schön sind deine Namen. / Halleluja. Amen. Halleluja. Amen.

3. Wir halten uns bei dir, / in dir wohnt die Beständigkeit. / Wir sehnen uns nach dir, / in dir wohnt die Vollkommenheit. / Du bist, wie du bist: / Schön sind deine Namen. / Halleluja. Amen. Halleluja. Amen.

2 *2. We op'n ourselves for you, / in you dwells credibility. / You move us to rejoice, / in you dwells peace and righteousness. / You are as you are: / Your names bloom in beauty. / Halleluja. Amen. Halleluja. Amen.*

3. We hold on fast to you, / in you dwells true stability. / We wait and long for you, / in you dwells all fulfilment now. / You are as you are: / Your names bloom in beauty. Halleluja. Amen. Halleluja. Amen.

1 = deutsch, 2 = englisch

Melodie: Peter Janssens. 1: Friedrich Karl Barth, 2: Dieter Trautwein.

Ban bîn ah **26**

All ihr Völker, preist den Herrn / Let all nations praise the Lord

Taiwan

1 Ban bîn ah, lín tiòh o - ló lín tiòh
2 *All ihr Völ - ker, preist den Herrn, prei - set*
3 Let all na - tions praise the Lord, and all

o - ló lâ - hô - hoa, I - tùi lán tak si chû -
al - le un - sern Gott; er liebt uns mit al - ler
peo - ple bless his Name; for his love for us is

ài, I - sìn - sit tit kàu bān - tāi.
Kraft, sei - ne Wahr - heit bleibt be - stehn.
strong, and his truth will al - ways last.

1 = taiwanesisch, 2 = deutsch, 3 = englisch — nach Psalm 117

Melodie und Text (1+3): Hsiang-Chi Li. 2: Bettina Opitz-Chen.

27 Aso Jisu Khrischto namo

Wir wollen Jesus Christus

Refrain

Indien

1 A - so__ Ji - su Khrisch-to na - mo__ bha - ji - ba.
2 Wir wol-len Je - sus Chri - stus und sei-nen Na-men ehrn!

Str. 1+5

1.+5. O - non - to ji - ba - na bo - hu - mul - la a - ho -
1.+5. Kommt, er - greift jetzt das e - wi - ge Le-ben, das un -

no__ po - ri - tra - no gia - no__ lo - bi - ba__
end-lich reich macht in der Er - kennt-nis sei-ner Gna-de!

Str. 2–4

2. Suo - de - si bi - de - si bha - i bon - dhu gia -
3. Na - na in - tro - to - tro bi - na bo - ja i -
4. Na - no ro - go bia - dhi du - ka zin - ta a -

2. Ob von nah o - der fern, Brü-der, Schwe-stern o - der
3. Wenn das Sai - ten-spiel klingt mit den an - dern In - stru-
4. Uns - re Schwä-chen, die Müh-sal, die Last und uns - re

2. ti___ a - so run - da ho - i___ bha - ji - ba
3. no___ ga - no ko - ri hrush - te___ na - zi - ba
4. di___ Ji - su pa - do pot - me___ cro - i - ba

2. Frem-de, kommt zu - sam - men und be - tet ihn___ an.
3. men-ten, wenn wir sin - gen und tan-zen mit___ Lust,
4. Sor- gen le - gen wir Je - sus zu___ Fü- ßen hin.

2. sub - ho so - ma - za - re ja - ha le - ka o -
3. de - ho at - ma de - i so - dio bho - ju - ta -
4. Ji - su Khrisch-to ra - mo sud - ha - ro___ o - -

2. Kommt und lest in der Schrift, was die Fro- he Bot-schaft
3. wenn wir ihn ganz, mit Leib und mit See - le, ver-
4. Ed - len Nek- tar wir trin - ken aus Je - su Chri- sti

2. zi___ po - chi muk - ti mar - go___ pa - i ba.___
3. i___ tan- ko pri - o pat - tra___ ho - i - ba.___
4. zi___ pa - no ko - ri suk - he___ bha - si - ba.___

2. kün-det, uns den Weg uns- res Heils auf - zu - zei - gen.
3. eh - ren, zei - gen wir, wie sehr wir von ihm ge - liebt sind.
4. Na-men, sind ge-stärkt, uns- ren Le-bens-weg zu ge - hen.

1 = oriya (Orissa), 2 = deutsch

Melodie und Text: aus Indien. 2: Dieter Trautwein.

28 Silence my Soul

Schweig still, mein Herz

Indien/Philippinen

Performance Sequence:	Gong + Ostinato + Melody
Suggestions for Ostinato:	Sustained fifth, recite "silence my soul", fifth interval repeatedly in different speed / Rhythm / interval / high bells ad libitum
Melodie	Leader–Chorus; or sung as continous melody with cut repeat; or ad libitum–sing melody starting at different intervals, everyone is free to sing the melody independent of each other. Sing the text more carefully and deliberately without rushing.
Duration	Minimal (3 times) / Maximal (indefinite)
Gong	Marks the start of Ostinato and melody pause before repitition of whole melody.

Melodie: Francisco F. Feliciano, 1: Rabindranath Tagore, 2: Reinhild Traitler.

B

Kyrie, Umkehr
Kyrie, Repentance
Kyrie, Prière de Pénitance
Kyrie, Confesión de los pecados

29 A ti, Señor, te pedimos

Wir bitten dich, Gott / O Lord, have mercy upon us

Chile

1 2. De tiempos inmemoriales / que nos hemos separado / de tu comunión bendita: / perdona nuestro pecado.

3. De tiempos inmemoriales / que nos hemos separado / de todos los demás hombres: / perdona nuestro pecado.

4. De tiempos inmemoriales, / en el alma del humano / hay luchas que lo destruyen: / perdona nuestro pecado.

---

2 *2. Wir bitten dich, Gott, vergib uns, / wir haben dich oft verraten. / Wir haben mit dir gebrochen / in Gedanken, Worten und Taten.*

*3. Wir bitten dich, Gott, vergib uns: / wir leben auf Kosten andrer. /
Weil wir nicht eins mit uns selbst sind, / fehlt uns der Atem zur Liebe.*

*4. Wir bitten dich, Gott, sei mit uns, / weil wir deine Nähe brauchen. /
Wir bitten dich, Gott, bleib mit uns. / Zeig uns die Spuren des Friedens.*

---

3 2. As long as we can remember /
we hide, O Lord, from your presence; /
our hearts are yearning to know you. / O Lord, have mercy upon us!

3. How long, O Lord, have we wandered /
alone in darkness, not loving /
our sisters, brothers, your children. / O Lord, have mercy upon us!

4. As long as we can remember / our spirits are torn asunder /
by greed and malice and hatred. / O Lord, have mercy upon us!

1 = spanisch, 2 = deutsch, 3 = englisch

Melodie: aus Chile. 1: Ulises Torres, 2: Fritz Baltruweit, 3: Alvin Schutmaat.

Ch'iu Chu lienmin 30

Herr, erbarme dich unser / Lord, have mercy on us

China

1 = chinesisch, 2 = deutsch, 3 = englisch

Melodie und Text 1+3: I-to-Loh. 2: Dieter Trautwein.

31 Ishe tinzwirei

Christe, Herr, erbarm dich unser / Kyrie, Lord, have mercy

Zimbabwe

1: shona, 2: deutsch, 3: xhosa, 4: zulu, 5: englisch

Melodie und Text: aus der Missa Zimbabwe. 1, 3, 4: Lumko Song Book. 2+5: Dieter Trautwein.

Kyrie eleison **32**

Frankreich

Musik: Jacques Berthier. Liturgie aus Taizé.

33 **Gospodi pomilui**

Herr, erbarm, erbarme dich / Lord, have mercy

Rußland

1 Gos - po - di po - mi - - - - lui. ___
2 *Herr, er-barm, er - bar - - - me dich.* ___
3 Tu - han ka - sih - an - i - lah ka mi. ___
4 *Lord, ___ have mer - - - - cy.* ___
5 Se - ñor ten pie - - - - dad. ___
6 *Rab - ba - na ar - ha - - - - m–na.* ___
7 Seig - neur, ai - e pi - - tie de nous. ___

1 = russisch, 2 = deutsch, 3 = indonesisch, 4 = englisch, 5 = spanisch,
6 = arabisch, 7 = französisch

Melodie und Text: orthodoxe Liturgie, Rußland. 2–7: Basler Mission.

34 **Ya, Tuhanku, kasihanilah daku**

O Herr, mein Gott, erbarm dich über mich
O Lord, my God, have mercy on me

Java

1 Ya, Tu - han - ku, ka - sih - an - i - lah da - ku.
2 *O Herr, mein Gott, er - barm dich ü - ber mich.*
3 O Lord, my God, have mer - cy on me.
4 *O Sei-gneur Dieu, aie pi - tié de - - nous.*
5 Se-ñor, mi Dios, ten pie - dad ___ de ___ mi.

1: indonesisch, 2 = deutsch, 3 = englisch, 4 = französisch, 5 = spanisch

Melodie und Text: traditional aus Java. 1+3: Sutarno, 2: Dieter Trautwein, 4: E. de Peyer, 5: Pablo Sosa.

Kyrie eleison
Rabbana arhamna **35**

Ukraine

1 = griechisch, 2 = arabisch

Musik und Text: Orthodoxe Liturgie aus der Ukraine.

36 Haschiwenu adonaj

Bring uns zurück zu dir / O God, restore us

1 = israelisch, 2 = deutsch, 3 = englisch

Melodie: aus Israel. Text: Klagelieder 5,21. 2: Dieter Trautwein, 3: New Revised Standard Version.

Nkosi, Nkosi, yiba nenceba **37**

Herr, erbarm dich, erbarme dich über uns / Lord, have mercy

Südafrika

*gesungen mit Schnalzlaut: tz

1 = xhosa, 2 = deutsch, 3 = englisch, 4 = schwedisch, 5 = indonesisch

Melodie und Text: G. M. Kolisi.

38 Sfinte Dumnezeule

Heiliger Allmächtiger / Holy and Almighty God

Rumänien

1 = rumänisch, 2 = deutsch, 3 = englisch

Melodie und Text: Orthodoxe Liturgie aus Rumänien. 2: Dieter Trautwein, 3: Jeffrey T. Myers.

Ma-ri-re Ta-tá-lui si Fi-u-lui si' Sfin-
Ehr sei dem Va-ter und dem Sohn und auch dem Hei-
Glo-ry to the Fa-ther and the Son and to the Ho-
tu lui Duh. Si a-cum si pu-ru-rea,
li-gen Geist, wie es war zu al-ler Zeit,
ly Spi-rit, now and e-ver, age to age,
si in ve-cii ve-ci-lor. A-men.
im-mer und in E-wig-keit. A-men.
you are God for e-ver-more. A-men.
Sfin-te fär' de moar-te,
Hei-li-ger Un-sterb-li-cher
Ho-ly and Im-mor-tal,
mi-lu-ie-ste-ne pe-noi.
Gott, er-barm dich ü-ber uns.
God, have mer-cy, mer-cy on us.

39 W'taher libenu

Erneure die Herzen

Israel

1 = hebräisch, 2 = deutsch

Melodie und Text: aus Israel. 2: Dieter Trautwein.

40 Kyrie eleison

Lord, have mercy

Deutschland

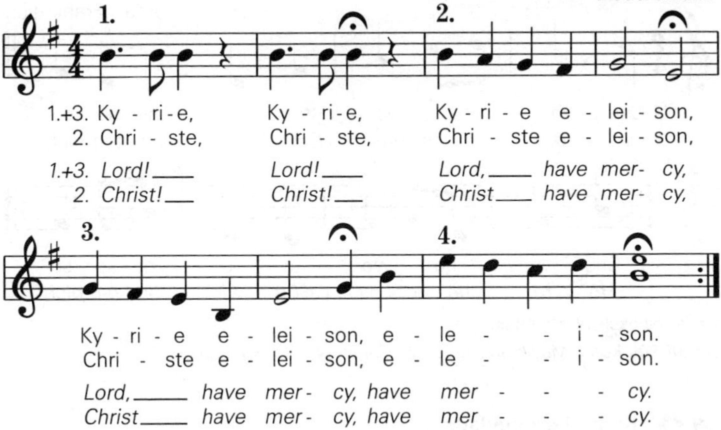

Melodie: Herbert Beuerle.

41 Kyrie eleison

Griechenland

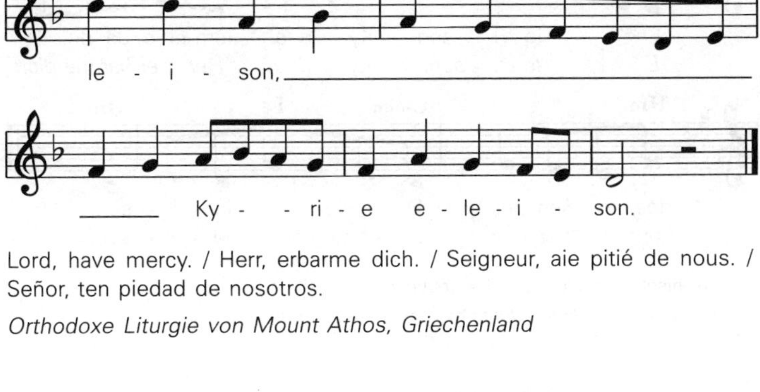

Lord, have mercy. / Herr, erbarme dich. / Seigneur, aie pitié de nous. / Señor, ten piedad de nosotros.

Orthodoxe Liturgie von Mount Athos, Griechenland

42 **Chuyo chuyo**
Höre, höre uns, Gott

Korea / Frankreich

1 Chu - yo chu - yo tu - ro chu - so - so
2 *Hö - re, hö - re uns, Gott, wir bit -ten dich!*

Chu - yo chu - yo tu - ro chu - so - so
Hö - re, hö - re uns, Gott, wir bit -ten dich!

1 = koreanisch, 2 = deutsch

Bittruf aus Korea.Musik aus Taizé. © *Christophorus, Freiburg*

43 **Kyrie. Tem piedade**
Kyrie. Herr, erbarme dich über uns

Brasilien

1 Ky - ri - e. Tem pi - e - da - de de nós ó Sen-hor.
2 *Ky - ri - e. Herr, er - bar-me dich ü - ber uns.*

E - - le - i - son. Ky - ri - e. Tem pi - e - da - de de
E - - le - i - son. Ky - ri - e. Herr, er-bar-me dich

nós ó Sen - hor. E - - - le - i - son.
ü - ber uns. E - - - le - i - son.

1 = griechisch/portugiesisch, 2 = deutsch

Melodie und Text: Simei Monteiro. © *bei der Autorin*

Compadécete de nosotros 44
Komm, nimm teil an unseren Leiden

Cuba

1 = spanisch, 2 = deutsch

Melodie und Text: Clara Luz Ajo, 2: Dieter Trautwein.

45 Khudaya, rahem kar

Wir bitten, erbarm dich / Have mercy on us

Pakistan

1 = urdu, 2 = deutsch, 3 = englisch

Melodie: R. F. Liberius, Text 1: überliefert. 2: Dieter Trautwein. 3: überliefert.

Ore poriaju **46**

Kyrie eleison

Paraguay

1 = guarani, 2 = griechisch. *Kyrie Guarani, überliefert*

47 **Tama ngakau marie**

Gottes Sohn, der Friede selbst

Son of God, whose heart is peace

Aoteroa–Neuseeland

1 2. Murua ra nga hara: / Wete kina mai, / Enei here kino, Whakararu nei.

3. Homai he aroha / Mou i mate nei / Tenei ra, e Ihu / Takina e koe.

---

2 *2. Nimm von uns der Sünden Last, / Böses, das gefangen hält, / mach uns frei von unsrer Not, / gib der Seele Kraft.*

3. Dich zu lieben, hilf uns, Herr, / der du, uns zu retten, starbst. / Nimm in deine Arme uns, / Jesus, diesen Tag.

---

3 2. Take away our sinfulness, / evil that imprisons us, / free us from what troubles us, / give our soul release.

3. Warm our hearts to love you, Lord, / you who died to save us, / gather us within your arms, / Jesus, on this day.

1 = maori, 2 = deutsch, 3 = englisch

Melodie und Text: Maori (zu Römer 3,21–26). 2: Dieter Trautwein, 3: Shirley Murray.

A Thiarna déan trócaire 48

Du Höchster, erbarme dich

Irland

1 = irisch, 2 = deutsch

Kyrie eleison aus der Sean O Riada Mass, 2: Dieter Trautwein.

49 Vem, Jesus nossa esperança

Jesus, komm, sei unsre Hoffnung / Come to be our hope

Brasilien

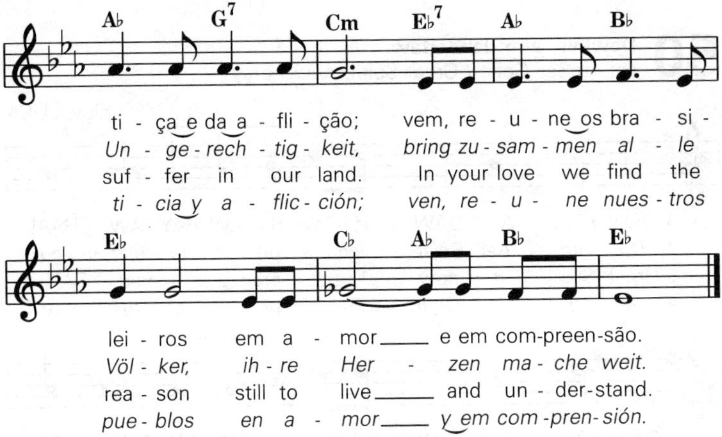

1 2. Vem tecer um mundo novo / nos caminhos da verdade; / para que, afinal, o povo / viva em plena liberdade. / Vem, Jesus, abre o futuro / do teu reino de alegria. / Vem, derruba o imenso muro / que separa a noite e o dia.

---

2 *2. Komm, bau deine neue Schöpfung / auf dem Weg der Wahrheit fort. / Jedes Volk auf dieser Erde / finde seiner Freiheit Ort. / Öffne, Jesus, uns die Zukunft, / die dein Reich der Freude kennt. / Komm, reiß ein die große Mauer, / die die Nacht vom Tag noch trennt.*

---

3 2. Come to build your new creation / through the road of servanthood; / give new life to every nation, / changing evil into good. / Come and open our tomorrow / for a Kingdom, now, so near. / Take away all human sorrow, / give us hope against our fear.

---

4 *2. Ven, y teje un mundo nuevo / caminando en la verdad, / para que, por fin, el pueblo / viva en plena libertad. / Ven, Jesús, abre el futuro / de tu Reino de alegría. / Ven, derrumba este gran muro / que hoy separa noche y dia.*

1 = portugiesisch, 2 = deutsch, 3 = englisch, 4 = spanisch

Melodie: Jaci Maraschin. 1: Marcilio de Oliveira Filho, 2: Fernanda Longuini/ Dietrich Werner, 3+4 unbekannt.

50 **Dawkee, aim dawtsitaw**

Du großer Geist / Great Spirit, now I pray

Kiowa/USA

1 DAW-KEE, AIM DAW - TSI-TAW TO - AW-BAY TAW HAAL
2 *Du gro - ßer Geist, ich__ be - te jetzt zu*
3 Great Spir - it, now I__ pray__ to you, I
4 *A ti o Gran Es - pí - ri - tu te*

DAW-KEE, AIM DAW - TSI-TAW TO - AW-BAY TAH HAAL
dir, jetzt zu dir, du__ gro - ßer Geist, hör mich,
pray now to you, Great Spir - it, hear me;
ven - go a ro - gar: mi__ voz hoy es - cu - cha

PBAY - GYA KEE AAL AI DAHM GYA DAW,
trau - rig bin ich, er - hö - re mich,
my soul is wea - ry, now I pray
mi al - ma fa - ti - ga - da‿es - tá;

DAW - KEAH PBYAY - GYA YAH TSAHN - DAY-TOAW.
daß dein Geist kommt und in mir wohnt.
that your spir - it will dwell in me.
que tu‿es - pi - ri - tu mo - re‿en mi.

1 = kiowa, 2 = deutsch, 3 = englisch, 4 = spanisch

Melodie und Text: Gebet der Kiowa, USA. 2: Dieter Trautwein, 3: Libby Littlechief, 4: Federico J. Pagura.

C

Gloria, Anbetung, Halleluja (Akklamationen)
Gloria, Adoration, Halleluja (Acclamations)
Gloria, Adoration, Alleluia (Acclamations)
Gloria, Adoración, Aleluya (Aclamaciones)

51 Ayiram padalgalai

Tausende Lieder voller Lob

Thousands and thousands of songs — Indien

1 2. Pudiya pudia padalgalai / Punaindai pangalum serungalai! / Tudigal nira yum ganangalal / Tolude iraivani kanungalai! / Alleluya . . .

3. Enda nalum kalangalum / Iraivani portrum nerangalai! / Sindai kulirindai andugale / Siyonin geetham padungalai! Alleluya . . .

---

2 *2. Unsere Zeit braucht Lieder voller Lob. / Heilger Geist, erleuchte uns, zeig uns unsern Weg. / Mische Musik und Worte flammengleich. / Zünde ein Meer von Kerzen dir zum Lob. / Halleluja . . .*

3. Im ganzen Jahr, wie auch unsre Stimmung sei, / Heilger Geist, komm, binde uns durch der Liebe Macht. / Richte die Sehnsucht aller Menschen aus, / miteinzustimmen in Zions Lobgesang. / Halleluja . . .

---

3 2. Now for the sake of this age and its hopes, / Holy Spirit, teach us your ways, / Coax our best music and words into flame, / Light myriad candles of worship and praise. / Hallelujah . . .

3. All times of year, ev'ry season and mood, / Holy Spirit, capture for love; / Search out the longings of all humankind, / Join them to Christ's songs of Zion above. / Hallelujah . . .

1 = tamil, 2 = deutsch, 3 = englisch

Melodie: Thomas Thangaraj, 1: Dayanandan Francis, 2: Dieter Trautwein,
3: James Minchin.

52 Alleluia

Frankreich

Musik: aus Taizé. © Christophorus, Freiburg

53 Ehre sei Gott

Glory to God

Deutschland

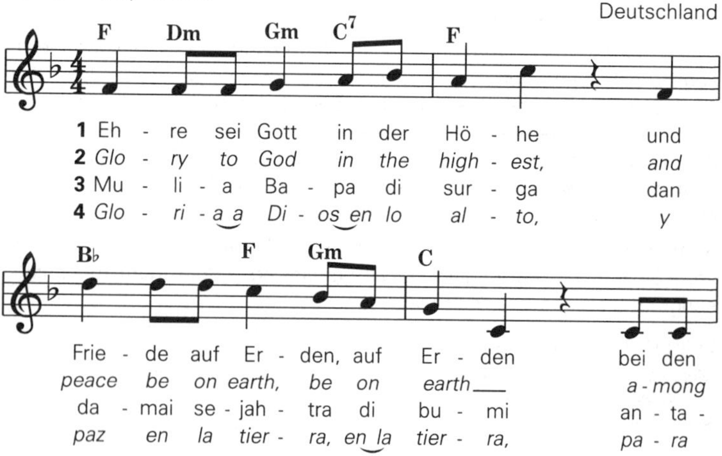

1 = deutsch, 2 = englisch, 3 = indonesisch, 4 = spanisch

Melodie: Oskar Gottlieb Blarr. 1: Dieter Trautwein, 2–4: Basler Mission.
© Strube, München

B♭ Gm7 F C Am C
Men-schen sei - nes Wohl - ge - fal - lens, bei den
all on whom his fa - vour rests, a-mong
ra ma - nu - si - a ter - cin - ta, an - tar -
los hom-bres de bue - na vo - lun - tad, pa - ra
B♭ Gm F C D F
Men-schen sei - nes Wohl - ge - fal - lens. Wir
all on whom his fa - vour rests. We
a ma - nu - si - a ter - cin - ta. Tri -
los hom-bres de bue - na vo - lun - tad. Te
B♭ C C Dm G7
dan-ken dir, wir lo - ben dich, wir be - ten dich
give you thanks, we sing your praise, we wor - ship
ma ka - sih ke - pa - da - mu ka - mi su - jud
da - mos gracias, te a la - ba - mos, a ti pe - di -
C B♭ Gm F C Am
an mit dei-nen Kin - dern in al - ler Welt,
you with all your chil - dren in all the world,
den-gan se - mu - a an - ak - mu di bu - mi,
mos con tus ni - ños en el mun-do en - tero,
C B♭ Gm F C7 F
mit dei-nen Kin - dern in al - ler Welt.
with all your chil - dren in all the world!
den-gan se - mu - a an - ak - mu di bu - mi.
con tus ni - ños en el mun-do en-ter - ro.

54 **El cielo canta alegria**

Himmel erklingen vor Freude / Heaven is singing

Argentinien

1 2. El cielo canta alegría, i Aleluya! / porque a tu vida y la mia lasune el amor de Dios. / Aleluya . . .

3. El cielo canta alegría, i Aleluya! / porque tu vida y la mia proclamarán al Señor. / Aleluya . . .

2 *2. Himmel erklingen vor Freude, Halleluja! / Denn dein und mein Leben sind durch die Liebe Gottes vereint. / Halleluja . . .*

3. Himmel erklingen vor Freude, Halleluja! / Denn dein und mein Leben können ein Zeugnis geben für Gott. / Halleluja . . .

---

3 2. Heaven is singing for joy, Alleluia! / for your life and mine are one in the love of God. / Alleluia. . .

3. Heaven is singing for joy, Alleluia! / for your life and mine will always proclaim the Lord. / Alleluia . . .

1 = spanisch, 2 = deutsch, 3 = englisch

Melodie und Text 1+3: Pablo Sosa. 2: Dieter Trautwein.

Halleluja 55

Karibik

Halleluja aus der Karibik, mündlich überliefert

56 Gloria a Dios

Ehre sei Gott / Glory to God

Peru

1 2. Gloria a Dios, Gloria a Dios, gloria a Jesucristo.
3. Gloria a Dios, Gloria a Dios, Gloria a l'Espíritu santo.

---

2 *2. Ehre sei Gott, Ehre sei Gott! Ehr' sei Jesus Christus!*
3. Ehre sei Gott, Ehre sei Gott! Ehr' dem Heil'gen Geiste!

---

3 2. Glory to God, Glory to God, Glory to Christ Jesus.
3. Glory to God, Glory to God, Glory to the Spirit.

---

4 *2. Gloire à Dieu, Gloire à Dieu, Gloire au Seigneur Jésus.*
3. Gloire à Dieu, Gloire à Dieu, Gloire à l'Espritrès saint.

1 = spanisch, 2 = deutsch, 3 = englisch, 4 = französisch, 5 = indonesisch

Melodie und Text: aus Peru. 2: Dieter Trautwein, 4: Jouëlle Gouël,
5: Basler Mission.

Gloria 57

Frankreich

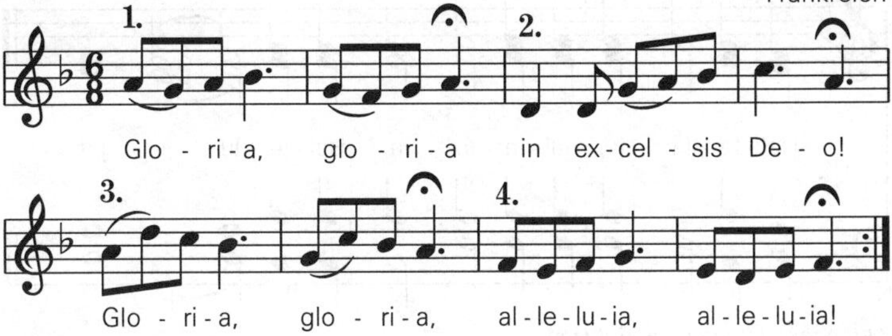

Musik: Jacques Berthier, Taizé. © Christophorus, Freiburg

Halleluja 58

Ukraine

Musik und Text: Orthodoxe Liturgie aus Kiew

59 Halleluja

Rußland

Orthodoxe Liturgie aus Rußland

60 Gloria

Argentinien

1 = spanisch, 2 = deutsch, 3 = englisch, 4 = französisch, 5 = indonesisch

Melodie und 1: Pablo Sosa. 2: Dieter Trautwein, 3+5: Basler Mission, 4: Joëlle Gouël.

Amin, haleluya 61

Indonesien

1 = indonesisch, 2 = deutsch, 3 = englisch, 4 = französisch

Melodie und Text 1+3: Sutarno. 2: Dieter Trautwein, 4: E. de Peyer.

62 Om Bhagawan

Kommt, lobt den Herrn

Indien

Refrain

1 Om Bha - ga - wan, om Bha - ga - wan,
2 *Kommt, lobt den Herrn, kommt, lobt den Herrn,*
3 O praise the Lord, O praise the Lord,
4 *Glo - ria al Se - ñor, glo - ria al Se - ñor,*
5 Pu - ji Tu - han, pu - ji Tu - han,

Strophen

Fine

Om Bha - ga - wan, Pra - bhu Pi - ta Bha - ga - wan.
kommt, lobt den Herrn, Gott, den Va - ter, Quell der Liebe.
O praise the Lord, God the Fa - ther, Fount of Love.
glo - ria al Se - ñor, Dios, el Pad - re Cre - a - dor.
pu - ji Tu - han, Al - lah, Ba - pa Pen - cip - ta.

Refrain

Om___ Bha - ga - wan, Om___ Bha - ga - wan,
Kommt, lobt den Herrn, kommt, lobt den Herrn,
O___ praise the Lord, O___ praise the Lord,
Glo - ria al Se - ñor, glo - ria al___ Se - ñor,___
Pu - ji Tu - han, pu - ji - Tu - han,___

Strophen

D.C.

Om Bha - ga - wan, Pra - bhu Pi - ta Bha - ga - wan.
kommt, lobt den Herrn, Gott den Va - ter, Quell der Liebe.
O praise the Lord, God the Fa - ther, Fount of Love.
glo - ria al Se - ñor, Dios, el Pad - re Cre - a - dor.
pu - ji Tu - han, Al - lah, Ba - pa Pen - cip - ta.

1 2. Prabhu Putra Bhagawan.
3. Prabhu Atma Bhagawan.

2 *2. Gott, den Sohn, der Rettung bringt.*
3. Gott, den Geist, der Tröster heißt.

3 2. God the Son, our Savior.
3. God the Spirit, Comforter.

4 *2. Dios, el Hijo, Salvador.*
3. Dios, Espiritu de_amor.
4. Dios, eterna Trinidad.

5 2. Allah, Anak Penebus.
3. Allah, Roh Penghiburan.
4. Allah, Bapa Anak Roh.

1 = hindhi, 2 = deutsch, 3 = englisch, 4 = spanisch, 5 = indonesisch

Bhajan-Melodie: Hindhi. 1+3: I-to-Loh. 2: Dieter Trautwein, 4+5: Basler Mission.

Performance suggestion:

1. Leader sings each phrase (marked by double bar lines) congregation repeats after.
2. Begin slowly and gradually increase the dynamic and tempo from St. 2. slow down at St. 4., and the Coda should be very slow and soft.

Aleluia 63

Brasilien

Musik: Simei Monteiro, Brasilien.

64 Halaluhu b'zilz'le schama

Lobet den Herrn / Come and praise

Israel

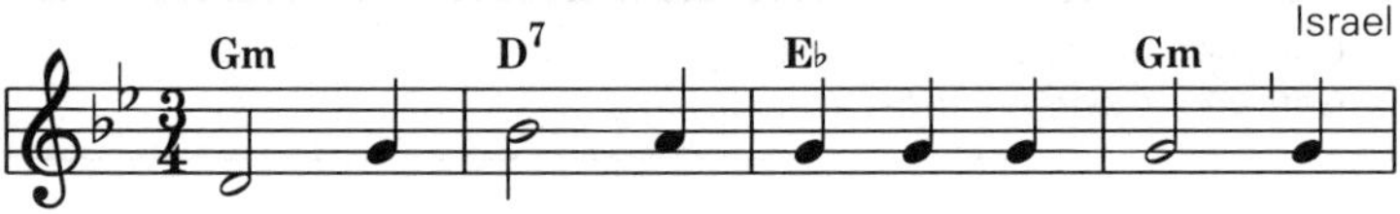

1 Ha - la - lu - hu, ha - la - lu - hu b' -
2 *Lo - bet, lo - bet, lo - bet den Herrn mit*
3 Come and praise, come praise him, our God, give
4 *Pu - ji Tu - han, ha - le - lu - ya, dengan*
5 Zan mei, zan mei, zan mei___ Shang Zhu

zil - - z' - le scha - ma.___
hel - lem Zim - bel - klang!___
praise with cym - bals loud!___
ta - - ri - ta - - ri - an.___
yong da sheng de bo.___

Ha - la - lu - hu, ha - la - lu - hu b' -
Lo - bet, lo - bet, lo - bet den Herrn mit
Come and praise, come praise him, our God, give
Pu - ji Tu - han, ha - le - lu - ya, re -
Zan mei, zan mei, zan mei___ Shang Zhu

zil - - z' - le t'ru - a.___
fro - hem Schel - len - spiel!___
praise with bells of joy!___
ba - na dan ke - ca - pi.___
yong goa sheng de bo.___

1 = hebräisch, 2 = deutsch, 3 = englisch, 4 = indonesisch, 5 = chinesisch

Melodie: aus Israel, Text: Psalm 150,5+6. 2: Dieter Trautwein, 3: Jeffrey T. Myers, 4+5: Basler Mission.

65 **Puji Tuhan**
Haleluya

Indonesien

Melodie: Christian I. Tamaela, Indonesien.

66 **Ngarikudzwe zuvairo ano mukaa**
Laßt uns preisen den Tag / Let us praise the day

Zimbabwe

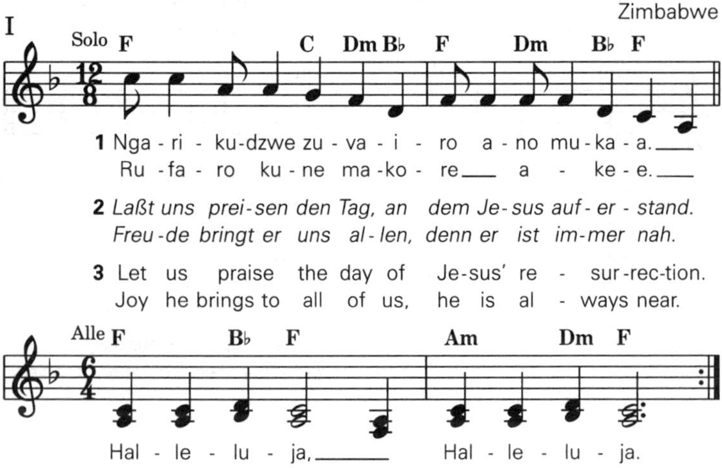

1 2. Krisito zvischoma kwatiri wapiwa. / Halleluja! Halleluja! / Zvino unopinda matenga kumusoro! / Halleluja! Halleluja! (+II)

---

2 *2. Christus bleibt unser Freund und zeigt uns, wie Gott uns liebt! / Halleluja! Halleluja! / Offen stehen für uns die Türen zu Gottes Reich. / Halleluja! Halleluja! (+II)*

---

3 2. Christ is our friend and shows us the love of God! Halleluja! Halleluja! / The doors to the kingdom of God are open for us! / Halleluja! Halleluja! (+II)

1 = shona, 2 = deutsch, 3 = englisch

Melodie und Text: Abraham Maraire, Zimbabwe, 2: Hendriks Mavunduse/Dieter Trautwein, 3: Basler Mission.

67 Kristu amuka. Halleluja

Christ ist erstanden / The Lord is risen

Zimbabwe

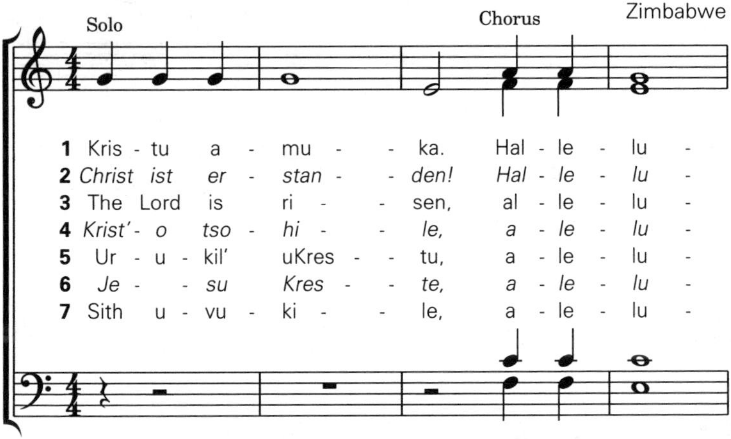

1 = shona, 2 = deutsch, 3 = englisch, 4 = sotho, 5 = xhosa, 6 = tswana, 7 = zulu

Melodie und Text: aus der Missa Zimbabwe, Shona.

1 2. Ndiye Mupohesi wedu, Halleluja, amuka, Halleluja
3. Ngati mukudzei. Halleluja, amuka, Halleluja!
4. Ndiye anotifarisa. halleluja, amuka, Halleluja!

---

2 *2. Er unser Retter, Halleluja, auferstanden, Halleluja!*
3. Laßt uns ihn loben, Halleluja, auferstanden, Halleluja!
4. Er macht uns fröhlich, Halleluja, auferstanden, Halleluja!

---

3 2. He is our Saviour, alleluia, he is risen, alleluia.
3. Let us adore him, alleluia, he is risen, alleluia.
4. Let us be joyful, alleluia, he is risen, alleluia.

---

4 *2. Re a tlotlisa, aleluya, o tsohile, aleluya.*
3. Ke Molopolli, aleluya, o tsohile, aleluya.

---

5 2. uMsindisi wethu, aleluya, uvukile, aleluya.
3. Masivuyeni, aleluya, uvukile, aleluya.

---

6 *2. O sule, aleluya, o tsogile, aleluya.*
3. O fitlhwa, aleluya, o tsogile, aleluya.

---

7 2. Msindisi wethu, aleluya, uvukile, aleluya.
3. Asijábule, aleluya, uvukile, aleluya.

Halleluja 68

Italien

Gregorianisch, zum 6. Psalmton

69 **Je louerai l'Eternel**

Ich lobe meinen Gott / Praise, I will praise you, Lord

Frankreich

1 Je loue-rai l'E - ter - nel de tout mon coeur, Je
2 *Ich lo - be mei - nen Gott von gan - zem Her-zen. Er -*
3 Praise, I will praise you, Lord, with all my__ heart. O
4 *Ik wil u lo - ben, Heer, met heel mijn hart, O*

ra - con - te - rai____ tou - tes___ tes mer - veil - les, Je
zäh - len___ will ich von all___ sei - nen Wun - dern und
God, I will tell____ the won-ders of your ways.__ And
God ik ver - te!____ van uw___ gro - te wond - ren, Ik

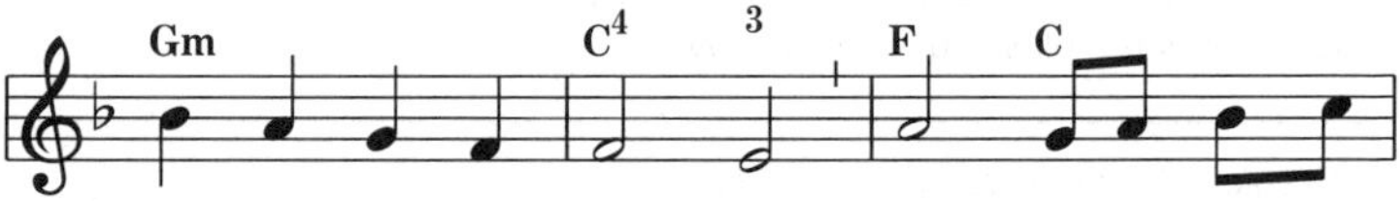

chan - te - rai ton nom.___ Je loue-rai l'E - ter -
sin - gen sei - nem Na - men. Ich lo - be mei - nen
glo - ri - fy your name.__ Praise, I will praise you,
juich en zing uw naam.__ Ik wil u lo - ven,

nel de tout mon coeur, Je fe - rai de toi___ le
Gott von gan - zem Her-zen. Ich freu - e__ mich und bin
Lord, with all my__ heart. In you I will find__ the
Heer, met heel mijn hart, Ik vind in uw naam, de

su - jet de ma joie. Al - lé - - lu - - ia!
fröh - lich, Herr, in dir! Hal - le - - lu - - ja!
source of all my joy. Al - le - - lu - - ja!
biljd-schap van't be-staan. Hal - le - - lu - - ja!

1 = französisch, 2 = deutsch, 3 = englisch, 4 = niederländisch

Melodie: Claude Fraysse. Text: nach Psalm 9,2 und 3.

70 **Śpiewajmy Panu pieśń**

Singet heute dem Herrn / O sing to the Lord

Polen

1 = polnisch, 2 = deutsch, 3 = englisch

Melodie: Jan Gawlas. Text: Psalm 98,1. 2: Fassung Tadeusz Sikora.

71 **Kiese! bu ngina mu Yisu**

Freude! Mit Jesus zu leben / Joy, joy, to live

Angola

1 2. Vo lula nde ma Yisu / mu ndzudu lu ya kieleka, / kiena ye konso wonga ko.

---

2 *2. Wenn wir Jesu Spuren folgen / und Wahrheit unsern Weg bestimmt, / dann macht uns nichts und niemand Angst.*

3 2. When we follow Jesus' footsteps / and truth directs the way, / then we need never be afraid.

1 = kikongo, 2 = deutsch, 3 = englisch

Melodie und Text: aus Angola. 2: Sabine und Benedikt Schubert.
3: Helen Tobler-Staunton.

Da n'ase, da n'ase 72

Danket Gott, ja, danket ihm / Give thanks to our God

Ghana

2. Yi n'aye, yi n'aye, yi Onyame aye . . .
2. Lobet Gott, ja lobet ihn, lobet unsern Gott . . .
2. Give praise to our God, give praise to our God. . . .
2. Gloria a Dios, gloria a Dios. . . .

1 = twi (Ghana), 2 = deutsch, 3 = englisch, 4 = spanisch

Melodie und Text aus Ghana, Twi. 2: Martin Addai-Naami/Dieter Trautwein.
3+4 Basler Mission.

73 **Rendei graças ao Senhor**
Lobt Gott, kommt und dankt dem Herrn

Brasilien

1 = portugiesisch, 2 = deutsch

Melodie und Text (nach Psalm 106, 1 und 48): aus Brasilien. 2: Dieter Trautwein.

a - le - lu-ia,__ a - le - lu-ia,__ a - le - lu-ia!__
Hal - le - lu - ja,__ Hal - le - lu - ja,__ Hal - le - lu - ja!__

74 Santosha wukkute

Freude, die überfließt

Indien

1 San - to - sha wu - kku - te. San - to - sha wu - kku - te.
2 *Freu - de, die ü - ber-fließt, Freu - de, die ü - ber-fließt,*
Stimmt in den Ju - bel ein! Stimmt in den Ju - bel ein!

San - to - sha wu - kke - wu - kku - te. Hal - le - lu - ja!
Freu - de, die ü - ber-, ü - ber - fließt, Hal - le - lu - ja!
Stimmt in den Ju - bel mit uns ein! Hal - le - lu - ja!

Je - su na - na rak - sha - ka, na - na paa - pa to - le - da.
Je - sus löst die Fes-seln auf, nimmt die Last der Sün - de weg,
Je - sus trägt für al - le Zeit uns - re Last und un - ser Leid.

San - to - sha wu - kke - wu - kku - te.
Freu - de, die ü - ber-, ü - ber - fließt.
Stimmt in den Ju - bel mit uns ein!

1 = kannada (Südindien), 2 = deutsch

Melodie und Text: aus Karnataka (Südindien). 2: Aksha und Devadan Konesagar/Rolf Hocke.

75 Santo, santo

Heilig, heilig / Holy, holy

Argentinien

1 = spanisch, 2 = deutsch, 3 = englisch, 4 = französisch

Liturgischer Gesang aus Argentinien. 2: Wolfgang Leyk. 4: Jouëlle Gouël.

D

Wort Gottes
Word of God
Parole de Dieu
Palabra de Dios

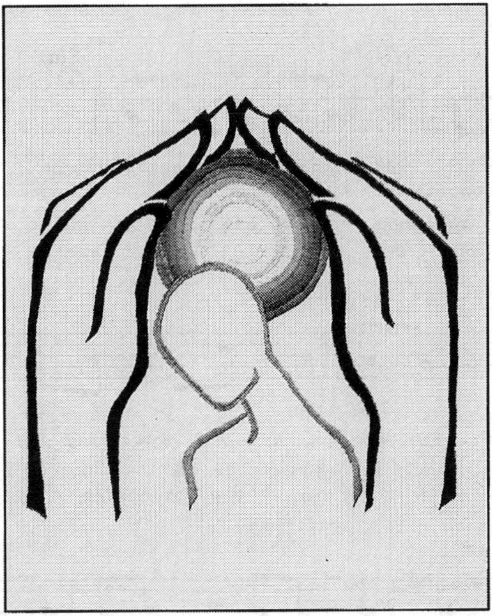

76 **Gottes Wort ist wie Licht**
As a light God's word

Deutschland

1 Got - tes Wort ist wie Licht in der Nacht;
2 *As a light God's word shines in the night,*
3 Fir - man - Mu te - - rang di ma - lam
4 *Sheng jing, hen xiang hei an de gu - ang*

es hat Hoff - nung und Zu - kunft ge - bracht; es gibt
it brings hope, it brings fu - ture in sight; it gives
ba - wa peng - ha ra - pan di de - pan be - ri
ta shi ren de da - o xi___ wang, xin lai

Trost, es gibt Halt in Be - dräng - nis, Not und
com - fort and strenght in dis - tress and des - pa -
peng - hi - bu - ran da - lam ke - ge - li - sa -
wei lai te an wei, zhi chi zao shou ya

Äng - sten, ist wie ein Stern in der Dun - kel - heit.
ra - tion, beams in the night like a bril - liant star.
an bin - tang da - lam ge - lap gu - li - ta.
po zai nan de ren ta hen xiang an zhong de xing.

1 = deutsch, 2 = englisch, 3 = indonesisch, 4 = chinesisch

Melodie: Joseph Jacobsen. 1: Hans-Hermann Bittger, 2: Jeffrey T. Myers/Dieter Trautwein, 3+4: Basler Mission.

77 Siehe da, es war gut

Behold, all was good / Voyez donc

Deutschland

1 = deutsch, 2 = englisch, 3 = indonesisch, 4 = französisch, 5 = spanisch

Melodie: Volker Ochs. Text: 1. Mose 1, 1ff.

78 Nicht durch Macht und Gewalt

Not by power, not by might

Schweiz

1 Nicht durch Macht und Ge - walt, durch Macht und Ge -
2 *Not by power, not by might; not power and not*
3 No de - pende del po - der ni de la fuer -
4 *Bu - kan kua - sa per - kasa ku - a - sa per -*
5 Bu shi yi kao shi li bu shi yi kao

walt, son - dern durch mei - nen Geist.
might, but by Thy Spir - it Lord.
za si - no de mi Espí - ri - tu.
kasa te - ta - pi Roh Tu - han.
cai neng nai shi wo di ling.

1 = deutsch, 2 = englisch, 3 = spanisch, 4 = indonesisch, 5 = chinesisch

Melodie: Arthur Eglin. Text: Sacharja 4,6. © beim Autor

79 Magnificat

I

Frankreich

Ma - gni - fi - cat, ma - gni - fi - cat, ma - gni - fi -

cat a - ni - ma me - a Do - mi-num. Ma - gni - fi - cat,

ma - gni - fi - cat, ma - gni - fi - cat a - ni - ma me - a!

Melodie: Jacques Berthier, Taizé. Text: Lukas 1,46.

Herr, dein Wort ist meines Fußes Leuchte 80

Your word is a lamp to guide me

Deutschland

1 = deutsch, 2 = englisch, 3 = tschechisch

Melodie: Rolf Schweizer. Text: Psalm 119,5.

81 Chhìphè hō hé sio

Feuer brennt im Dornenbusch / Watch the bush of thorns

Taiwan

1. Chhì - phè hō___ hé___ sio,___ sio___
2. Chhì - phè hō___ hé___ sio,___ chóng -
3. Chhì - phè hō___ hé___ sio,___ chóng -
4. Lán tióh ài___ ióng - kám___ ūi___

1. Feu - er brennt im___ Dor - nen-busch, die___
2. Feu - er brennt im___ Dor - nen-busch, und___
3. Feu - er brennt im___ Dor - nen-busch und___
4. Mu - tig laßt___ uns___ vor - wärts-gehn und___

1. Watch the bush of___ thorns___ be - ing
2. Watch the burn - ing___ bush,___ by___
3. Watch the suf - fring___ thorns:___ though
4. Cou - rage fill___ our___ hearts___ as___

kàu chin lí___ khāi; Chóng - sí___
sí bô sio___ khì; Sèng - tô___
sí bô sio___ khì; Kàu - hōe___
Chú lâi cheng - - chìn; Khó - lān___

Flam - men lo - dern auf – und doch ver -
doch ver - brennt er___ nicht. Hei - li - ge
doch ver - brennt er___ nicht. Denn wird es
fol - gen un - serm Herrn, denn je mehr

licked by fierce___ flame the bush is___
God's will kept___ whole: when Chris - tians
burn - ing still___ a - live if per - se___
Je - sus Christ's___ friends! With him in___

1 = taiwanesisch, 2 = deutsch, 3 = englisch

Zu 2. Mose 3,2

Melodie: I-to-Loh, nach Motiven eines Klageliedes. 1: Chun-ming Kao. 2: Bettina Opitz-Chen/Dieter Trautwein, 3: James Minchin.

Der Textdichter Dr. Kao war Generalsekretär der PCT (Presbyterianischen Kirche von Taiwan) und schrieb diesen Text im Gefängnis – als in den 70/80er Jahren viele aktive Christen verfolgt waren, die für die Unabhängigkeit Taiwans von der nationalchinesischen Herrschaft eintraten.

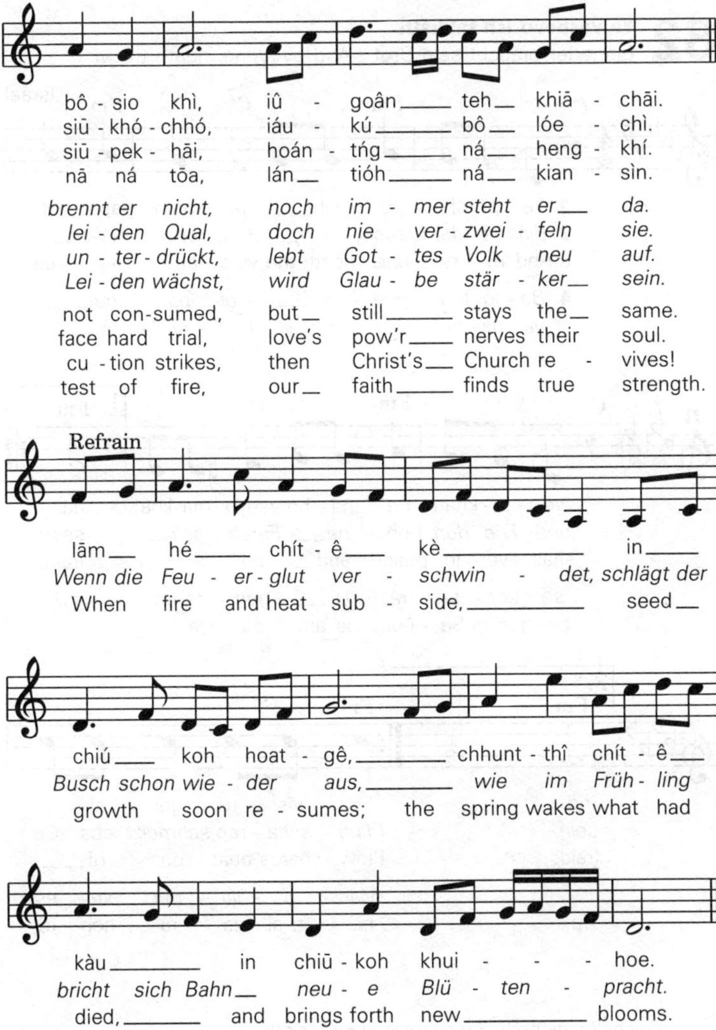
bô - sio khì, iû - goân teh khiā - chāi.
siū - khó - chhó, iáu - kú bô lóe - chì.
siū - pek - hāi, hoán - tńg ná heng - khí.
nā ná tōa, lán tióh ná kian - sìn.
brennt er nicht, noch im - mer steht er da.
lei - den Qual, doch nie ver - zwei - feln sie.
un - ter - drückt, lebt Got - tes Volk neu auf.
Lei - den wächst, wird Glau - be stär - ker sein.
not con-sumed, but still stays the same.
face hard trial, love's pow'r nerves their soul.
cu - tion strikes, then Christ's Church re - vives!
test of fire, our faith finds true strength.
Refrain
lām hé chít - ê kè in
Wenn die Feu - er - glut ver - schwin - det, schlägt der
When fire and heat sub - side, seed
chiú koh hoat - gê, chhunt - thî chít - ê
Busch schon wie - der aus, wie im Früh - ling
growth soon re - sumes; the spring wakes what had
kàu in chiū - koh khui - - - hoe.
bricht sich Bahn neu - e Blü - ten - pracht.
died, and brings forth new blooms.

82 Ye yashevu ish takhath

Ein jeder braucht sein Brot / And ev'ryone 'neath the vine

Israel

1 = hebräisch, 2 = deutsch, 3 = englisch, 4 = spanisch

Lied aus Israel. 2: Friedrich Karl Barth/Dieter Trautwein, 3: überliefert. 4: Pablo Sosa,

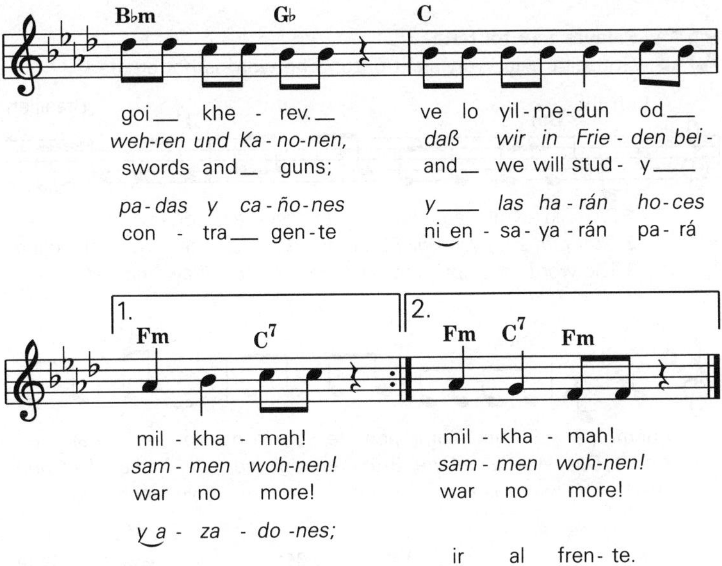

Singbare biblische Textfassung nach Micha 4,1-4 und Jesaja 2,1-5:

1. Es wird erfüllt der alte Traum vom Frieden unterm Feigenbaum. / Nie mehr greift Volk gegen Volk zum Schwert, / nie mehr wird Jugend der Krieg gelehrt.

2. Und wächst im Frieden uns der Wein, wird Angst und Schrecken ferne sein. / Seht, Völker haben vom Mord genug, / schmieden die Schwerter jetzt um zum Pflug.

3. Kommt, zieht hinauf zu Gottes Haus, von Zion geht die Weisung aus. / Gott zeigt, wie Leben uns gut gelingt, / wenn uns sein Friede zusammenbringt.

Dieter Trautwein

83 Palavra não foi feita

Gott gibt sein Wort nicht dazu / The word is not created

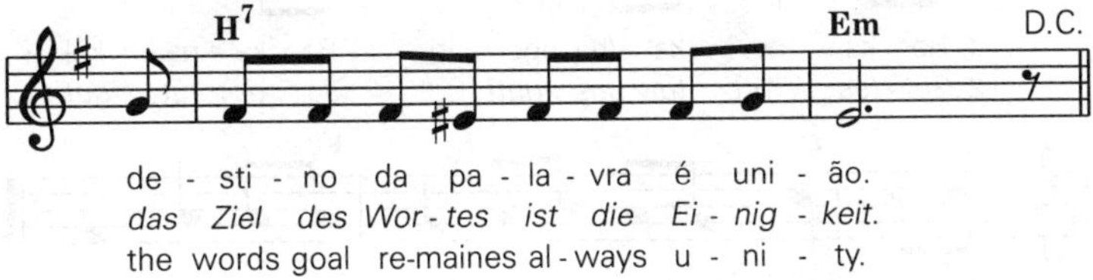

1 2. Palavra não foi feita, para a vaidade, / destino da palavra é a eternidade, / palavra não fei feita, prá cair no chão, / destino da palavra é o coração.

3. Palavra não foi feita para semear / a dúvida, a tristeza e o mal estar, / destino da palavra é a contrução / de um mundo mais feliz e mais irmão.

---

2 *2. Das Wort ist nicht zum Bündnis mit dem Hochmut da, / das Wort bleibt immer offen für die Ewigkeit, / das Wort verwehrt es, Leben in den Schmutz zu ziehn, / das Wort kommt an, wenn es zu Herzen geht.*

3. Das Wort soll niemals Haß und niemals Argwohn säen, / das Wort vertreibt die Schwermut und die Traurigkeit, / das Wort will helfen, Lebenskräfte aufzubaun / der einen Welt, in der wir glücklich sind.

---

3 2. The word is not conspiring with proud arrogance, / the word is always open to eternity, / the word refuses to make of life something cheap, / the word takes shape when in our hearts at home.

3. The word confronts supsicion, never sows cold hate, / the word will chase out sadness and all dark despair, / the word wants to build new strength to unite the world / in which we all will find our peace and joy.

1 = portugiesisch, 2 = deutsch, 3 = englisch

Melodie und Text: Irene Gomes. 2: Dorival Ristoff/Dieter Trautwein. 3: Jeffrey T. Myers.

84 Rakanaka Vhangeri

Gottes Wort tut uns gut

Zimbabwe

1 2. Rinesimba vhangeri! Rinesimba! Rinesimba vhangeri! Rinesimba!
I: Ndanguri nda kuudze kuti Rinesimba! **:I**

3. Ngariende vhangeri! Ngariende! Ngariende vhangeri! Ngariende!
I: Ndanguri nda kuudze kuti Ngariende! **:I**

---

2 *2. Gottes Wort gibt uns Kraft! Ja, es gibt Kraft! Gottes Wort gibt uns allen Kraft! Ja, es gibt Kraft!* **I:** *Ich habe dir schon immerzu erzählt: Es gibt Kraft!* **:I**

3. Gottes Wort ruft nach Boten! Ja, es ruft uns! Gottes Wort ruft nach Boten! Ja, es ruft uns! **I:** *Ich habe dir schon immerzu erzählt: Es ruft uns!* **:I**

1 = shona, 2 = deutsch

Melodie und Text: aus Zimbabwe. 2: Hendriks Mavunduse / Dieter Trautwein

La palabra del Señor

Gottes Wort kehrt niemals / Never will the word of God

Lateinamerika

Tidak sia sia firmanuku abkan kembali / Amen, Amen.
Jika meréka diam batu akan berteriak / Amen, Amen. (indonesisch)

1 = spanisch, 2 = deutsch, 3 = englisch

Melodie: aus Lateinamerika. Text: nach Jesaja 55,11 und Lukas 19,40. 2+3: Dieter Trautwein.

86 The Lord is my shepherd

Der Herr ist mein Hirte / L'Eternel seul

Schottland

1 2. My soul He doth restore again; / and me to walk doth make / within the paths of righteousness, / even for His own Name's sake.

3. Yes, though I walk in death's dark vale, / yet will I fear none ill; / for Thou art with me; and Thy rod / and staff me comfort still.

4. My table Thou hast furnished / in presence of my foes; / my head Thou dost with oil anoint, / and my cup overflows.

5. Goodness and mercy all my life / shall surely follow me: / and in God's house for evermore / my dwelling-place shall be.

---

2 *2. Er schenkt meiner Seele, was erquickt, / führt mich mit guter Hand / auf rechter Straße meinen Weg / zu seines Namens Ehr'.*

3. Und wanderte ich im finstern Tal, / fürcht ich kein Unglück mehr, / denn du bist bei mir, tröstest mich, / mit Stecken und mit Stab.

4. Du deckst und bereitest mir den Tisch, / ergreifst für mich Partei, / du salbst mein Haupt mit Gnadenöl, / und voll schenkst du mir ein.

5. Die Güte und die Barmherzigkeit / folgen mir lebenslang. / Ich werde bleiben immerdar / im Hause meines Herrn.

---

3 2. Il vient guérir, il vient bénir / mon âme et l'affermir / pour me guider sur son chemin, / mon Dieu saisit ma main.

3. Marchant au long du sombre val / craindrais-je encore le mal? / Toujours il reste près de moi / mon sûr appui, mon Roi.

4. Pour moi la table il a dressé, / face à qui me fait front! / Ma coupe est pleine à déborder / car il oindra mon front.

5. Bonheur et grâce, ô Dieu d'amour, / me garderont toujours; / j'habiterai, suprême honneur / dans ta maison, Seigneur!

1 = englisch, 2 = deutsch, 3 = französisch
Lied zu Psalm 23. Melodie und Text: Scottish Psalter. 2: Dieter Trautwein, 3: Pauline Martin.

87 Vocárstvii Tvojém

Gedenk an uns, o Herr / Remember your servants

Kehrvers/Refrain — Ukraine/Rußland

1 2. Blažéni krótcyi, jáko tii naslédjat zémlju.
Blažéni álčušči zázduščii právdy, jáko tii nasýtjatsja.

3. Blažéni milostivii, jáko tii pomílovani búdut.
Blažéni čistii sérdcem, jáko tii Bóga úzrjat.

4. Blažéni mirotvórcy, jáko tii sýnove Bóžil narekútsja.
Blažéni izgnáni právdy rádi, jáko tech jest' cárstvo nebésnoje.

1 = russisch, 2 = deutsch, 3 = englisch, 4 = französisch

Melodie und Satz: aus Kiew. Text: Seligpreisungen, Matth. 5,3-10

2 *2. Selig sind die Sanftmütigen, denn sie werden das Erdreich besitzen.*
Selig sind, die hungern und dürsten nach der Gerechtigkeit,
denn sie sollen satt werden.

3. Selig sind die Barmherzigen,
denn sie werden Barmherzigkeit erlangen.
Selig sind, die reinen Herzens sind, denn sie werden Gott schauen.

4. Selig sind, die Frieden stiften, denn sie werden Gottes Kinder heißen.
Selig sind, die um der Gerechtigkeit willen verfolgt werden,
denn ihrer ist das Himmelreich.

87 **Vocárstvii Tvojém**

Remember your servants / Souviens toi de nous

Kehrvers/Refrain

Ukraine/Rußland

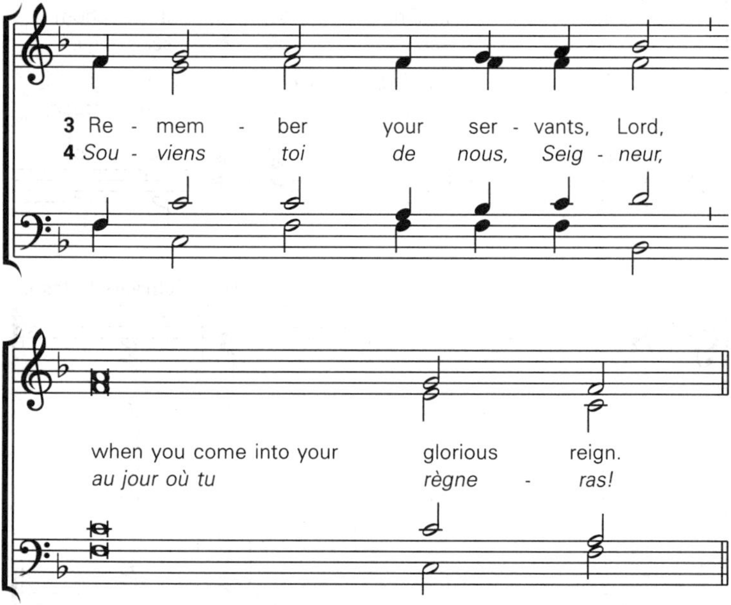

3 2. Blessed are the meek, for they will inherit the earth. Blessed are those who hunger and thirst for righteousness, for they will be filled.

3. Blessed are the merciful, for they will receive mercy. Blessed are the pure in heart, for they will see God.

4. Blessed are the peacemakers, for they will be called children of God. Blessed are those who are persecuted for righteousness, for theirs is the kingdom of heaven.

4 *2. Heureux sont les débonnaires, le monde, un jour, reconnaitra leur loi. Heureux dans leur faim les justes, les temps viendront ou ils n'auront plus faim.*

3. Heureux fils de la promesse: pitié à qui exerça la pitié. Heureux ceux dont l'âme est pure, dans sa clarté ils connaitront leur Dieu.

4. Heureux dans la paix céleste ceux qui, sur terre, ont procuré la paix. Heureux ceux qui, pour Christ, souffrent, car le Royaume des cieux est à eux.

88 Hanulnanun saelulbola

Seht die Vögel am Himmel / Oh behold the fowls

Korea

1 2. D-le-pi-nun ggo-tsl-bo-ra / kil-ssam-su-go an-hae-do / Solomon-ui ui-bok-po-da / deo-uk a-rm-dap-to-da / a-gung-so-ge deon-jil-pul-do / ko-hi--i-phi si-geo-dn / sa-rang-ha-nun ja-nyeo-d-rul / i-phi-si-ji a-nu-lya.

3. Neo-nun-meon-jeo ju-ui-na-ra / ju-ui-ui-rul ku-ha-ra. / ha-na-ni-mi mo-dn-geo-sl / neo-hui-e-ge ju-si-ri / nae-il-i-rul saeng-ga-ka-go / mi-ri-yeom-lyeo mal-a-ra / o-nl-il-man saeng-kak-ha-go / in-nun-hi-ml da-ha-ra.

---

2 *2. Seht, die Blumen erblühen im Feld, / seht, sie spinnen und arbeiten nicht. / Salomo in der herrlichsten Pracht / trug kein Kleid, das so schön war wie sie. / Wenn Gott schon Gras kleidet und schmückt, / das man bald im Ofen verbrennt, / wird er nicht noch viel mehr tun für euch? / Warum ist euer Glaube so klein?*

3. Sucht nach Gottes Reich, trachtet nach ihm / und nehmt seine Gerechtigkeit an. / Was ihr nötig habt, hält Gott bereit, / der das alles euch zufallen läßt. / Sorgt darum nicht, was morgen wird / und ob ihr bekommt, was ihr braucht. / Denn der morgige Tag sorgt für sich. / Er hat eigene Plage genug.

---

3 2. O behold the lilies in fields, / they do not toil, they do not spin. / Not the glory of Solomon / dims the wonder they display. / Heav'nly Father clothes them well, / e'en those who don't know his love. / Never worry what you may wear; / won't he clothe his loved child?

3. Seek you first the kingdom of God; / seek you first the love of God. / Heav'nly Father through his love / gives you all your daily needs. / For tomorrow, take you no heed / for the cares and worry it brings. / Take heed for the cares of today; / leave your heart and mind to him.

1 = koreanisch, 2 = deutsch, 3 = englisch

Melodie: Nah Young-Soo. Text: aus Korea zu Mt. 6, 26-34. 2: Dieter Trautwein, 3: Chang Phil-Wha.

Das Lied entstand in der Zeit der Verfolgung in Südkorea besonders im Blick auf die Gefangenen und ihre Angehörigen. Der Autor, dessen Name nicht genannt wird, war selber im Gefängnis. Der Komponist ist ein namhafter Musiker und Dirigent.

89 **Tua Palavra na vida**

Dein Wort erfüllt sich / Your word in our lives

Brasilien

1 Tu - a Pa - la - vra na vi - - da
2 *Dein Wort er - füllt sich im Le - - ben:*
3 Your word in our lives e - ter - - nal,
4 *E - sa Pa - la - bra_en la vi - - da*

é fon - te que ja - mais se - - ca,
Quel - le, die nie - mals ver - trock - net,
it is a clear foun - tain flow - - ing;
es fuen - te que no se se - - ca,

á - gua que_a ni - ma e res - tau - - ra
Was- ser, die Kräf - te zu wek - - ken
wa - ter that gives strength and cou - - rage
a - gua que_a - ni - ma y res - tau - - ra

to - dos que_a quei - ram be - ber.
je - dem, der nah - kommt und trinkt.
to all who draw near and drink.
a to - do que_ha de be - ber.

1 2. Tua Palavra na vida / é qual semente que brota; / torna-se bom alimento, / pão que não há de faltar.

3. Tua Palavra na vida / é espelho que bem reflete, / onde nos vemos, sinceros, / como_a imagem de Deus.

4. Tua Palavra na vida / é espada tão penetrante, / que revelando as verdades / vai renovando o viver.

5. Tua Palavra na vida / é luz que os passos clareira, / para que ao fim no horizonte, / se veja o Reino de Deus.

---

2 *2. Dein Wort erfüllt sich im Leben: / Samen, der keimt, sich entfaltet. / Nahrung, die froh wir empfangen, / Brot, das uns niemals mehr fehlt.*

3. Dein Wort erfüllt sich im Leben: / Spiegel, darin uns zu schauen, / aufrichtig jetzt zu begreifen, / alle schuf Gott als sein Bild.

4. Dein Wort erfüllt sich im Leben: / Schwert, das tief eindringt und scharf ist, / Wahrheit, die weh tut, ans Licht bringt, / Leben erneuert und heilt.

5. Dein Wort erfüllt sich im Leben: / Licht, das die Schritte uns hell macht, / läßt uns, was kommt, klar erkennen, / ewig wird währen dein Reich.

---

3 2. Your word in our lives, eternal, / seed of the Kingdom that's growing; / it becomes bread for our tables, / food for the feast without end.

3. Your word in our lives, eternal, / becomes the mirror where we see / the true reflection of ourselves: / children and image of God.

4. Your word in our lives, eternal, / it is a sharp two-edged sword; / dividing our lies from your truth, / it's bringing new life to all.

5. Your word in our lives, eternal, / is light that shines on the long road / that leads us to the horizon / and the bright Kingdom of God.

---

4 *2. Esa Palabra en la vida / es cual semilla que brota; / llega a ser buen alimento / que no ha jamás de faltar.*

3. Esa Palabra en la vida / espejo es que bien refleja, / donde nos vemos, sinceros, / como la imagen de Dios.

4. Esa Palabra en la vida / espada es tan penetrante / que revelando verdades / va renovando el vivir.

5. Esa Palabra en la vida, / luz que los pasos aclara, / muestra al final el camino / del Reino eterno de Dios.

1 = portugiesisch, 2 = deutsch, 3 = englisch, 4 = spanisch

Melodie und Text: Simei Monteiro, Brasilien. 2: Dieter Trautwein, 3: Sonya Ingwersen, 4: Jorge Rodrigues.

90 Koi au na sala na dina

Ich bin der Weg, die Wahrheit / I am the way

Fidji

1 = fidjijanisch, 2 = deutsch, 3 = englisch

Lied von den Fidji-Inseln. Text: Joh. 14,6. 2: Dieter Trautwein.

Bi mfa' fa Yave **91**

Dient Gott gern / Serve our God

Kamerun

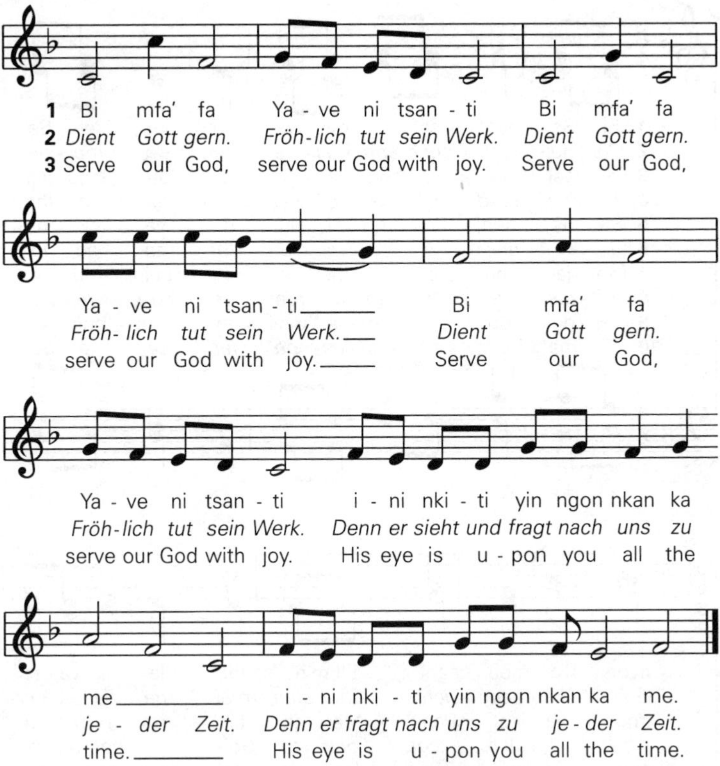

Labrad alegres la obra de Dios pues su mirada le vela sin descanco.
(spanisch)

1 = mungaka, 2 = deutsch, 3 = englisch

Melodie: aus Kamerun. Text: Leitvers der Christian Women's Fellowship der Presbyterianischen Kirche in Kamerun. 2: Dieter Trautwein, 3: Beatrice Aebi.

92 El Senyor és la meva força

Meine Hoffnung und meine Freude / In the Lord I'll be ever

Frankreich

1 = portugiesisch, 2 = deutsch, 3 = polnisch, 4 = englisch, 5 = tschechisch, 6 = italienisch, 7 = slowenisch, 8 = ungarisch, 9 = russisch, 10 = französisch

93 **Din Gud er rik og stor**
Dein Gott ist groß und reich

Norwegen

1 2. Gå i hans vingård inn! / Din gjerning skal du gjøre der, / med villig hånd og sinn.

3. Da gjør du Jesu verk! / Du er hos ham i liv og død,/ vaer glad, vaer fri, vaer sterk!

4. Gå i hans kirke inn / Og hør det gode frelsens ord, / bevar det i ditt sinn!

5. Ditt liv tar engang slutt, / det håp du får i Jesu navn / blir aldri knust og brutt.

6. Vaer tro mot Herren din! / Så skal han engang si til deg: / "Gå inn til gleden min!"

---

2 *2. Geh mit auf Gottes Land! / Im Weinberg gibt es viel zu tun / für Hände und Verstand.*

3. Tu da, was Jesus tut! / Dein Leben lang bist du bei ihm. / Sei frei und stark und gut.

4. Geh mit in Gottes Haus! / Hör da auf sein Befreiungswort, / nimm's an und leb daraus.

5. Dein Leben geht vorbei, / doch Jesus gibt ihm einen Halt, / der bricht nie mehr entzwei.

6. Weil dich dein Gott nicht läßt, / bleib du ihm treu, bis er einst spricht: / Geh mit zu meinem Fest!

Zu Matthäus 20, 1–16

1 = norwegisch, 2 = deutsch

Melodie und Satz: Harald Herresthal. 1: Eyvind Skeie, 2: Jürgen Henkys.

94 La ténèbre n'est point ténèbre

Die Finsternis ist nicht finster / Our darkness is never

Frankreich

Zu Psalm 139, 12

1 = französisch, 2 = deutsch, 3 = englisch, 4 = italienisch, 5 = norwegisch, 6 = polnisch, 7 = ungarisch, 8 = tschechisch, 9 = bulgarisch, 10 = slowakisch

Gesang aus Taizé.

95 Kol dodi, kol dodi

Hört meinen Freund / Hear, my friend

1 = hebräisch, 2 = deutsch, 3 = englisch

Melodie und Text: aus Israel – Hohes Lied 2,8. 2+3: Dieter Trautwein.

Lied zur Begrüßung des Shabbat und der Thora. Text bei Bibel-Festen:
Lobt den Herrn, lobt den Herrn, er hat seine Menschen gern.
Er läßt uns sein Wort verkünden, lädt uns ein in seinen Bund!

E

Credo, Taufe, Erneuerung
Creed, Baptism, Renewal
Confession de foi, Baptême, Renouveau
Credo, Bautismo, Renovación

96 **Veri me všetci v jediného**

Wir glauben all an einen Gott

Slowakei

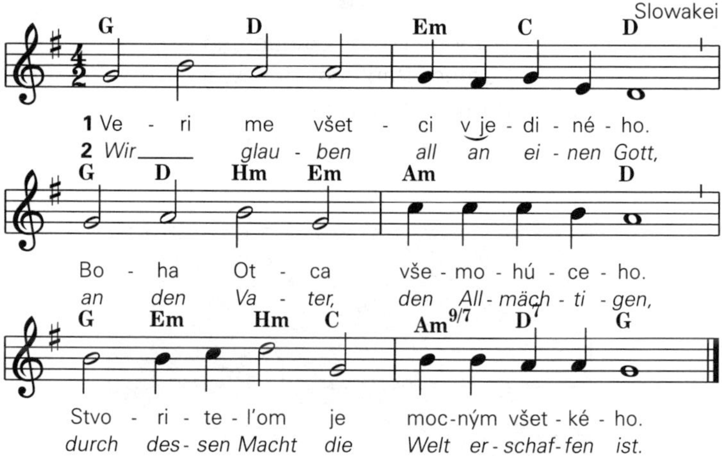

1 2. Aj v Ježiša, Syna Božieho, / jediného Pána večného, / ktorý sa počal z Ducha Svätého.

3. Vôl'u Otca vo všetkom konal / a na kríži v bolestiach skonal, / na tretí deň však slávne z mŕtvych vstal.

4. Po vzkriesení vstúpil k Otcovi / na nebesá do večnej slávy, / aby tam verným miesto pripravil.

5. Z nebies slávy opät' k nám príde, / a na svojom poslednom súde / živých i mŕtvych On súdit' bude.

6. Verime aj v Ducha Svätého, / svätú cirkev spravujúceho; / a v život večný z milosti Jeho.

---

2 *2. Auch an Jesus, Gottes einz'gen Sohn, / der auf ewig Herr und Heiland ist / und durch den Heilgen Geist empfangen ward.*

3. Er hat Gottes Willen stets getan, / fand in Schmerzen seinen Tod am Kreuz / und stand am dritten Tag vom Tode auf.

4. Stieg hinauf zu Gott vom Tod erweckt, / Ehre ward im Himmel ihm zuteil, / hält dort den Seinen einen Platz bereit.

5. Von dort wird er wieder zu uns kehrn, / und wenn er Gericht hält, wird er sein / Richter der Toten und Lebendigen.

6. Und wir glauben an den Heilgen Geist, / der die Kirche leitet allezeit, / auch an das ewge Leben, das Gott schenkt.

1 = slowakisch, 2 = deutsch

Melodie: 1541 (Staročeský napev). Text: J. Tranovský. 2: Ondrej Prostrednik/Dieter Trautwein.

Oda ni oofe fee **97**

Herr, du bist überall / Lord you are evrywhere

Ghana

1 2. Oda ni oohe wa! Nuntsho oda ni oohe wa! /
Namo po woke le baató oohe. Oda ni oohe wa!

---

2 *2. Herr, du hast große Kraft! Keiner ist so stark wie du! /
Niemand kann sich mit dir vergleichen. Herr, du hast große Kraft!*

---

3 2. Lord, you are powerful! Lord God, you are powerful! /
No one can ever be compared with you! Yes, you are powerful!

1 = gha, 2 = deutsch, 3 = englisch

Lied aus Ghana, Gha-Sprache, überliefert. 2: Joseph Quartey / Dieter Trautwein, 3: Joseph Quartey.

98 When you, O Lord, were baptized

Als du, o Herr, getauft wurdest

Rußland

Orthodoxe Liturgie zu Epiphanias, aus Rußland.
1: Genf (WCC), 2: Dieter Trautwein

wit-ness un - to you, call - ing you the be - lov - ed Son,
gab von dir Zeug-nis, nann - te dich den ge - lieb - ten Sohn,
and the Spir - it in the form of a dove con-firmed his word
und der Geist in Ge - stalt ei - ner Taube er - wies sein Wort
as sure and stead-fast. O Christ, our God – who has
als wahr und gül - tig. O Chri - stus, un - ser Gott, der
ap-peared and en-light-ened the world, glo - ry be to You.
er-schien, um die Welt zu er-leuchten, hoch-ge-ehrt bist du.

99 **Fylt av glede**

Voller Freude über dieses Wunder

Norwegen

1 Fylt av gle - de o - ver li - vets un - der,
2 *Vol - ler Freu - de ü - ber die- ses Wun - der,*
3 Med vår gläd - je ö - ver li - vets un - der

med et ny - født barn i vå - re hen - der,
un - ser Neu- ge - bor - nes auf den Ar - men,
och ett ny - fött barn i vå - ra hän - der

kom - mer vi til deg som gav oss li - vet,
kom - men wir zu dir: Du gabst uns Le - ben,
kom - mer vi till dig som gav oss li - vet,

kom-mer vi til deg som gav oss li - - vet.
kom-men wir zu dir: Du gabst uns Le - - ben.
kom-mer vi till dig som gav oss li - - vet.

1 2. Fylt av beven foran ukjent fremtid / legger vi vårt barn i dine hender. / Det som skjer i dåpen, gir oss trygghet.

3. Fylt av undring er vi i din naerhet! / Du som baerer verdensrommets dybder, / venter på de små og tar imot oss.

4. Ved ditt verk, ved Kjaerlighetens vilje, / er vi født på ny til liv i Kristus, / til et åpent liv i tro og tillit.

5. Og ved tidens grense lever fortsatt / dine løftes-ord ved døpefonten, / dåpens lys forblir når livet slukner.

6. Større rikdom enn hva ord kan romme, / har du gitt oss gjennom dåpens gave. / Herr, la vår tro bli fylt av glede!

2 *2. Bange vor der unbekannten Zukunft / legen wir dies Kind in deine Arme. / Du willst taufen. Das gibt uns Gewißheit. / Du willst taufen. Das gibt uns Gewißheit.*

3. Staunend hören wir: Du bist ganz nahe. / Der das Weltall trägt mit seinen Tiefen, / wartet auf die Kleinen und empfängt uns, / wartet auf die Kleinen und empfängt uns.

4. Deine Liebe wirkt die neue Schöpfung, / öffnet, die sonst fest verschlossen wären, / eint im Glauben uns mit deinem Christus, / eint im Glauben uns mit deinem Christus.

5. Unsre Zeit kommt bald an ihre Grenze, / aber deine Taufversprechen bleiben. / Wir verlöschen. Deine Kerze leuchtet. / Wir verlöschen. Deine Kerze leuchtet.

6. Du bist reicher, als wir sagen können. / Hilf uns, daß wir aus der Taufe leben: / staunend, unerschrocken, voller Freude, / staunend, unerschrocken, voller Freude.

---

3 2. Med vår bävan inför okänd framtid / lägger vi vårt barn i dina händer. / Det som sker i dopet gör oss trygga, / det som sker i dopet gör oss trygga.

3. Med vår undran står vi i din närhet. / Du som bär och fyller universum / väntar på de små och tar emot oss, / väntar på de små och tar emot oss.

4. Genom dig, ditt verk, din kärleks vilja / har vi fötts på nytt till liv i Kristus / till ett öppet liv i tro och tillit, / till ett öppet liv i tro och tillit.

5. Över tidens gränser lever alltjämt / dina löftesord vid dopets vatten. / Dopets ljus förblir när livet slocknar, / dopets ljus förblir när livet slocknar.

6. Mycket större än vad ord kan rymma / är den gåva du oss ger i dopet. / Herr, låt vår tro bli fylld av glädje, / Herr, låt vår tro bli fylld av glädje.

1 = norwegisch, 2 = deutsch, 3 = schwedisch

Melodie: Egil Hovland. Text: Svein Ellingsen. 2: Jürgen Henkys, 3: Britt G. Hallquist.

100 Wir danken, Gott, daß du uns kennst

We thank you, God, from you we came

Deutschland

1 2. Zur Taufe blicken wir zurück. / Was Gott gab, wurde uns zum Glück – / ob uns die Eltern, Paten brachten, / ob wir schon eigne Schritte machten. / Zur Taufe blicken wir zurück.

3. Wir sind als Gottes Volk erwählt, / durch Jesus zu dem Bund gezählt, / den Gott aus Liebe hat geschlossen: / "Mitbürger seid ihr, Hausgenossen!" / Wir sind als Gottes Volk erwählt.

4. Nie gilt das Heil nur uns allein. / Wir sollen Friedensbringer sein, / können, durch Gottes Geist getrieben, / Menschen, die fern und feind sind, lieben. / Nie gilt das Heil nur uns allein.

5. = 1.

---

2 *2. Baptized, alive in Jesus' name, / our life has never been the same; / by parents brought, before our knowing, / or whether by our own avowing / baptized, alive in Jesus' name.*

3. *We join to celebrate the feast: / God's convenant, renewed in Christ. / As friends and members, called, invited, / under one roof of peace united, / we join to celebrate the feast.*

4. *God's grace is not for us to hoard, / his love is wide, so spread the Word! / Reach out in love to all the living, / speak peace, make friends on earth, forgiving; / God's grace is not for us to hoard.*

5. = 1.

Zu Epheser 2,19–22

1 = deutsch, 2 = englisch

Text und Melodie: Dieter Trautwein. 2: Fred Kaan.

Sh'ma Israel 101
Hör', Israel

Israel

*adoshem wird nach jüdischem Brauch anstelle des heiligen Gottesnamens gesprochen: adonai = Herr, shem = Name.

1 = hebräisch, 2 = deutsch

Gesang aus Israel zu 5. Mose 6,4-5. 2: Dieter Trautwein.

102 Menim no Ono beye

Ich kenn ihn, er kann alles / I know him, He can do all

Ghana

1 = twi, 2 = deutsch, 3 = englisch

Lied aus Ghana, Twi-Sprache. 2: Dieter Trautwein, 3: überliefert.

103 Tout est fait pour la gloire de Dieu

Alles, was wir sind, hat Gott geschenkt
All is made to glorify our God

Kamerun

1 2. La vie c'est pour la gloire de Dieu. Amen . . .
3. Le culte est pour la gloire de Dieu. Amen . . .
4. Le printemps pour la gloire de Dieu. Amen . . .
5. L'offrande est pour la gloire de Dieu. Amen . . .

2 *2. Leben ist uns auch von Gott geschenkt. Amen . . .*
3. Lobgesang ist auch von Gott geschenkt. Amen . . .
4. Neuanfang ist auch von Gott geschenkt. Amen . . .
5. Was wir geben, hat uns Gott geschenkt. Amen . . .

---

3 2. All is made to glorify our God. Amen . . .
3. Life is made to glorify our God. Amen . . .
4. Time is made to glorify our God. Amen . . .
5. What we offer is a gift from God. Amen . . .

1 = französisch, 2 = deutsch, 3 = englisch

Lied aus Kamerun. Melodie und Text: Abel Nkuinji. 2: Ursula Trautwein, 3: Basler Mission.

104 **Elolo nye Mawu elolo nguto**
Gott liebt mich, denn mein Gott ist lauter Liebe

Togo und Ghana

*Mawu wie "Ma-u"; lolo = offenes o wie in "Ocker"; dzi wie "dsi".

1 = ewe, 2 = deutsch

Lied aus Togo und Ghana, Ewe-Sprache. 2: Dieter Trautwein.

105 **Our God, our help**

Gott, Zuflucht der Vergangenheit

O Dieu, secours des temps England

1 Our God, our help in a - ges past, our

2 *Gott, Zu - flucht der Ver - gan - gen - heit, der*

3 O Dieu, se - cours des temps an - ciens, es -

4 *Nues - tra es - pe - ran - za y pro - tec - ción y*

hope for years to come, our shel - ter from the

Zu - kunft Hoff-nungs - schein, ein fe - ster Schutz im

poir des temps nou - veaux, com - bats pour nous le

nues - tro e - ter - no ho - gar has si - do, e - res

stor - my blast, and our e - ter - nal home;

Sturm der Zeit, du willst uns Hei - mat sein.

mal qui vient, sois l'Arche et le re - pos.

y se - rás tan só - lo tú, Se - ñor.

1 2. Under the shadow of thy throne / thy saints have dwelt secure; / sufficient is thine arm alone, / and our defence is sure.

3. Before the hills in order stood, / or earth received her frame, / from everlasting thou art God, / to endless years the same.

4. A thousand ages in thy sight / are like an evening gone, / short as the watch that ends the night / before the rising sun.

5. Our God, our help in ages past, / our hope for years to come, / be thou our guard while life shall last, / and our eternal home.

---

2 *2. Wenn deines Thrones Schatten fällt / auf unsres Weges Not, / und wenn dein Arm uns trägt und hält, / ist nichts, was uns bedroht.*

3. Bevor der Berge Ordnung stand, / die Erde Form gewann, / das Weltall ward, war deine Hand, / dein Sein, das nie begann.

4. Du bleibst, und ein Jahrtausend gleicht / vor dir dem Tag, der war, / der Nacht, die bald der Sonne weicht. / Du, Gott, bist immerdar!

5. Gott, Zuflucht der Vergangenheit, / der Zukunft Hoffnungsschein, / du wolltest bis in Ewigkeit / uns Burg und Heimat sein!

---

3 2. En ton amour, comme des fous, / les saints se sont jetés; / ce même amour, saignant pour tous, / est notre vérité.

3. Avant le ciel, avant le feu, / avant la terre et l'eau, / le mouvement se nommait Dieu, / Dieu la vie, Dieu le mot.

4. L'espace où s'évanouit le temps / nous mène à notre fin. / Mais tu nous tiens hors du néant, / dans l'éternel matin.

5. O Dieu, secours des temps anciens, / espoir des temps nouveaux, / combats pour nous le mal qui vient, / sois l'Arche et le repos.

---

4 *2. Aún no habías la creación / formado con bondad, / mas desde la eternidad / tú eras solo Dios.*

3. Delante de tus ojos son / mil años, al pasar, / tan sólo un dia que fugaz / fenece con el sol.

4. El tiempo corre arrollador / como impetuoso mar; / y asi, cual sueño ves pasar / cada generación.

5. Nuestra esperanza y protección / y nuestro eterno hogar, / en la tormenta o en la paz, / sé siempre tú, Señor.

1 = englisch, 2 = deutsch, 3 = französisch, 4 = spanisch

106

Je crois Seigneur mais viens

Herr, ich glaube, darum stärke / I believe, Lord

Frankreich

1 Je crois Sei - gneur mais viens au se - cours de ma foi!
2 *Herr, ich glau - be, dar - um stär - ke mei-nen Glau-ben!*
3 I be - lieve, Lord, come and streng-then my be - liev - ing!

Zu Lukas 17,5

1 = französisch, 2 = deutsch, 3 = englisch

107 **Siyahamb' ekukhanyen KwenKhos**

Kommt, wir wandeln jetzt in Gottes Licht / We are marching

Südafrika

1 = zulu, 2 = deutsch, 3 = englisch, 4 = spanisch

Melodie und Text (zu Jesaja 2,5): aus Südafrika. 2: Dieter Trautwein, 3: überliefert, 4: Basler Mission.

hamb' e ku - kha nyen' Kwe - nKhos. ___
wan - deln jetzt in Got - tes Licht. ___
march - ing in the light of God. ___
ne -mos a la luz de Dios. ___

108 Reamo leboga

Wir danken unserm Gott / We give our thanks

Botswana

1 Re - a - mo le - - bo - ga, re - a - mo
2 *Wir dan - ken un - - serm Gott, wir dan - ken*
3 We give our thanks to Him, we give our
4 *Mer - ci à Toi ___ Sei - gneur, mer - ci à*

le - bo - ga, re - a - mo le - bo -
un - serm Gott, wir dan - ken un - serm
thanks to Him, we give our thanks to
Toi Sei - gneur, mer - ci à Toi Sei -

ga mo - di - mo wa ro - - na.
Gott, der Dank gilt un - serm Gott.
Him, we give thanks to our God.
gneur, nous te ren - dons grâ - ce.

2 *2. Denn Gott ist niemand gleich, (3x) / niemand gleicht unserm Gott.*
3. Wir sind durch Gott befreit, (3x) / befreit durch unsern Gott.

3 2. There is no one like Him. (3x) / There's no one like our God.
3. We have been saved by Him. (3x) / We've been saved by our God.

4 *2. Aucun n'est comme Toi. (3x) / Comme Toi, ô Seigneur.*
3. C'est lui qui nous sauva. (3x) / C'est Dieu qui nous sauva.

1 = siTswana, 2 = deutsch, 3 = englisch, 4 = französisch

Lied aus Botswana, überliefert durch Daisy Nshakazongwe. 2: Dieter Trautwein, 3: I-to-Loh, 4: Joëlle Gouël.

109 Christ is the world's light

Christus, das Licht der Welt / Christ, Roi du monde

England

1 2. Christ is the world's peace: / he and none other; / no one can serve him / and despise another. / Who else unites us / one in God the Father? / Glory to God on high!

3. Christ is the world's life, / he and none other; / sold once for silver, / murdered here, our Brother – / he, who redeems us, / reigns with God the Father: / Glory to God on high!

4. Give God the glory, / God and none other; / give God the glory, Spirit, Son and Father; / give God the glory, / God in one another: / Glory to God on high!

---

2 *2. Christus, das Heil der Welt. / Welch ein Grund zur Freude! / Weil er uns lieb hat, / lieben wir einander. / Er schenkt Gemeinschaft / zwischen Gott und Menschen. / Ehre sei Gott, dem Herren.*

3. Christus, der Herr der Welt. / Welch ein Grund zur Freude! / Von uns verraten, / starb er ganz verlassen. / Doch er vergab uns / und wir sind die Seinen. / Ehre sei Gott, dem Herren.

4. Gebt Gott die Ehre. / Hier ist Grund zur Freude! / Freut euch am Vater. / Freuet euch am Sohne. / Freut euch am Geiste: / denn wir sind gerettet. / Ehre sei Gott, dem Herrn.

---

3 2. Christ, paix du monde, / toi douceur unique / celui qui t'aime / doit aimer son frère; / lie – nous ensemble / dans l'amour du Père. / Gloire et louange à toi.

3. Christ, vie du monde, / toi, l'espoir unique! / Seul, dans l'angoisse, / tué par tes frères, / toi, qui nous sauves / règne avec le Père! / Gloire et louange à toi.

4. A Dieu la gloire, / Dieu, le Père unique! / A toi la gloire, / Homme-Dieu, mon frère. / A Dieu la gloire, / Esprit Fils et Père / Gloire et louange à Dieu!

1 = englisch, 2 = deutsch, 3 = französisch

Melodie: Paris 1681. 1: Frederic Pratt Green. 2: Friedrich Karl Barth / Sabine Leonhardt / Otmar Schulz. 3: G. de Lioncourt.

110 O povo de Deus no deserto

Als einst Gottes Volk

Brasilien

1 2. O povo de Deus também vacilava, / à vezes custava a crer no amor. / O povo de Deus, chorando rezava, / pedia perdão e recomeçava. / Também sou teu povo, Senhor, e estou nesta estrada. / Perdoa se, às vezes, não creio em mais nada.

3. O povo de Deus também teve fome / e tu che mandaste o pão lá do céu. / O povo de Deus, cantando, deu graças, / provou teu amor, teu amor que não passa. / Também sou teu povo, Senhor, e estou nesta estrada. / Tu és alimento na longa jornada.

4. O povo de Deus ao longe avistou, / a terra querida que o amor preparou. / O povo de Deus, corria e cantava / e, nos seus louvores, seu poder proclamava. / Também sou teu povo, Senhor, e estou nesta estrada. / Cada dia mais perto da terra esperada.

---

2 *2. Das Volk hat geklagt, von Zweifeln erschüttert; / wo bleibt Gottes Hilfe, wer kann ihm vertrauen? / Das Volk hat geweint, zu Gott hat es geschrieen, / es bat um Vergebung, zog neu wieder vorwärts. / Auch ich, Herr, bin wanderndes Volk im Staub dieser Straße, / vergib, wenn ich zweifle am Sinn deiner Wege.*

3. Das Volk hat gedarbt, es ist schier verhungert, / doch Gott schickte Manna, die Speise vom Himmel. / Da sang Gottes Volk, es sang Gott neue Lieder, / erfuhr seine Liebe, die jung bleibt für immer. / Auch ich, Herr, bin wanderndes Volk im Staub dieser Straße, / stets läßt du mich schmecken das Brot deiner Liebe.

4. Das Volk hat geschaut, von weit her gesehen / das Land seiner Sehnsucht aus Liebe bereitet. / Das Volk Gottes sprang und sang Gott Lobgesänge / und pries in den Liedern, wie groß Gottes Macht ist. / Auch ich, Herr, bin wanderndes Volk im Staub dieser Straße, / doch täglich kommt näher das Land, das du zusagst.

1 = portugiesisch, 2 = deutsch

Melodie und Text: aus Brasilien. 2: Dieter Trautwein.

111 **Tron sig sträcker**
Glaube reckt sich schon nach Früchten

Schweden

1 2. Medan gryningen i tvekan / dröjer än på bergets kam / skåder tron den nya dagen, / hastar till sin gärning fram.

3. Länge förrän regnet kommit / hördes Noas hammarslag. / Bortom främlingskap och träldom / Abraham såg Kristi dag.

4. Innan vattnet ännu delats / lyfte tron sin stav och såg / hur en väg på havets botten / framför Israels fötter låg.

5. Tro är visshet om Guds löfte, / ting som inte syns men finns / svarar honom som oss kallar: / "Ja, jag kommer. Ja, jag vill."

---

2 *2. Will die Dunkelheit nicht weichen, / hängt noch Nacht um Grat und Berg: / Glaube weckt die Morgenröte, er steht auf und geht ans Werk.*

3. Lang bevor der Regen strömte, / hallte Noahs Hammerschlag. / Hinter Fron und Fremde schaute / Abraham schon Christi Tag.

4. Ehe sich die Wasser teilten, / hob der Glaube seinen Stab. / Auf dem Grund des Meeres sah er / Gottes Weg durch Flut und Grab.

5. Glaube hält sich an Versprechen, / unsichtbar, und ist doch da. / Wenn Gott ruft, so gibt er Antwort: / "Ja, ich will. Ich komme, ja."

1 = schwedisch, 2 = deutsch

Melodie: Curt Lindström. 1: Anders Frostenson. 2: Jürgen Henkys.

F

Christusmahl, Gemeinschaft, Teilen
Eucharist, Communion, Sharing
La Sainte-Cène, Comunion, Partage
Cena del Señor, Comunión, Compartir

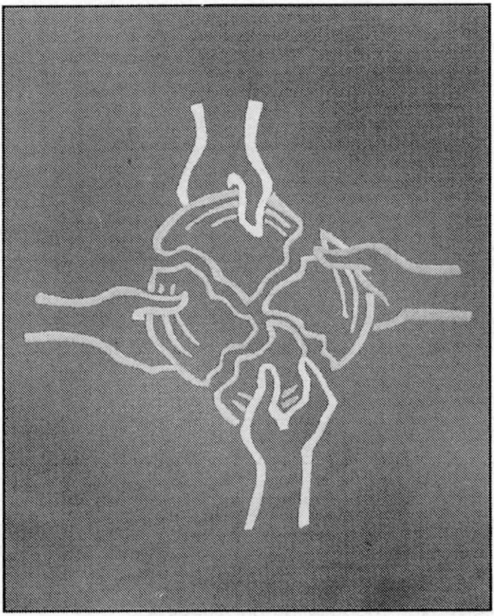

112 **Let us break bread together**
Laßt uns Brot brechen

Strophen

USA

1 Let us break bread to - geth - er on our knees.
2 *Laßt uns Brot bre - chen und Gott dank-bar sein.*

Let us break bread to - geth - er on our knees.
Laßt uns Brot bre - chen und Gott dank-bar sein.

Refrain

When I fall down on my knees with my face to the ris - ing
Wenn ich kni - e und he - be den Blick in des Lich-tes

sun. O Lord, have mer - cy on me.
Schein, dann, Herr, er - bar - me dich mein!

1 2. Let us drink wine together on our knees. . . .
3. Let us praise God together on our knees.

---

2 *2. Nehmt den Kelch, trinkt, und laßt uns dankbar sein . . .*
3. Laßt uns Gott loben und ihm dankbar sein . . .

1 = englisch, 2 = deutsch

Spiritual aus den USA. 2: Dieter Trautwein.

Plousioi eptohcheusan

Reiche werden arm sein / The rich will become poor

113

Griechenland

1 Plou - - si - oi ep - - toh - cheu - - san
2 *Rei - - che wer - den___ arm sein___ und*
3 The___ rich will be - come poor___ and
4 *Des ri - ches sont de - ve - nus pau - vres et*

kai___ e - pei - na - san. Hoi de ek - zä -
Hun - - ger lei - den, die a - ber den
suf - - fer hun - ger, but those___ who
ont___ con - nu la faim, mais ceux qui re -

toun - tes ton Ky - ri - on ouk el - la - toh -
Her - - ren su - chen, er - lei - den kei -
seek___ the Lord___ will not lack a -
cher - - chent le Seig - neur ne se - ront ja -

thä - son - tai pan - tos___ a - ga - thou.
nen Man - gel an ir - gend - ei - nem Gut.
ny thing, will not lack a - ny good thing.
mais pri vés d'au - cun de ses bien - faits.

1 = griechisch, 2 = deutsch, 3 = englisch, 4 = französisch

Psalm 34,11. Griechisch-orthodoxe Liturgie, Gesang zur Austeilung Gesegneten Brotes nach der Lesung von Markus 6,30-44. 2+3: Dieter Trautwein.

114 Haleluya! Pelo tsa rona

Halleluja! Lob deinem Namen / Halleluya! We sing

1 = tswana, 2 = deutsch, 3 = englisch

Lied aus Südafrika, Tswana. 2: Dieter Trautwein.

115

Somos pueblo, que camina
Sind ein Volk mit tiefen Wunden

Nicaragua

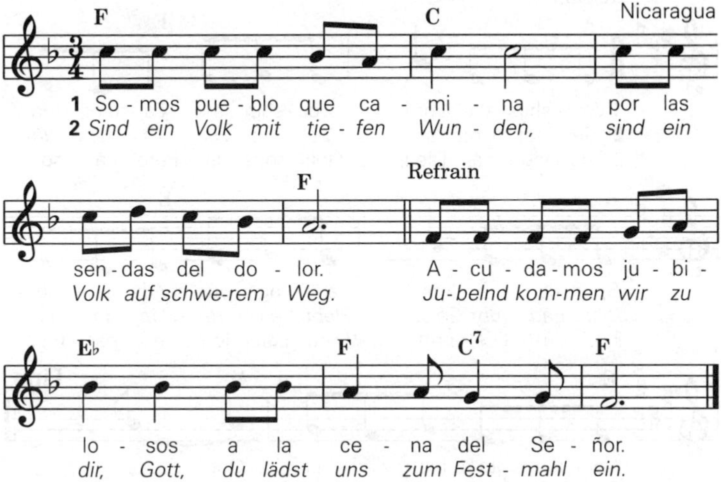

1 2. Los humildes y los pobres / invitados son de Dios.
3. Este pan que Dios nos brinda / alimenta nuestra unión.
4. Cristo aqui se hace presente / al reunirnos en su amor.
5. Los sedientos de justicia / hallan en Jesus perdón.

---

2 *2. Die Bescheidenen und Armen / werden deine Gäste sein.*
3. Du hast uns durch dich verbunden, / dazu gibst du Brot und Wein.
4. Christus, du bist gegenwärtig, / deine Liebe kann befrein.
5. Die der Hunger und der Durst plagt / nach deiner Gerechtigkeit,
die finden in dir Vergebung, / du lädst uns zum Essen ein. (Refr.)

1 = spanisch, 2 = deutsch

Eingangslied aus der "Misa Popular Nicaraguense". 2: Fritz Baltruweit.

116 **Worship the Lord**

Betet Gott an / Louange à Dieu

Sri Lanka/England

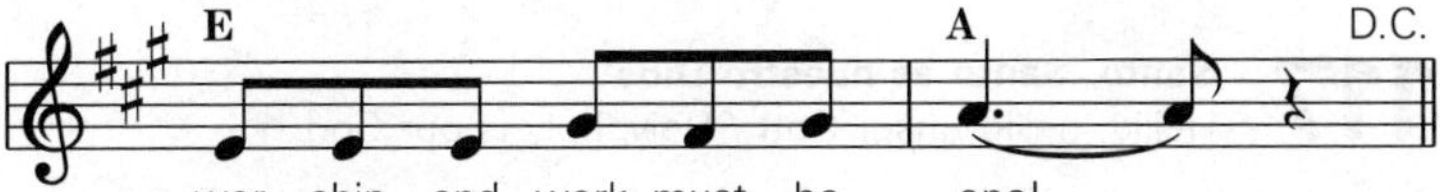

1 2. Praying and training that we be a blessing / and by our workmanship daily expressing / we are committed to serving humanity, / worship and work must be one.

3. Called to be partners with God in creation, / honouring Christ as the Lord of the nation, / we must be ready for risk and for sacrifice, / worship and work must be one!

4. Bringing the bread and the wine to the table, / asking that we may be led and enabled, / truly united, to show solidarity / worship and work must be one!

5. Now in response to the life you are giving, / help us, O Father, to offer our living, / seeking a just and a healing society, / worship and work must be one!

---

2 *2. Betend und helfend wir werden zum Segen. / Mit unsrem Tun auf den täglichen Wegen / wollen den Dienst an den Menschen wir pflegen, / Beten und Tun sind stets eins!*

3. Zu seinen Partnern hat Gott uns erkoren, / Christus, dem Herrn dieser Erde verschworen, / alles zu wagen und wärn wir verloren, / Beten und Tun sind stets eins!

4. Brot und Wein, die wir zum Christus-Mahl bringen, / werden zur Bitte, es möge gelingen, / wahrhaft zu neuer Gemeinschaft zu dringen, / Beten und Tun sind stets eins!

5. Frucht aus den Gaben, die du uns gegeben, / läßt uns, o Vater, im weiteren Leben / Hilfe und Recht allen Menschen erstreben, / Beten und Tun sind stets eins!

---

3 2. Vers toi, Seigneur, nos prières s'élancent. / Transforme nos mains en un chant de louanges: / En servant nos frères c'est toi qu'elles chantent, / Royaume de Dieu parmi nous.

3. Voici nos mains pour que vienne ton règne. / Voici nos deux mains pour que change la terre: / Remplis de ta force d'amour tous nos gestes, / Royaume de Dieu parmi nous.

4. Voici le pain et le vin sur la table: / Fais de nous Seigneur le ferment dans la pâte / Le sel d'une vie fraternelle, amicale, / Royaume de Dieu parmi nous.

5. Prends-nous la main quand nos forces s'épuisent. / Père, que ta main aujourd'hui nous conduise / Là où nous verrons se lever ta justice, / Royaume de Dieu parmi nous.

1 = englisch, 2 = deutsch, 3 = französisch

Melodie: aus Sri Lanka. 1: Fred Kaan, 2: Helmut Kern, 3: Nicole Berthet.

117 Santo, Santo es nuestro Dios

Heilig, heilig unser Gott / Holy, holy is our God

El Salvador

1 = spanisch, 2 = deutsch, 3 = englisch

Melodie und Text: aus El Salvador. 2a: Dieter Trautwein, 2b: Fritz Baltruweit. 3: L. McCrae.

118 **Du är helig**

Du bist heilig, Herr / You are holy

Schweden

1 Du är he - lig, Du är hel.__ Du är all - tid myck-

2 *Du bist hei - lig, hei-lig, Herr, und du bist un-sag -*

3 You are ho - ly, you are whole. You are al -ways ev -

4 *Tu es saint et a-bon-dance, et tu es tou- te -*

5 E - res san - to, e -res Dios por to - da la e-ter -

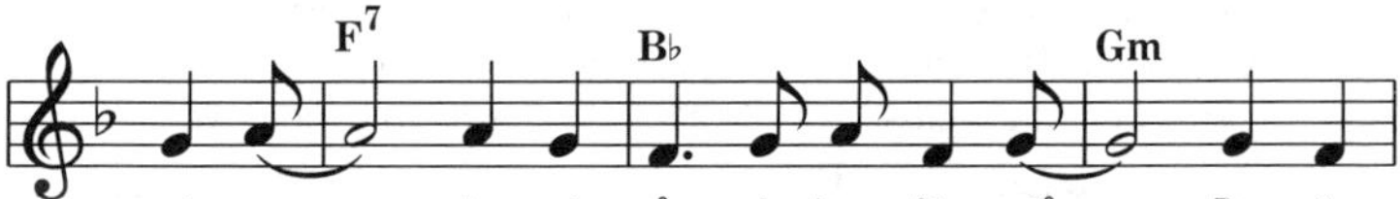

et mer,__ än vi nån - sin kan för - stå,__ Du är

bar mehr, mehr als je ein Au - ge sah,__ und doch

er more than we ev - er un - der - stand. You are

puis - sance, plus que nous ne com-pre - nons, En toi

ni - dad;__ siem-pre tu muy cer-ca es-tas__ de tu

nä - ra än-då.__ Väl - sig - nad va - re Du,__

kommst du uns nah. Lob sei dir, du kommst zur Welt,

al - ways at hand. Bless-ed are you com - ing near.

nous nous con-fions, Bé - nis ton pro-chain re - tour,

pueblo, buen Se-ñor.__ Te a - la - ba -mos hoy a - qui,__

Som__ kom - mer hit just nu,__ Väl - sig - nan -

kommst in dei - nes Vol-kes Zelt,__ kommst zu uns in

Bless - ed are you com-ing here__ to your church in

en nos â - mes ton la - bour,__ Pour ton peuple le

te a - do - ra - mos con fer - vor.__ A tu I - gle - sia en

1 = schwedisch, 2 = deutsch, 3 = englisch, 4 = französisch, 5 = spanisch

Melodie und Text (1+3): Per Harling. 2: Wolfgang Leyk, 4: Joëlle Gouël, 5: Rachel Achon.

I+II können gleichzeitig gesungen werden / I+II can be sung at the same time / Les deux parties peuvent se chanter en même temps / Las partes I y II se pueden cantar al mismo tiempo.

119 Sanctus Dominus

Heilig unser Herr / Holy, holy Lord

Frankreich

1 Sanc - tus, Sanc - tus, Sanc - tus Do - mi - nus
2 *Hei - lig, hei - lig, hei - lig ist der Herr,*
3 Ho - ly, ho - ly, ho - ly Lord ___
4 *Su - ci, su - ci, su - ci Tu - han - ku*
5 San - to, san - to, san - to es nues - tro Dios,

De - us Sa - ba - oth, De - us Sa - ba - oth.
der Gott Ze - ba - oth, der Gott Ze - ba - oth.
God of hosts, ___ God of hosts. ___
Al - lah Sa - ba - oth, Al - lah Sa - ba - oth.
Ya - vé de los ejer-citos, Ya - vé de los ejér-citos.

1 = lateinisch, 2 = deutsch, 3 = englisch, 4 = indonesisch, 5 = spanisch
Melodie: Jacques Berthier, Taizé. 2–5: Basler Mission. © *Christophorus, Freiburg*

120 Hosanna in excelsis

Hosianna in der Höhe / Hosanna dans les lieux

Frankreich

1 Ho - san - na, ho - san - - na, ho -
2 *Ho - sian - na, ho - sian - - na, ho -*
3 Ho - san - na, ho - san - - na, ho -
4 *Ho - sa - - nah, ho - sa - - nah, ho -*

san - - na in ex - cel - - sis.
sian - - na in der Hö - - he.
san - - na dans les lieux ___ très haut.
sa - - nah en lo - más ___ al - to.

1 = lateinisch, 2 = deutsch, 3 = französisch, 4 = spanisch
Melodie: Jacques Berthier, Taizé. 2–4: Basler Mission. © *Christophorus, Freiburg*

121 O Saint Esprit, viens sur nous

Heiliger Geist, komm zu uns

Kamerun

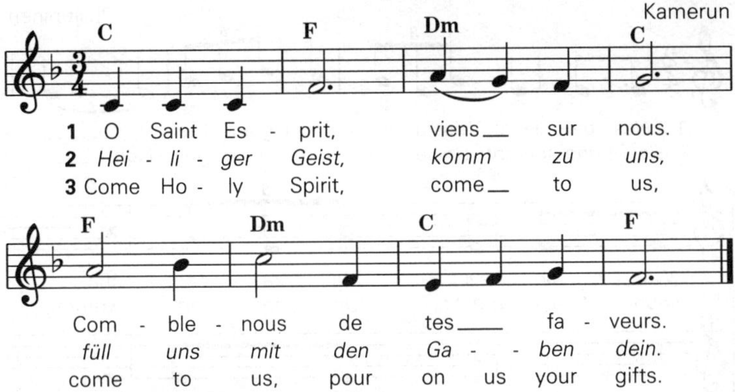

1 = französisch, 2 = deutsch, 3 = englisch

Melodie und Text: Bayiga Bayiga, Kamerun. © beim Autor.
© 2+3: Strube, München

122 Maranatha

Frankreich

Musik: Jacques Berthier, Taizé. © Christophorus, Freiburg

123 We believe

Glaubt und sprecht

Philippinen

1 = deutsch, 2 = englisch

Melodie: Francisco F. Feliciano. Text zu Offenbarung 22,5 und 20. 2: Dieter Trautwein © beim Autor. © 2: Strube, München

Maranatha 124

Argentinien

Musik: Pablo Sosa, zu 1. Kor. 15,22.

Lamb of God, you take away 125

Gottes Lamm, du nimmst hinweg

USA

Agneau de Dieu, qui otes les péchés du monde,
aie pitié de nous. Donne-nous ta paix.

Oh Cristo, cordero de Dios, que quitas el pecado del mundo,
ten piedad de nosotros. Danos tu paz.

1 = englisch, 2 = deutsch

Melodie: Betty Pulkingham. Text: Abendmahlsliturgie, 2: Dieter Trautwein.

126 **Agnus dei qui tollis peccata**

Gottes Lamm, das die Sünde der Welt

Schottland

Liturgie der Iona-Community, Schottland, Satz: Hartmut Bietz. 2: Dieter Trautwein

Oi, Jumalan Karitsa **127**

O du Lamm Gottes / O, Lamb of God

Finnland

1 = finnisch, 2 = deutsch, 3 = englisch

Text und Melodie: Matti Rantatalo. 2: Dieter Trautwein.

128 **A Uain Dé**
Lamm Gottes

Irland

1 = irisch, 2 = deutsch

Irische Liturgie aus der Sean O Riada Mass. 2: Dieter Trautwein

129 **Dona nobis pacem**

Deutschland

Kanon: Hermann Rauhe.

Friede sei mit dir **130**

Peace be with you

Schweiz

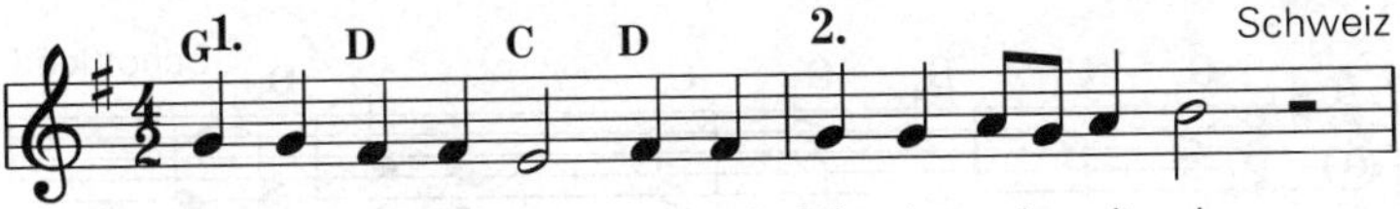

1 Frie - de sei mit dir, ___ und Frie - de sei mit mir,
2 *Peace be with you ___ and peace be with me,*
3 *Paix soit a - vec toi ___ et paix soit a - vec moi,*

Frie - de mit uns al - len und mit der gan-zen Welt!
peace be with all of us and with the whole world!
paix soit a - vec nous tous et a - vec tout le monde!

1 = deutsch, 2 = englisch, 3 = französisch

Friedensgruß aus der Schweiz

Dona la pace **131**

Gib deinen Frieden

Frankreich

1 Do - na la pa - ce Sig - no - re a chi con -
2 *Gib dei - nen Frie-den, o Herr, ___ auf dich al -*
3 Dy - ro dan-gne-fedd o argl - wydd i'r sawl a

fi - da in te. Do - na, do - na, la pa - ce Sig -
lein trau - en wir. Gib uns dei-nen Frie - den, ___ o
gred ynot ti. Dy - ro, Dy - ro dan-gne-fedd o

no - re, do - na la pa - - ce.
Herr, ___ gib dei - nen Frie - den.
argl - wydd, dy - ro dan - gne - fedd.

1 = italienisch, 2 = deutsch, 3 = irisch

Gesang aus Taizé.

132 **Dona nobis pacem**
Deinen Frieden auf Erden

Schottland

1 = lateinisch, 2 = deutsch

Liturgie der Iona-Community, Schottland. 2: Dieter Trautwein

133 **Salamun Kullaheen**
Der Frieden sei mit euch

Libanon

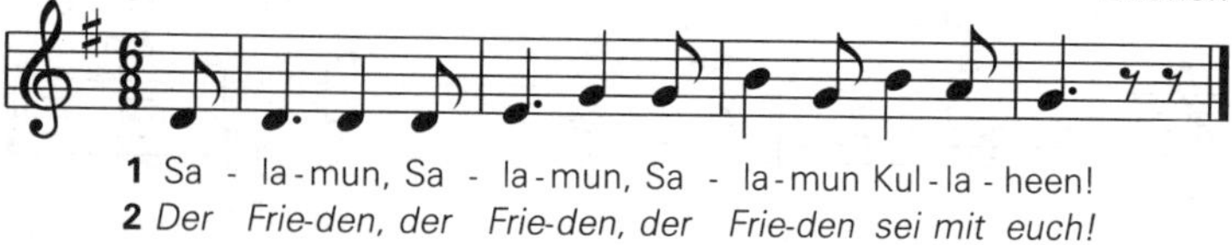

Peace be with you!

1 = arabisch, 2 = deutsch

Friedenswunsch aus dem Libanon

134

Laudate omnes gentes

Lobsingt, ihr Völker / Alaben pueblos todos

Frankreich

All peoples, praise the Lord! / Louez le Seigneur, tous les peuples!

1 = lateinisch, 2 = deutsch, 3 = spanisch

Psalm 117

Gesang aus Taizé. Musik: Jacques Berthier.

135 **Lukukudl'esi kudlayo**

Die Speise, Gott, die du uns gibst

Südafrika

1 2. Size kukhuleka Baba, Nkulunkulu wethu. –
Sizethula kuwe Nkosi, lonk' uqobo lwethu

3. Sizobonga kuwe Nkosi, konk'osipha kona, –
Lomhlabis'udlula konke Ongabongwa ngako.

4. Sizocela futhi kuwe Esikudingayo, –
Wena Nkosi uyazazi Izicelo zethu.

5. Sidumis ' ubuNgqongqoshe Nobukhulu bakho, –
Asiyazi eny'iNkosi Engaphezu kwakho.

1 = zulu, 2 = deutsch

Lied aus Südafrika, Zulu-Sprache. 2: Cathy Buchholz / Dieter Trautwein.

136

Bendice, Señor nuestro pan

Gott, segne uns unser Brot / Lord, bless the bread

Argentinien

1 = spanisch, 2 = deutsch, 3 = englisch

Melodie und Text: Federico Pagura. 2: Dieter Trautwein, 3: Donald Wetherick.

137 **Let us talents and tongues employ**

Auf, bringt Gaben und Lob herbei

Jamaika/England

1 2. Christ is able to make us one, / at his table he sets the tone, / teaching people to live to bless, / love in word and in deed express. / Jesus lives again . . .

3. Jesus calls us in, sends us out / bearing fruit in a world of doubt, / gives us love to tell, bread to share: / God-Immanuel everywhere! / Jesus lives again . . .

---

2 *2. Christus hilft uns zur Einigkeit, / spricht am Tisch das Gebot der Zeit, / lehrt das Leben als Segen sehn, / Liebe muß in der Tat bestehn. / Jesus lebt und spricht . . .*

3. Jesus ruft uns und sendet aus, / Frucht zu tragen in jedes Haus, / Brot der Liebe für jeden Fall: / Gott ist mit uns und überall. / Jesus lebt und spricht . . .

1 = englisch, 2 = deutsch

Melodie: Volkslied aus Jamaika, bearbeitet von Doreen Potter. 1: Fred Kaan. 2: Dieter Trautwein.

138 Dalam Yesus kita bersaudara

In Jesus sind wir Geschwister

Indonesien

3 En Jesùs somos hermanos . . .
En Jesùs hoy y siempre.
En Jesùs somos hermanos.

4 *In Jesus we are brothers and sisters . . .*
Now and for ever more.
In Jesus we are brothers and sisters.

1 = indonesisch, 2 = deutsch, 3 = spanisch, 4 = englisch

Lied aus Indonesien. 2–4: Basler Mission.

139 **Mi-pau Chú**

Für das Brot, das du gebrochen / For the bread

Taiwan

1 2. Chioksiā sèngchhan piáubêng thiāthàng, / Pêngan unsù tit hong-sēng / Tiàu goán chìn-jíp thiantông ǹg-bàng, / chán góan itseng tit chiâ-sèng.

3. Lék-tāi sêng-tô' ta' tit êng-lāu, / Kap Pē tāng-chē thi' chō-ūi, / Goān Chu sèng-hōe gióng-bōng thèng-hāu, / Ēng thia' kiat-liân éng bô lī.

4. Chú goán ūi Lí Hòk-bū kiàn-chèng / Pó-siú chiàu-kò bòh siū-hāi / Siū chhe chìn-jip sè-kài khoān-kéng, / Kiū Chú seǹg-kok ta' lîm-chāi.

---

2 *2. Heilges Brot, der Liebe Zeichen, / Frieden, der uns reich beschenkt – / nie mehr soll die Hoffnung weichen, / die zu deinem Reich uns lenkt.*

3. Denen, die vorausgegangen / schon beim Thron des Vaters stehn, / sollen, die noch wartend bangen, / nah sich und verbunden sehn.

4. Herr, wir dienen dir auf Erden, / halt Verletzung von uns fern, / send' uns, daß wir Boten werden / unter deines Reiches Stern.

---

3 2. By this pledge that you do love us, / by your gift of peace restored, / by your call to heav'n above us, / hallow all our lives, O Lord.

3. With our sainted ones in glory / seated at the Lord God's board, / may the Church that's waiting for you / keep love's tie unbroken, Lord.

4. In your service, Lord, defend us, / in our hearts keep watch and ward, / in the world where you have sent us / let your kingdom come, O Lord.

1 = taiwanesisch, 2 = deutsch, 3 = englisch

Melodie und Text: I-to-Loh. 2: Bettina Opitz-Chen / Dieter Trautwein, 3: Louis Benson.

O many people of all lands **140**

Ihr vielen Völker aller Welt

Philippinen

1 1. O ma - ny peo - ple of all lands now come to
2. O var - ied tongues of hu - man-kind, now con - gre -

2 *1. Ihr vie - len Völ - ker al - ler Welt, kommt, gebt Gott*
2. In al - len Spra - chen vie- ler - lei ver - sam-melt

God with praise; to - geth - er shall we praise
gate to sing with hymns of joy and won -

Preis und Ehr! Ge - mein- sam ihm sein Lob
euch und singt, mit Freu-den-, Wun - der - lie -

our God, Lord of all cul - ture's ways.
der - ment, thank of - f'ring we would bring.

be - stellt im wei- ten Völ - ker - meer.
dern frei Gott Dank und Op - fer bringt.

1 3. O Fount of Love and Light and Life, / we thank you for this day; / we are assured of your supply, / your grace all through the way.

4. O Source of hope, desire and dream, / just as we are, we come, / inspired by you and your great beam / to know more of your home.

5. From here we all go out to share / in offices and homes, / your never-failing love and care / in substance, deeds, and forms.

---

2 *3. Du Quell aus Liebe, Leben, Licht, / hab Dank für diesen Tag, / wir sind gewiß: Du läßt uns nicht, / dein Gnad allweg uns trag.*

4. Du Grund von Hoffen, Sehnen, Traum, / wir kommen, wie wir sind, / erleuchtest uns, tust auf den Raum, / wo man dich nahe find.

5. Darum durch uns die Botschaft dringt / zur Arbeitswelt, nach Haus, / daß deine Liebe nie mißlingt, / teilst du vielfältig aus.

1 = englisch, 2 = deutsch

Melodie: Lois F. Bello. 1: Natty G. Barranda. 2: Helmut Kern

141 Njoo kwetu, Roho Mwema

Komm zu uns, Heiliger Geist / Come among us

Tanzania

1 2. Umfanye waamini Wa Yesu Mwokozi. / Tukaishi kikundini, Kanisani mwako. / Njoo, njoo . . .

3. Kwa huruma tubariki, Tuishi na wewe. / Tukatende kila kitu Kuongozwa nawe. / Njoo, njoo . . .

4. Roho Mwema Mfariji, Utupe hekima; / Tukiwaza na kutenda, Yote yawe yako. / Njoo, njoo . . .

5. Tudumishe, tuwe hai Na ukweli wako. / Tusivutwe na dunia, Tushu'die neema. / Njoo, njoo . . .

---

2 *2. Mach uns frei in frohem Glauben, der Christi Heil erfaßt; / in Gemeinschaft so zu leben, wie du geboten hast. / Komm, komm . . .*

3. Bleibe bei uns, führ du uns, gnädig in allem Tun. / Dein Erbarmen uns bestimme täglich in unsrem Mühn. / Komm, komm . . .

4. Geist der Güte, wahrer Tröster, du bist der Weisheit Quell. / Unser Herz füll, unsre Sinnen, mach unsre Augen hell. / Komm, komm . . .

5. Deine Fülle gibt uns Leben, Wahrheit und Weg und Ziel. / Mut und Freude willst du geben, Boten Christi sind wir. / Komm, komm . . .

---

3 2. Loving Spirit, come and kindle faith in our Lord, God's son. / Make your people in their worship and in their action one. / Loving Spirit . . .

3. Spirit, bless us with awareness that you are down-to-earth. / Give us courage, bring among us love like a child to birth. / Loving Spirit . . .

4. Loving Spirit, let your wisdom guide what we think and do. / Make us willing and responsive as you make all things new. / Loving Spirit . . .

5. From the grip of fear and conflict, Spirit, your world release. / Help your people to discover things that will make for peace. / Loving Spirit . . .

---

4 *2. Esprit d'amour, enflamme notre foi dans le Fils de Dieu. / Unis ton peuple à Sa sagesse et à Son action. / Esprit d'amour . . .*

3. Esprit, bénis nous de conscience de ta présence au monde. / Fais naître en nous courage et amour, comme l'enfant au monde. / Esprit d'amour . . .

4. Esprit d'amour, a sagesse guide nos actes et pensées. / Rends nous serviables et sensibles par ton souffle rénovateur. / Esprit d'amour . . .

5. De la peur et la discorde, Esprit, libère le monde. / Aide ton peuple à découvrir les instruments de paix. / Esprit d'amour . . .

1 = suahili, 2 = deutsch, 3 = englisch, 4 = französisch

Lied aus Tanzania. Ganda-Melodie. 1: Wilson Niwagila, 2: Werner Eichel, 3: Elizabeth Fry, 4: Christian Duquesne.

142 **Wir bitten, Herr, um deinen Geist**

Come, Holy Spirit, Love divine

Deutschland

1 2. Wir bitten, Herr, um deinen Geist, / daß du uns deine Kraft verleihst! / Wir wollen nicht nur Fragen nennen, / wir möchten auch die Antwort kennen. / Wir bitten, Herr, um deinen Geist!

3. Wir bitten, Herr, um deinen Geist, / daß du uns deine Kraft verleihst! / Auch wenn wir fürchten zu versagen, / so laß uns doch das Zeugnis wagen. / Wir bitten, Herr, um deinen Geist!

---

2 *2. Come, Holy Spirit, Love divine, / your strength and love in our hearts shine! / More than our questions to put to you, / we long for answers which will guide through. Come, Holy Spirit, Love divine!*

3. Come, Holy Spirit, Love divine, / your strength and love in our hearts shine! / And if our hearts, full in fear, would fail us, / encourage us to risk our witness. Come, Holy Spirit, Love divine!

1 = deutsch, 2 = englisch

Melodie: Hans Rudolf Siemoneit. 1: Dieter Trautwein, 2: Jeffrey T. Myers.

G

Dank, Fürbitte
Thanksgiving, Intercession
Rendons Grâce, Intercession
Acción de Gracias, Intercesión

oder andere, nur 1x weiterblättern!

143 **Akpe mada na Mawu**

Dankt Gott, der so gütig ist

Togo/Ghana

2. Akpe mada na Jesu . . .
3. Akpe mada na Gbogbo . . .

Mawu = gesprochen wie Ma-u; Gbogbo wie bobo

2. Dankt Jesus, der so gütig ist . . .
3. Dankt auch Gottes Heilgem Geist . . .

1 = ewe, 2 = deutsch

Lied aus Togo und Ghana

144 Lobe den Herrn, mein Leben

Come praise the Lord, my life

Deutschland

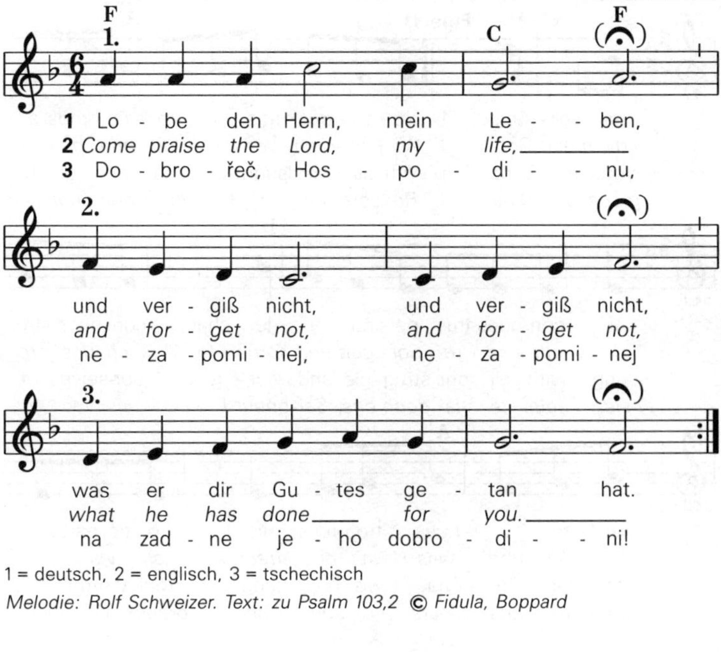

1 = deutsch, 2 = englisch, 3 = tschechisch

Melodie: Rolf Schweizer. Text: zu Psalm 103,2

145 Gracias, muchas gracias

Danke, vielen Dank, Herr / Thanks, always thanks

Refrain

Costa Rica

1 2. Nosotros nos ofrecemos a ti / dandote lo que tenemos; / bosques y ríos, montañas y mar, / danzas, poemas y sueños. / Nuestras ciudades con su cruel rugir, / nuestra tierra con sus dones; / y estos hermanos que quieren construir / algo nuevo, en la Comunidad.

---

2 *2. Wir kommen vor dich und bringen zu dir / alles, was wir von dir haben: / Wälder, die Flüsse, die Berge, das Meer, / Tänze, Gedichte und Träume, / unsere Städte mit grausamem Lärm, / Erde mit all ihren Gaben – / und diese Brüder, die aufbauen wollen / das Neue, was Gemeinde jetzt braucht.*

---

3 2. Forest and river, tall mountain and sea, / city with noisy throngs teeming, / land bearing fruit for a bright jubilee, / dancing and drawing and dreaming; / all that we are is surrendered to you, / carried in your hands, redeeming, / changing what we give to make something new / for all people, all our brothers and friends.

4 *2. Forêts, montagnes et mers et ruisseaux, / villes, villages, Seigneur Dieu, / fleurs et fruits de nos prés et de nos champs / bruit de nos rues, ô Seigneur Dieu, / fêtes et danses, et rêves, projets / nous te les confions, Seigneur Dieu. / Fais de tout une création nouvelle, / ô Seigneur, toute chose est à Toi.*

1 = spanisch, 2 = deutsch, 3 = englisch, 4 = französisch

Melodie und Text: Rafael Zamora. 2: Inge Scott/Dieter Trautwein, 3: Terry MacArthur, 4: Robert Faerber.

146 **Maye komm na mehwe**

In Geduld wende ich mich / I will quietly wait on the Lord

Ghana

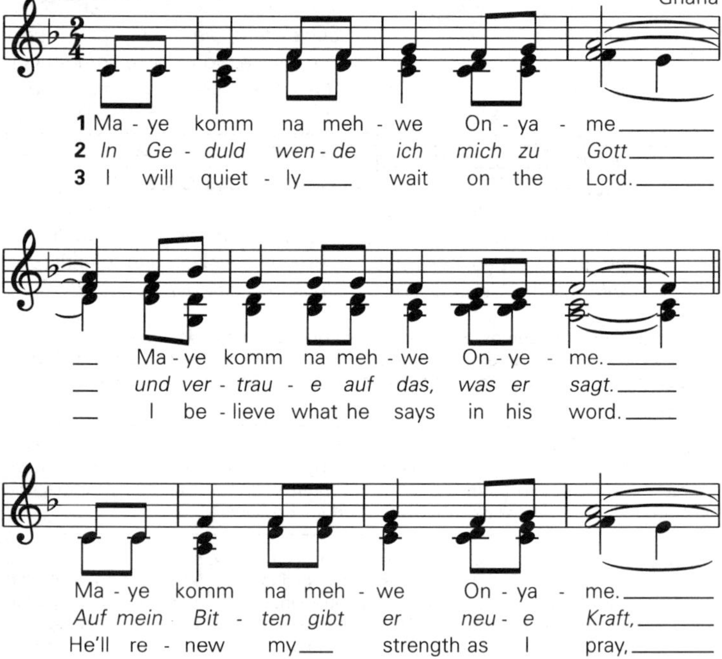

2 *2. In Geduld wende ich mich zu Gott, wenn ich müde, wenn traurig ich bin. / Denn er zeigt klares Ziel meinem Schritt und erfüllt mich mit fröhlichem Geist. / Ich warte auf Gott . . .*

3. In Geduld wende ich mich zu Gott, der vergibt, neuen Anfang mir schenkt. / Weil sein Recht sich der Armen erbarmt, hilft er mir, ihnen Helfer zu sein. / Ich warte auf Gott . . .

---

3 2. I will quietly wait on the Lord when I'm sad and I'm weary and tired, / For he'll help me to walk and not faint; by his Spirit I'll be inspired. / I'm just like . . .

1 = twi, 2 = deutsch, 3 = englisch

Melodie und Text (1+3): A. E. Amankwah. Satz: Hartmut Bietz. 2: Martin Addai-Naami / Dieter Trautwein.

147 **Nun danket alle Gott**

Now thank we all our God / Louons le Créateur

Deutschland

1 Nun dan - ket al - le Gott mit Her - zen, Mund und
2 *Now thank we all our God with hearts and hands and*
3 Lou - ons le Cré - a - teur, chan - tons à Dieu lou -
4 *Dankt, dankt nu al - len God met hart en mond en*
5 De bo - cay cor - a - zón a nues - tro Dios can -
6 *Nu tak - ker al - le Gud med hjer - te, mund og*
7 Nuž Bo - hu dé - kuj - me ús - ty i srd - ci
8 *Sad Bo - ga hva - li - te i us - na - ma i*

Hän - den, der gro - ße Din - ge tut an
voi - ces, who wrond-rous things has done, in
an - ges! Et joi - gnons no - tre voix au
han - den, die gro - te din - gen doet hier
te - mos pues dió - nos ben - di - ción, sa -
haen - der, som o - ver - flø - tigt godt os
srý - mi, ikte - rý kaž - do - den - ně nám
dje - lom što dje - la u či - ni ha

uns und al - len En - den, der uns von Mut - ter -
whom his world re - joi - ces; who, from our moth - ers'
con - cert des saints an - ges! Dès les bras ma - ter -
en in al - le lan - den, die ons van kinds-been
lud, vi - dya con - sue - lo. Tan só - lo a su bon -
u - for-skyldt til - sen - der, som os fra mo - ders
i všem dob - ře či - ní; kte - rý od ži - vo -
ko - rist svije - tu cije - lom. Dok tra - je ži - vot

1 2. Der ewigreiche Gott woll uns bei unserm Leben / ein immer fröhlich Herz und edlen Frieden geben / und uns in seiner Gnad erhalten fort und fort / und uns aus aller Not erlösen hier und dort.

3. Lob, Ehr und Preis sei Gott dem Vater und dem Sohne / und Gott dem Heilgen Geist im höchsten Himmelsthrone, / ihm, dem dreiein'gen Gott, wie es im Anfang war / und ist und bleiben wird so jetzt und immerdar.

leib und Kin - des - bei - nen an un -
arms has blessed us on our way with
nels il nous a pro - té - gés, et
aan, ja, van de moe- der - schoot zijn
dad de - be - mos nues - tro ser; con
liv og før - ste barn-doms- stund i
ta ma - tek ha - šich s na - mi byl,
nǎs, Bog u - vijek nam je bliz: za

zäh - lig viel zu - gut bis hie - her hat ge - tan.
count-less gifts of love, and still is ours to - day.
jus - qu'au der - nier jour, il est no - tre ber - ger.
va - der - lij - ke hand en trou - we lief - de bood.
su fi - de - li - dad nos guar - da por do - quier.
alt vort lev - nets tid vel - sig - ned man - ge - lund.
i ješ - tě po - dnes dr - žl stráž nad ná mi.
lju - bav do - ka - za on pru - ža go - lem niz.

2 *2. O may this bounteous God through all our life be near us, / with ever joyful hearts and blessed peace to cheer us; / and keep us in his grace, and guide us when perplexed, / and free us from all ills, in this world and the next.*

3. All praise and thanks to God the Father now be given, / the Son, and him who reigns with them in highest heaven: / The one eternal God whom earth and heav'n adore; / for thus it was, is now, and shall be evermore.

---

3 2. Loué soit notre Dieu! Que notre vie entière / tous nous vivions joyeux sous le regard du Père, / qu'il nous tienne en sa grâce et nous guide toujours, / nous garde du malheur par son unique amour.

3. De ce Dieu trois fois saint qui règne dans la gloire, / chrétiens empressons-nous de chanter la victoire; / son Royaume est aux cieux où, plein de majesté, / il règne, seul vrai Dieu, de toute éternité.

4 *2. Die eeuwig rijke God moge‿ons reeds in dit leven / een vrij en vrolijk hart en milde vrede geven. / Die uit genade ons behoudt te allen tijd, / is hier en overal een helper die bevrijdt.*

3. Lof, eer en prijs zij God die troont in 't licht daarboven. / Hem, Vader, Zoon en Geest moet heel de schepping loven. / Van Hem, de ene Heer, gaf het verleden blijk, / het heden zingt zijn eer, de toekomst is zijn rijk.

---

5 2. Dios, rico sin igual, dènos en cada día / un corazón filial y lleno de alegría. / Consérvenos la paz su brazo protector; / nos lleve a ver su faz en la patria mejor.

3. Dios Padre, mi loor se eleva hasta tu trono; / Jesus, mi Redentor, tu salvación pregono; / espíritu de amor, accepta la oración / que eleva con fervor mi grato corazón.

---

6 *2. Den evig rige Gud, van os fremdeles give / red og frimodighed, mens vi er her i live, / så vi i nåde stå hos ham, og på vor bøn / få hjaelp i nød og dod, til sidst hans nådeløn.*

3. Gud Fader med Guds Søn og Helligånd tillige / ske tak og lov og pris i høje Himmerige! / Treenig' Gud, som var og er og bliver, dig / vort takke-offer frem vi baer' ydmygelig!

---

7 2. Prosme Pána toho, at' nám vždy své milosti / udili, pokoje i v svédomi radosti, / at' nás ve své svaté pravdě sám zdržuje / a pokut všech časných i věčných varuje.

3. Sláva, čest bud' Bohu Otci i jeho Synu. / Duchu svatému též v byti, moci rovnému; / Trojici přesvaté, jak byla vzdávána / od věků na věky, bud' i nyní dána.

---

8 *2. Jer vječni Gospod Bog, u srce stavlja čilost, / plemenit šalje mir i daje svoju milost, / po kojoj ć i nas sačuvat za sebe / od svakog braneć zla, snašlo nas bilo gdje.*

3. Bog Otac preslavni sa Sinom slavu ima / uz Duha Svetoga što projesto dijeli s njima. / Postoji jedan Bog u osobama trim / to bje i to će bit u vjekovima svim!

1 = deutsch, 2 = englisch, 3 = französisch, 4 = niederländisch, 5 = spanisch, 6 = dänisch, 7 = tschechisch, 8 = kroatisch

Melodie und Text: Martin Rinckart. 2: Catherine Winkworth, 3: F. du Pasquir, 4: Jan Witt, 5: Fritz Fliedner, 6: 1740, 7: Daniel Horicicka-Sinapius, 8: S. Slaming.

Silayan at bigyan
Du Sonne, geh auf

148

Philippinen

1 = philippinisch, 2 = deutsch. / *Gesang aus den Philippinen.*

149 **Prabhoo Lay lay**

Schließ mich, Jesus, in deine Arme ein

O Lord Jesus, enfold me in your arms

Pakistan

1 2. **|:** Meray dil ko too apnay ruh say bhar; / meray dil ho seraf tera ni ghar, **:|:** Too he too ho meree nigaahon may / ka heen gir na jaa un gu naa hon men. **:|**

3. **|:** Paape e-on ko main laau teray pass / Abdi kushi paen jo hain ud aas **:|:** Vo bhee jaaen teray gavaahon may / Kaheen gir na jaaun gunaa-hon men. **:|**

---

2 *2.* **|:** *Gieße aus in mein Herz den Geist von dir, / daß nur dein Geist lebendig ist in mir.* **:|:** *Laß nur dein Bild bestimmen meinen Weg, / daß mich nichts mehr von deiner Liebe trennt.* **:|**

3. **|:** *Hilf mir, Menschen in Not zu dir zu führn, / laß sie in ihrer Trauer Freude spürn,* **:|:** *daß ihr Glaube zu deiner Wahrheit weist, / daß uns nichts mehr von deiner Liebe trennt.* **:|**

---

3 2. **|:** Let your Spirit be always in my heart, / and let only your Spirit live within, **:|:** come and turn all my footsteps to your way, / let me never be parted from your love. **:|**

3. **|:** Let me bring to you others who are lost, / in their sadness, may they discover joy, **:|:** in believing, they'll witness to your truth, let me never be parted from your love. **:|**

1 = urdu, 2 = deutsch, 3 = englisch

Lied zu Römer 8,35-39 aus Pakistan. Melodie und Text: Samuel Paul, 2: Dieter Trautwein, 3: Shirley Murray.

150 Lumière de Dieu

Komm, göttliches Licht / Come light, light of God

Schweiz

1 Lu - miè - re de Dieu, in - on - de la ter - re, vi -
2 *Komm, gött - li-ches Licht, er -leuch- te die Er - de, er -*
3 Come light, light of God, give light to cre - a - tion, en -

si - te nos coeurs et de - meure a - vec nous.
füll uns - re Her - zen, nimm Woh - nung in uns.
ligh - ten our hearts and re - main with your world.

Dazu Bewegung der Hände: Zusammengelegte Hände werden nach oben geführt, öffnen sich, das Licht zu empfangen, werden im Kreis ausgebreitet, das Licht darzustellen, das in alle Welt geht. Hände finden in Herz-Form zusammen, werden aufwärts geführt, die Stirn zu berühren, gehen nach unten zurück.

Beautiful movement of the hands accompany this. Folded hands move upward and open up to receive the light from God, then spread out in a circle representing the light going out into the whole world. Hands come together in heart shape, then upward to touch the head and back down.

1 = französisch, 2 = deutsch, 3 = englisch

Gesang der Schwestern der Kommunität von Grandchamp (Schweiz).

151 Mein Herr und mein Gott

My Lord an my God

Schweiz

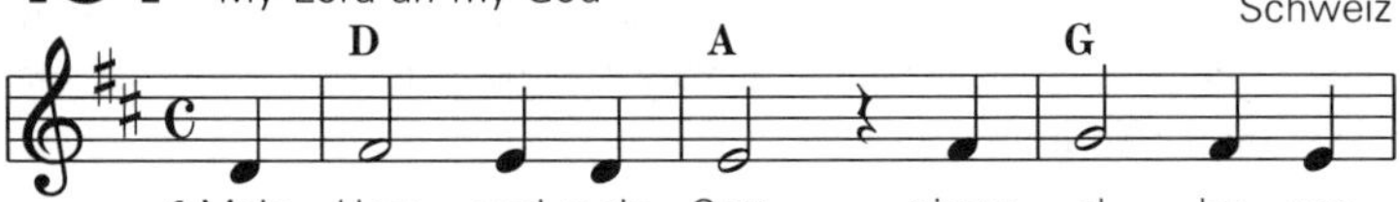

1 Mein Herr und mein Gott, nimm al - les von
2 *My Lord and my God, take all that from*

mir, was mich hin - dert zu dir. Mein Herr und mein
me which keeps me from you. My Lord and my

Gott, gib al - les mir, was mich füh - ret zu
God, give all that to me which leads me to

dir. Mein Herr und mein Gott, o nimm mich
you. My Lord and my God, save me from my -

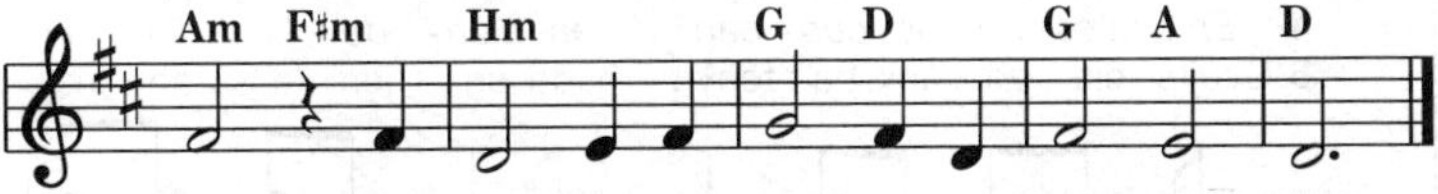

mir und gib mich ganz__ zu ei - gen dir.
self and make my__ life__ com-plete - ly yours.

1 = deutsch, 2 = englisch

Melodie: Joseph G. Scheel. Text: Gebet des Bruders Klaus (1417-1487). 2: Helen Tobler-Staunton.

152

Come, Lord, come quickly
Komm, Herr, komm eilend

Schottland

1 Come, Lord,__ come quick-ly! Come, Lord,__ come
2 *Komm, Herr,__ komm ei-lend! Komm, Herr,__ komm*

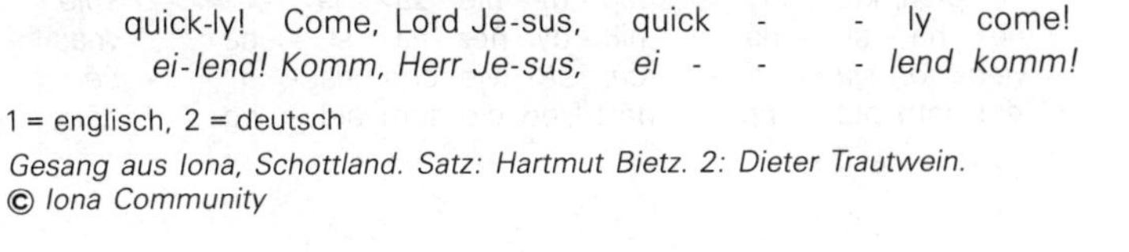

quick-ly! Come, Lord Je-sus, quick - - ly come!
ei-lend! Komm, Herr Je-sus, ei - - - lend komm!

1 = englisch, 2 = deutsch

Gesang aus Iona, Schottland. Satz: Hartmut Bietz. 2: Dieter Trautwein.

153 Dans nos obscurités

Im Dunkel unsrer Nacht / Within our darkest night

Frankreich

1 Dans nos ob - scu - ri - tés, al - lu - me le feu qui
2 *Im Dun - kel uns - rer Nacht ent - zün - de das Feu - er,*
3 With - in our dar-kest night, you kind - le the fire that
4 *En nues - tra os - curi - dad, en - cien - de la lla - ma*
5 Gyújts éjs - za - kánk - ba fényt, hadd ég - jen a so - ha

6 *W na-szych cie - mno - ściach, O Pa - nie,__ roz - pal*
7 V tem - no - tách na - šich dnú za - pal chen, kte - rý
8 *Sred na - še ta - me ra - ža - ri svoj plam, što*
9 O tänd i vå - ra liv, o tänd en__ eld, den

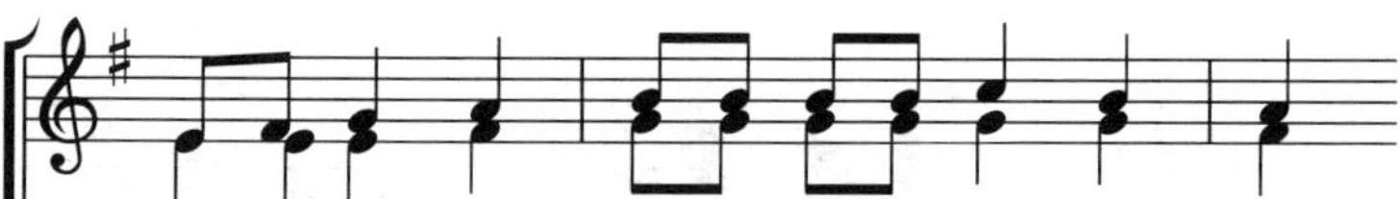

ne s'é - teint ja - mais, qui ne s'é - teint ja - mais.
das nie mehr ver - löscht, das nie mehr ver - löscht.
ne - ver dies a - way, that ne - ver dies a - way.
de tu amor Se - ñor,__ de tu amor Se - ñor.
ki - nem al - vó tüz, a ki nem al - vó tüz!

o - gień, któ - ry nig - dy nie za - ga - - śnie.
nez - ha - si - ná, nik - dy nez - ha - si - ná vnás.
vjeć - no sja - ti će, što vje - čno sja - ti će.
eld som ald - rig dör! Den eld som ald - rig dör!

1 = französisch, 2 = deutsch, 3 = englisch, 4 = spanisch, 5 = ungarisch, 6 = polnisch, 7 = tschechisch, 8 = slowenisch, 9 = schwedisch

Gesang aus Taizé. Musik: Jacques Berthier.

154 Kindle a flame to lighten the dark

Zünd an ein Licht, das hell macht

Schottland

1 Kind - le a flame to light - en the
2 *Zünd an ein Licht, das hell macht die*
3 Bril - le tu luz en la os - curi -
4 *A - vive la flamme pour é - clai - rer*
5 Bril - he tua luz so - bre a esu - rido

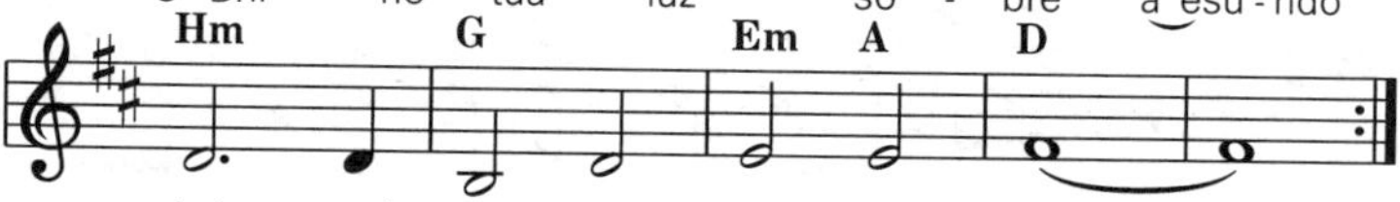

dark and take all fear a - way.
Nacht und al - le Angst ver - treibt.
dad y el mie - do a - caba - rá.
la nuit et ô - ter toute peur.
e o me - do a–ca - ba - rá.

1 = englisch, 2 = deutsch, 3 = spanisch, 4 = französisch, 5 = portugiesisch

Gesang aus Iona, Schottland. 2: Dieter Trautwein.

155 Zhu lian min

Herr, erbarme dich

Taiwan

1 Zhu li - an min! Ji Pu
2 *Chú lîn - bín - góan, Ki - tok lîn -*
3 Herr, er - bar - me dich! Christus, er -
4 *Lord have mer - cy, Christ have*
5 Ba - pa ka - sih - an - i, Kris - tus
6 *Se - ñor, ten pie - dad! Cris - to,*

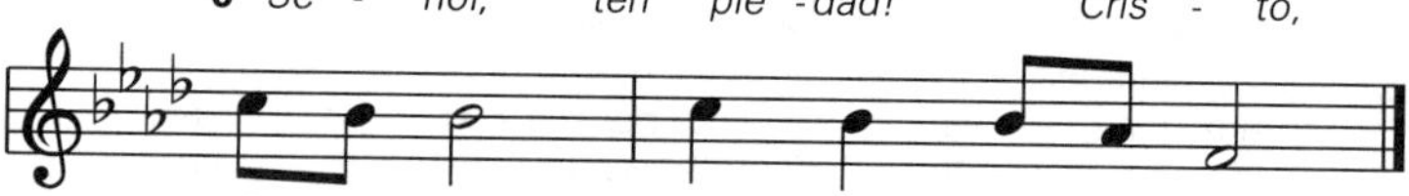

i - an min! Zhu li - an min!
bín - góan, Chú lîn - bín góan.
bar - me dich! Herr, er - bar - me dich!
mer - cy, Lord have mer - cy.
ka - sih - ani kasih - ani ka - mi.
ten pie - dad! Se - ñor, ten pie - dad!

1 = chinesisch, 2 = taiwanesisch, 3 = deutsch, 4 = englisch, 5 = indonesisch, 6 = spanisch. *Bittruf aus Taiwan. Melodie: I-to-Loh.*

O Lord, hear my pray'r 156

Gott, hör mein Gebet

Frankreich

1 = englisch, 2 = deutsch, 3 = französisch

Gesang aus Taizé. Musik: Jacques Berthier. © *Christophorus, Freiburg*

157 Siph Amandla Nkosi

O Gott, gib uns Stärke / O God, give us power

Südafrika

2 *2. O Gott, gib uns Hoffnung, dem Haß zu wehren. /*
O Gott, gib uns Hoffnung, nicht zu verbittern.

3. O Gott, gib uns Stärke und mach uns furchtlos. /
O Gott, gib uns Stärke, weil wir sie brauchen.

---

3 2. O God give us courage to withstand hatred. /
O God give us courage not to be bitter.

3. O God, give us power and make us fearless. /
O God give us power because we need it.

4 *2. O Gud ge oss modet att motstå hatet. /*
O Gud ge oss modet att ej bli bittra.

3. O Gud ge oss kraften att ställa kraven. /
O Gud ge oss kraften få bruka landet.

1 = xhosa, 2 = deutsch, 3 = englisch, 4 = schwedisch

Lied aus Südafrika. Xhosa-Sprache. 3+4: Anders Nyberg und Jonas Jonson, Satz: Anders Nyberg.

158

Lord, to whom shall we go

Herr, wohin solln wir gehen

Schottland

Zu Johannes 6,68

1 = englisch, 2 = deutsch

Gesang aus Iona, Schottland. 2: Dieter Trautwein.

159 Saranam, Saranam

Du bist Schutz, du bist Hilfe

Lied zu Psalm 61 aus dem Punjab und Sri Lanka. Satz: Hartmut Bietz. 1: D. T. Niles, 2: Dieter Trautwein.

1 2. In Thy tent give me a dwelling place, / And beneath Thy wings may I find sheltering grace, / let fall on me the sunshine of Thy face: / Saranam, Saranam, Saranam. / Jesus Saviour, Lord . . .

3. O that I my vows to Thee may pay, / And that by Thy faithfulness to me each day: / May live, and on Thy love my burdens lay: / Saranam, Saranam, Saranam. / Jesus Saviour, Lord . . .

4. Yesterday, today, for e'er the same, / Lo, the heritage of all who bear His name / To ransom them from sin the Saviour came; / Saranam, Saranam, Saranam. / Jesus . . .

---

2 *2. Laß dein Zelt mir Haus und Wohnung sein, / wo die Gnade deiner Flügel mich bedeckt, / wo mich dein Antlitz gleich der Sonne weckt: / Du bist Schutz, du bist Hilfe und Halt. / Jesus, Retter, . . .*

3. Hilf, Gelübde, die ich gab, zu tun / und zu sehn, was deine Treue täglich schenkt, / wie Liebe auch an meine Lasten denkt: Du bist Schutz, du bist Hilfe und Halt. / Jesus, . . .

4. Gestern, heute und zu aller Zeit / soll, wer seinen Namen trägt, auch Erbe sein, / daß Jesus kam von Sünden zu befrei'n: / Du bist Schutz, du bist Hilfe und Halt. / Jesus, Retter, . . .

1 = englisch, 2 = deutsch

160 Yarabba ssalami

Du Gott des Friedens

Palästina

1 Ya - - ra - bba ssa - la - mi am - ter a -
2 *Du___ Gott des___ Frie - dens, gieß dei - nen*

lay - na ssa - lam, ya - - ra - bba ssa - la - mi
Frie - den auf uns, du___ Gott des___ Frie - dens,

im la' qu - lu - ba - na sa - lam.
fül - le mit Frie - den un - ser Herz.

1 = arabisch, 2 = deutsch

Bittruf aus Palästina. 2: Renate Schiller.

161 Nyagasani, Nyiribambe

Barmherzger Gott / Lord of mercy

Ruanda

1 Nya - ga - sa - ni, Nyir - i - bam - be, le - ger' a -
2 *Barm - herz-ger Gott, er - bar - me dich, hö - re auf*
3 Lord of___ mer - cy hear our pray'r, li - sten
4 *Seig - neur mi - ser - ri - cor - di - eux, prê - te at -*

mal - w'a - ba - we, ba - gut - a - kam - bi - ra.
dei - ne Kin - der, hör, wie sie flehn zu dir!
to your chil - dren, hear what they seek from you!
ten - ti - on - - aux tiens qui te supp - lient.

1 = kinya-rwanda, 2 = deutsch, 3 = englisch, 4 = französisch

Bittruf aus Ruanda. 2+3: Karl G. Gutberlet.

162 Father in heaven

Vater im Himmel

Philippinen/Sri Lanka

1 *2. Jesus redeemer, may we remember your gracious passion, / your resurrection; worship we bring you, praise we shall sing you, / Jesus redeemer, Jesus, our Lord.*

3. Spirit descending, whose is the blessing, strength for the weary, / help for the needy, sealing Christ's Lordship, blessing our worship, / spirit descending, spirit adored.

---

2 *2. Jesus, Erlöser, laß uns erinnern dein gnädig Leiden und Auferstehung. / Lob wir dir bringen, Preis wir dir singen, Jesus Erlöser, du, unser Gott.*

3. Du Geist von oben, du kommst und segnest, gibst Kraft den Schwachen, hilfst uns in Nöten, gibst Gotteskindschaft. / Dir sei Anbetung, du Geist von oben, geliebter Geist.

1 = englisch, 2 = deutsch

Melodie: Elena G. Maquiso, 1: Daniel T. Niles. 2: Michael Benckert.

163 **Our Father, who art in heaven**

Vater unser, Vater im Himmel

1 = englisch, 2 = deutsch

Vaterunserlied aus Westindien, nach einer Calypso-Melodie.
Fassung und 2: Ernst Arfken.

V
Name. As___ we forgive those, who trespass a - gainst us,
Na - me. Wie auch wir ver - ge - ben un - se-ren Schuldnern.
A
V
Hallow - ed be your Name.___ And lead us not
Ge-hei - ligt werde dein Na - me. Und führ uns, Herr,
A
in - to tempta - tion, Hallow - ed be your Name. But de -
nicht in Ver-suchung. Ge-hei - ligt werde dein Na - me. Son -
A
li - ver us___ from all that is e - vil, Hallow - ed be your
dern er - lö - se uns von dem Bö-sen. Ge-hei - ligt werde dein
V
Name.___ A - men, A - men, A - men, A - men,
Na - me. Denn dein ist das Reich und die Kraft.
A
Hallow - ed be your Name. A - men, a - men, A -
Ge-hei - ligt werde dein Na - me. Und die Herr-lich- keit___ in
men, A - men, Hallow - ed be your Name.___
E - wigkeit. A - men. Ge-hei - ligt werde dein Na - me.

164 Ottschä nasch

Vater unser im Himmel / Our Father

Rußland

1 = russisch, 2 = deutsch, 3 = englisch

Melodie: Nikolai Rimski-Korsakoff. Text: zu Matthäus 6, 9–13. 3: New Revised Standard Version

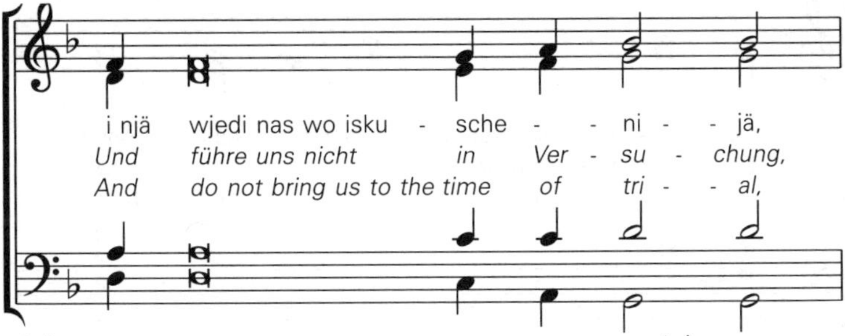

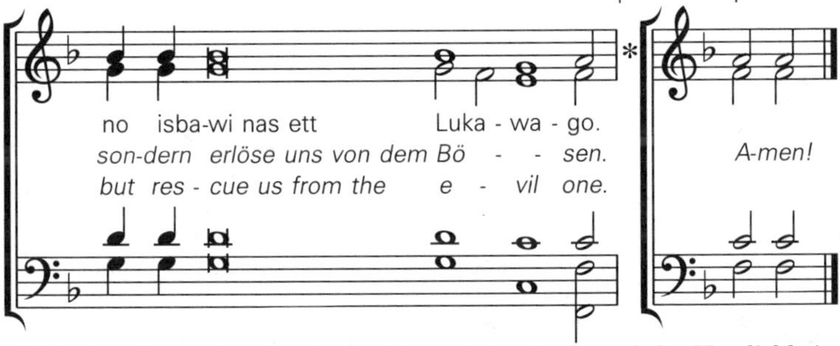

*Priester: Denn dein ist das Reich und die Kraft und die Herrlichkeit in Ewigkeit. / *For the kingdom and the power and the glory are yours for ever.

165 Lord Jesus Christ

Herr, Jesus Christus, der alle liebt

Schottland

1 = englisch, 2 = deutsch

Gesang aus Iona, Schottland. 2: Dieter Trautwein.

H

Sendung, Segen, Auszug
Commission, Benediction, Recessional
Envoi, Bénédiction, Sortie solennelle
Envío, Bendición, Himno de Salida

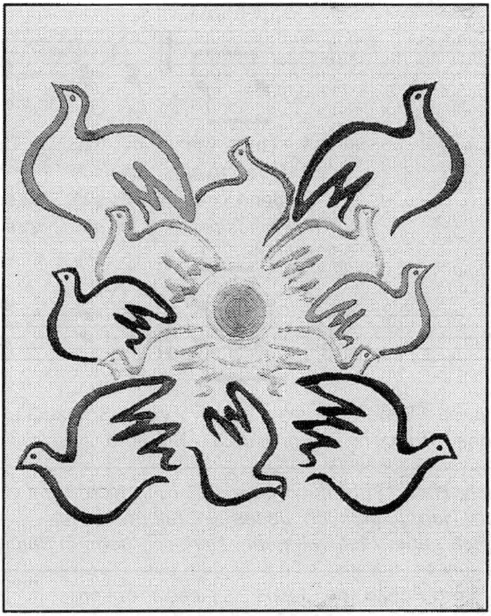

166 **Thuma mina**

Send' mich, Jesus / Send me Lord

Südafrika

1 2. Seng'ya vuma / Seng'ya vuma / Seng'ya vuma Somandla.
3. Roma – nna / Roma nna / Roma nna – Modimo.

---

2 *2. Führe mich, Herr. / Führ mich, Jesus . . führ mich, Herr.*
3. Fülle mich, Herr. / Füll mich, Jesus . . . füll mich, Herr. ⌈*Herr.*
4. Gern will ich gehn. / Ich will gehn, Herr, . . . gehn in deinem Namen,

---

3 2. Lead me, Lord / Lead me, Jesus . . . lead me, Lord.
3. Fill me, Lord / fill me, Jesus . . . fill me, Lord.
4. I will go, Lord / I will go, Lord . . In your name, Lord, I will go.

---

4 *2. Guide-moi, Seignuer / Guide-moi, Jésus . . oui guide-moi.* ⌈*Esprit.*
3. Remplis-moi, Seigneur / Remplis-moi Jesus . . Remplis-moi de ton
4. Change-moi, Seigneur / Change-moi, Jésus . . oui change-moi.

---

5 2. Guía-me, Dios / Guía-me, Dios . . Guía me.
3. Llena-me, Dios / Llena-me, Dios . . . Llena-me de to poder.
4. Yo iré, Dios / Yo iré, Dios . . . En tu nombre yo iré.

1 = xhosa, 2 = deutsch, 3 = englisch, 4 = französisch, 5 = spanisch

Melodie und Text: aus Südafrika, Satz + 3: Anders Nyberg. 2: Dieter Trautwein, 4: Jouëlle Gouël. 5: WCC.

167 **Thuma mina**

Sende uns, Herr / Send us, Lord

Südafrika

1 2. Seng'ya vuma / Seng'ya vuma . . Seng'ya vuma Somandla.

3. Roma nna / Roma nna . . . Roma nna Modimo.

---

2 *2. Führe uns, Herr! / Führ' uns, Jesus, /*
führ' uns, Jesus . . führe uns und gib uns Kraft.

3. Fülle uns, Herr! / Füll' uns, Jesus, /
füll' uns, Jesus . . fülle uns mit deinem Geist.

---

3 2. Led us, Lord! / Led us, Jesus, /
lead us, Jesus . . . lead us, Jesus, lead us, Lord.

3. Fill us, Lord! / Fill us, Jesus, /
fill us, Jesus . . fill us, Jesus, fill us, Lord.

1 = xhosa, 2 = deutsch, 3 = englisch

Melodie und Text: aus Südafrika, Satz + 3: Anders Nyberg. 2: Dieter Trautwein

Die Abbildungen bei den Kapitelanfängen zeigen Altarbehänge, die von der Society for Rural Education and Development (SRED) im südindischen Arrakonam hergestellt werden.
SRED ist eine indische Selbsthilfeorganisation, die sich um die Menschenrechten von Landarbeitern, Kastenlosen und besonders der Frauen unter ihnen bemüht. Diese Menschengruppe leidet unter Hungerlöhnen, Gewalt durch Kastenhindus und Mißachtung durch staatliche Behörden.
Die Tücher wurden von Georg Temme in einem deutsch-indischen Dialog entworfen, an dem christliche und hinduistische Frauen teilnahmen.
Die Tücher werden farbig gestickt von Frauen aus Landarbeiterfamilien, die zum Teil auf Grund besonderer sozialer Bedrängnisse in die Werkstatt von SRED aufgenommen wurden. Der Überschuß aus Einnahmen von dem Verkauf der Tücher kommt der Menschenrechtsarbeit zugute.
Hersteller: SRED, Kallau, Arakkonam – 631002, Tamil Nadu, Indien.

Katalog und Altarbehänge erhältlich bei:
Kirchenkreis Herne. Informationszentrum Dritte Welt
Overwegstr. 31, 44625 Herne, Tel. 02323/496970, Fax: 496956

168 **Masithi Amen**

Singt Amen, wir preisen Gott / Sing Amen

Südafrika

Zulu

I: Asithi – Amen, siyakudumisa **:I**
Asithi – Amen, Baba, Amen, Ba ba, Amen, siyakudumisa.

Tswana

I: A re re – Amen, re a go tumina **:I**
A re re – Amen, Rara, Amen, Rara, Amen, re a go tusima.

Sotho

I: A re re – Amen, re a u rorisa **:I**
A re re – Amen, Ntate, Amen, Ntate Amen, re a u rorisa.

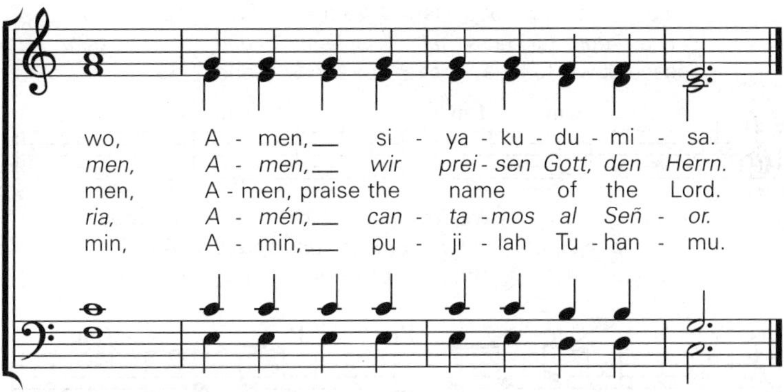

1 = xhosa, 2 = deutsch, 3 = englisch, 4 = spanisch, 5 = indonesisch

Melodie und Text: Stephan Cuthbert Molefe. 2: Dieter Trautwein, 4+5: Basler Mission.

Amen, Amen 169

Schweiz

Melodie: Hansruedi Willisegger.

170 Ose shalom bimromav

Der Frieden gibt in den Höh'n / He who gives his peace

Israel

1 = hebräisch, 2 = deutsch, 3 = englisch

Melodie: aus Israel. Text: Jüdisches Gebetbuch. 2+3: Dieter Trautwein.

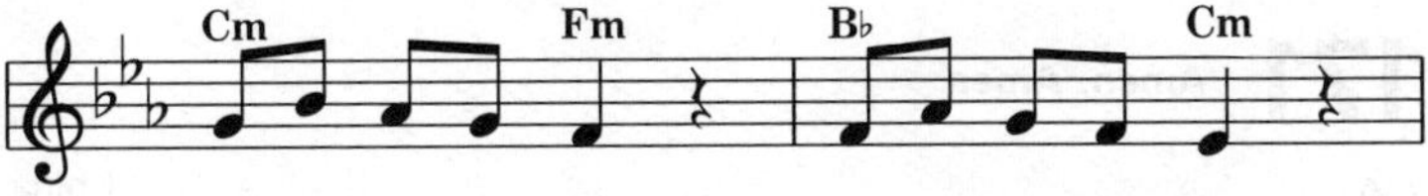

Ja - a - se sha - lom, ja - a - se sha - lom,
Frie-den gibt der Herr, Frie-den gibt der Herr,
Yes, he gives his peace, yes, he gives his peace,

sha - lom a - le - nu we al kol Jis - ra - el!
Frie - den uns al - len und für ganz Is - ra - el.
peace to us all and to all of Is - ra - el!

Ja - a - se sha - lom, ja - a - se sha - lom,
Frie- den gibt er uns, Frie-den gibt er uns,
Yes, he gives us peace, Yes, he gives us peace,

ja - a - se sha - lom we__ al kol - Jis - ra - el!
Frie-den gibt er uns und__ für ganz Is - ra - el.
Yes, he gives us peace and to all of Is - ra - el!

1 2. Ose shalom bimromav / hu jaase shalom alenu / we al kol haolam / we imru, imru: Amen! / Ja a se shalom, jaase shalom, / shalom alenu we al kol haolam! / Ja a se shalom, jaase shalom, / shalom alenu we al kol haolam! / Ja a se shalom, jaase shalom, / Ja a se shalom, we al kol haolam!

---

2 *2. Der Frieden gibt in den Höh'n, / schaffe auch Frieden für uns alle / und für alle Welt, und sprecht, und sprecht: Amen! Frieden gibt der Herr, Frieden gibt der Herr, / Frieden uns allen und seiner ganzen Welt! / Frieden gibt der Herr, Frieden gibt der Herr, / Frieden uns allen und seiner ganzen Welt! / Frieden gibt er uns, Frieden gibt er uns, / Frieden gibt er uns und seiner ganzen Welt!*

171 Amen, Amen

China

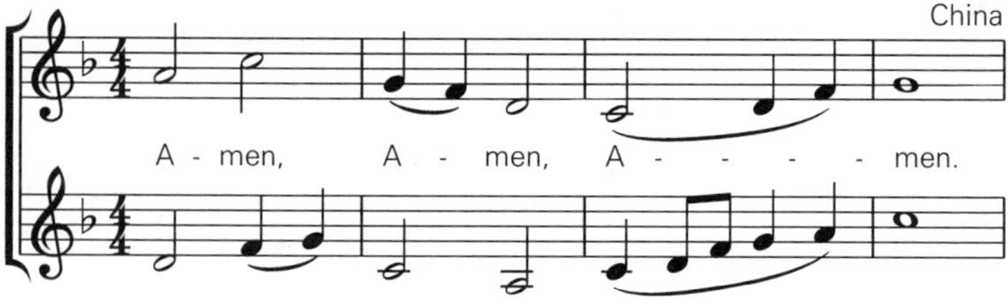

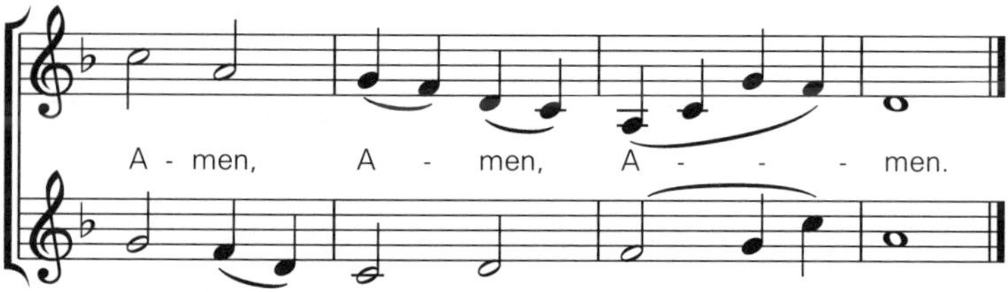

Chinesisches Volkslied. Arrangement: Jiang Pu-qi.

172 Shukuru Allah

Laßt es alle sehn / Show it to all people

Sudan

1 2. Wäri lei nasi, nihna kullu morassalat . . .
3. Dur injilii, nihna kullu morassalat . . .
4. Zeedu guwa, nihna kullu morassalat . . .

---

2 *2. Hören laßt es laut, daß wir Zeugen Gottes sind. Zeigt in aller Welt, daß wir nicht alleine sind. Hören laßt es laut, daß wir Zeugen Gottes sind. Dank sei Gott, der uns die Kraft zum Zeugnis gibt.*

3. Stärke uns das Herz, daß wir zuverlässig sind. Laß uns Zeichen sein deiner Liebe für die Welt. Stärke uns das Herz, daß wir zuverlässig sind. Dank sei Gott, der uns die Kraft zum Zeugnis gibt.

4. Halleluja singt, weil Gott gegenwärtig bleibt. Zeugen Jesu sind wir in unsrem eignen Land. Halleluja singt, weil Gott gegenwärtig bleibt. Dank sei Gott, der uns die Kraft zum Zeugnis gibt.

---

3 2. Tell it to all people that witnesses are here. Show from all around that we are not left alone. Tell it to all people that witnesses are here. Thanks to God for giving strength for witnessing.

3. Strengthen our hearts that here faithful we remain. Signs we want to be for your love to humankind. Strengthen our hearts that here faithful we remain. Thanks to God for giving strength for witnessing.

4. Halleluja sing, because God stays with us here. Messengers we are in our country here for God. Halleluja sing, because God stays with us here. Thanks to God for giving strength for witnessing.

1 = südsudanesisches Arabisch, 2 = deutsch, 3 = englisch

Melodie und Text: aus dem Süd-Sudan. 2: Dietrich Werner / Dieter Trautwein, 3: Basler Mission.

173 Tatanaka Mamanaka

Geht, ihr Männer / Let the women and the men

Bolivien

1 = Aymara, 2 = deutsch, 3 = englisch, 4 = spanisch

Melodie und Text: Zoilo Yanapa Chambi. 2: Dieter Trautwein, 3+4: WCC

174 The God of us all is our Father

Der Gott aller Menschen ist Vater

Neuseeland

1 2. The God of us all is our Mother, / she teaches us her truth and beauty, / she shows us a love beyond duty. / Great is the Lord, ever adored.

3. Our God is a Father and Mother, / surrounding all with protection, / to give to the world new direction. / Great is the Lord, ever adored.

---

2 *2. Der Gott aller Menschen ist Mutter, / sie lehrt uns, Wahrheit und Schönheit zu sehn, / zeigt Liebe, die nicht sich in Pflicht erschöpft. / Groß ist der Herr, hochgelobt!*

3. Der Gott, der uns Vater und Mutter ist, / gewährt uns allen ein gutes Geleit, / damit unsre Welt weiß, wohin sie zielt. / Groß ist der Herr, hochgelobt!

1 = englisch, 2 = deutsch

Melodie: I-to-Loh. 1: Ron O'Grady, 2: Dieter Trautwein

175 **Ihr werdet die Kraft des Heiligen Geistes**
But you will receive the pow'r of the Spirit

1 = deutsch, 2 = englisch, 3 = französisch, 4 = indonesisch, 5 = spanisch

Melodie: Paul Ernst Ruppel. Text: Apostelgeschichte 1,8. 3–5: Basler Mission.

176

You shall go out

Mit Freuden ziehst du aus

England

1 = englisch, 2 = deutsch

Melodie und Text (nach Jesaja 55,12): S. Dauermann. 2: Dieter Trautwein.

177 **Avant que je m'en aille**
Bevor ich mich auf den Weg mach'

Frankreich/Schweiz

1 A - vant que__ je m'en ail - le, il
2 *Be - vor ich mich auf den Weg mach', muß*
3 Be - vor ich__ uf de Wäg ga, mues

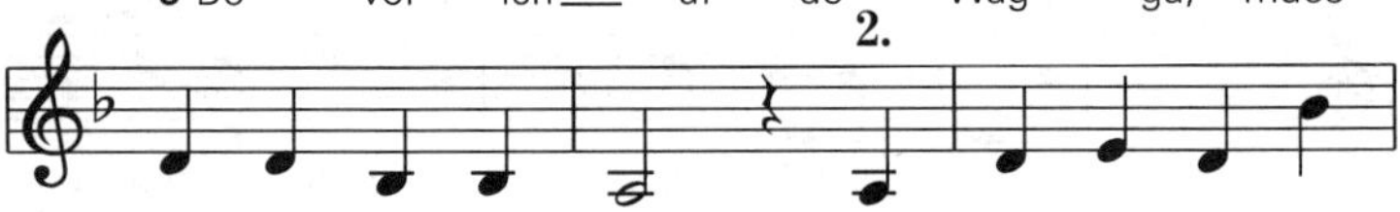

faut pen - ser à moi, je rom - prai la mu -
ich mich sel - ber finden. Durch Wand und Mau - er
ich zerscht zue mer cho, dur Wand und Muu - re

rail - le qui me re - tient en moi.
bre - chen, durch das, was mich g'fan - gen hält.
brä - che, wo mich händ gfan - ge gno.

1 = französisch, 2 = deutsch, 3 = schweizerdeutsch

Altes französisches Pilgerlied. Melodie und Text 3: Susanne Kramer-Friedrich. 2: Dietrich Werner / Beatrice Aebi © bei den Autoren

178 **Mache dich auf und werde licht**
Arise and shine

Deutschland

1 Ma - che dich auf und wer - de licht.
2 *A - rise and shine for your Light has come.*
3 Le - ván - ta - te res - plan - de - ciente.
4 *Bang - kit - lah men - ja - - di ter - ang,*

Ma - che dich auf und wer - de licht. Ma - che dich
A - rise and shine for your Light has come. A - rise and
Le - ván - ta - te res - plan - de - ciente. Le - ván - ta -
Bang- kit -lah men - ja - di ter- ang, se - bab te -

auf__ und__ wer - de licht, denn dein Licht kommt.
shine for your Light has come, your light has come.
te__ res - plan - de-ciente, tu luz ha llegado.
rang Mu__ da - tang - lah, te - rang da - tang.

1 = deutsch, 2 = englisch, 3 = spanisch, 4 = indonesisch

Melodie: Jesus-Bruderschaft. Text: Jesaja 60,1.

Ausgang und Eingang 179

Going and coming / Que je m'en aille

Deutschland

1 Aus - gang und Ein - gang, An - fang und En - de
2 *Go - ing and com- ing, end - ing and o - ri - gin,*
3 Que je m'en ail - le ou que j'ar - ri - ve,
4 *Wyjś- cie i wejs'-cie,‿po - czą - tek i ko - niec*
5 Při - chod i od - chod, počá- tek i kon - nec
6 *Ke - lu - ar ma - suk, mu - lai ber - hen - ti*
7 Sa - lir y en - trar, em - pe-zar‿y termi - nar

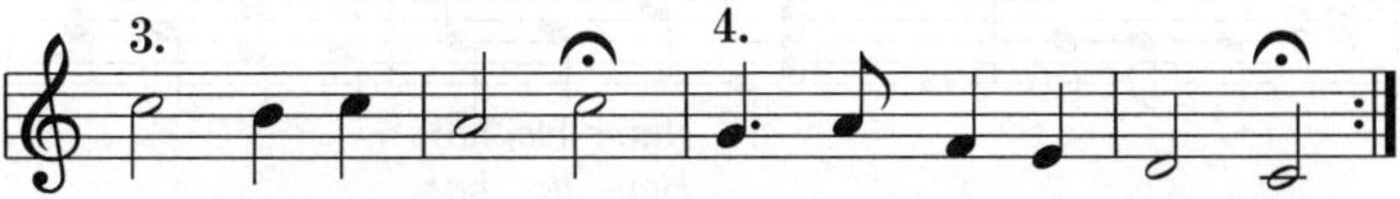

lie - gen bei dir, Herr, füll du uns die Hän - de.
are in your hands, Lord, give us life a - bun -dant.
Dieu tou-jours veil - le pour qu'heu-reux je vi - ve.
masz w mo-cy Pa - nie,‿na - pel - niaj na - sze dło - nie.
maš v‿mo-ci, Pa - ne,‿na - pl - ňuj na - še dla - ně.
deng - an Eng - kau! Is - i - lah tan- gan ka - mi.
queda mos con - ti - go, Se - ñor tu nos guí - as.

1 = deutsch, 2 = englisch, 3 = französisch, 4 = polnisch, 5 = tschechisch, 6 = indonesisch, 7 = spanisch

Melodie und Text: Joachim Schwarz. 2: Dieter Trautwein, 3: Roger Trunk, 4+5: Tadeusz Sikora, 6+7: Basler Mission.

180 Sizohamba naye

Kommt, wir gehen mit ihm / We will go with him

1 2. Sizoshumayela – ho, ho, ho, sizoshumayela. (2x)
Ngomhla ho! – Ngomhla wenjabulo, sizohamba naye. (2x)

3. Sizothetha naye – ho, ho, ho, sizothetha naye. (2x)
Ngomhla ho! – Ngomhla wenjabulo, sizohamba naye. (2x)

4. Sizombon' uJesu – ho, ho, ho, sizombon' uJesu. (2x)
Ngomhla ho! – Ngomhla wenjabulo, sizohamba naye. (2x)

---

2 *2. Kommt und predigt von ihm . . .*
3. Kommt und redet mit ihm . . .
4. Kommt, um Jesus zu sehn . . .

3 2. We will preach (the Gospel) . . .
3. We will speak with him . . .
4. We will see Jesus . . .

1 = xhosa, 2 = deutsch, 3 = englisch

Melodie und Text: aus Südafrika, xhosa. Musikalische Fassung: "Lumko" Marimba Group, Arr. Dave Dargie. 2: Dieter Trautwein.

181 **Jézus Krisztus, Mesterünk**

Jesus Christus, der uns leitet

Ungarn

1 2. Kevésen is hüséget, Szolgálatra készséget, / Új eröt te adj nekünk, hadd áldjon, áldjon életünk!

3. Mienk örök oltalmad, Szereteted, irgalmad, / Új reggel, új kegyelem. Az kísér, kísér szüntelen.

4. Ütravalónk békesség. Megszerezted régesrég. / Árassza tett és beszéd A békét, békét szerteszét!

5. Vezess minket, hü Urunk / Veled útnak indulunk. / Téged áld szolgálatunk, És minden, minden új napunk.

---

2 *2. Treue gib uns auch im Kleinen, mach zum Dienen uns bereit, / verleih uns neue Kräfte, dich zu preisen, preisen lebenslang.*

3. Es gilt uns dein ewger Schutz, deine Liebe, deine Huld. / Täglich kommt neue Gnade, die uns leitet, leitet allezeit.

4. Stets ernährst du uns mit Frieden, den du lange schon gebracht, / daß wir ihn tun und leben, deinen Frieden, Frieden überall.

5. Führe uns, du treuer Herr, mit dir brechen wir jetzt auf. / Dich soll das Leben preisen heut und jeden, jeden neuen Tag.

1 = ungarisch, 2 = deutsch

Melodie: Szokolay Sándor. Text: Turmezei Erzsébet. 2: Gyula Cseri / Dieter Trautwein.

182 **Your faith has saved you**

Dein Glaube half dir

USA

1 = englisch, 2 = deutsch

Zu Matthäus 9,22

Melodie und Text: Carolyn Good. 2: Dieter Trautwein

183 Na Nzela Na Lola

Solange wir gehen auf den Wegen / We follow the Lord

Zaire

1 2. Na Nzela Na Lola Tokoyemba Na Esengo Malembe Tokotambola.
3. Na Nzela Na Lola Tokoteya na Esengo Malembe Tokotambola.
4. Na Nzela Na Lola Tokobondela Masiya Malembe Tokotambole.

---

2 *2. Solange wir hoffen, gibt es Zukunft für die Erde,*
ja Zukunft für die ganze Welt. So laßt auch . . .
3. Solange wir beten (danken) (singen) . . .
4. Solange wir handeln (glauben) . . .

---

3 2. As long as we hope there is future for creation,
a future for the universe. We know this . . .
3. As long as we pray (thank) (sing) . . .
4. As long as we act (believe) . . .

4 *2. Avec notr'espoir la création a un avenir, un futur pour tout l'univers. Nous sommes sûrs . . .*

3. Avec nos prières (mercis) (chants) . . .

4. Avec nos actions (croyons) . . .

1 = lingala, 2 = deutsch, 3 = englisch, 4 = französisch

Musik und Text: aus Zaire. 1: Mwenze Kabemba. 2: Werner Eichel / R. Höcker, 3: Carolyn Kappauf, 4: Christian Duquesne.

184 **Bariki yote, yawe mema**

Alles, Herr, segne, daß gut es sei

Tansania

2 *2. Segne die Häuser, segne sie all', / durch deinen Namen heil'ge sie. / Füll alle Länder, Herr, dieser Welt / mit deiner großen Herrlichkeit. / Segne uns . . .*

3. Streck deine Hand aus, segne, o Herr, / alle, die dir verbunden sind, / daß sie mit dir ein Leben lang gehn, / in Ewigkeit von dir bewahrt. / Segne uns . . .

4. Herr, gib Gelingen zu allem Ding, / damit es Gnade vor dir findt. / Gib denen, die dich bitten, o Herr, / ein Leben, das dir wohlgefällt. / Segne uns ...

1 = kisuaheli, 2 = deutsch

Melodie und Text: Sila Msangi, 2: Christian Weitnauer.

185 **Laß uns in deinem Namen, Herr**

Let us, O Lord, in your name begin

Deutschland

1 2. Laß uns in deinem Namen, Herr, / die nötigen Schritte tun. / Gib uns den Mut, voll Liebe, Herr, / heute die Wahrheit zu leben.

3. Laß uns in deinem Namen, Herr, / die nötigen Schritte tun. / Gib uns den Mut, voll Hoffnung, Herr, / heute von vorn zu beginnen.

4. Laß uns in deinem Namen, Herr, / die nötigen Schritte tun. / Gib uns den Mut, voll Glauben, Herr, / mit dir zu Menschen zu werden.

---

2 *2. Let us, O Lord, in your name begin / the steps which we need to take. / Help us to risk our love today, / living the truth into freedom.*

3. Let us, O Lord, in your name begin / the steps which we need to take. / Help us to risk our hope today / trusting anew in your guidance.

4. Let us, O Lord, in your name begin / the steps which we need to take. / Help us to risk our faith, to grow / with you in true human living.

3 2. Déjanos dar los pasos precisos / en tu nombre, o Señor. / Danos valor, danos tu amor / para vivir hoy en la verda.

3. Déjanos dar los pasos precisos / en tu nombre, o Señor. / Danos valor, danos tu amor / para empezar de nuevo hoy.

4. Déjanos dar los pasos precisos / en tu nombre, o Señor. / Danos valor, danos tu amor / para seguir tus pisadas.

1 = deutsch, 2 = englisch, 3 = spanisch

Melodie und Text: Kurt Rommel. 2: Dieter Trautwein, 3: Basler Mission

186 Segne uns, o Herr
Bless us all, O Lord

Deutschland

Melodie und Text: Jesus-Bruderschaft. 2: Dietrich Werner.

187 La paz del Señor

Bewahre uns, Gott / The peace of our God

Argentinien

1 La paz del Se - ñor, la paz del Se - ñor,
2 *Be - wah - re uns, Gott, be - hü - te uns Gott,*
3 The peace of our God, the peace of our God,
4 *La paix du Seig - neur, la paix du Seig - neur,*

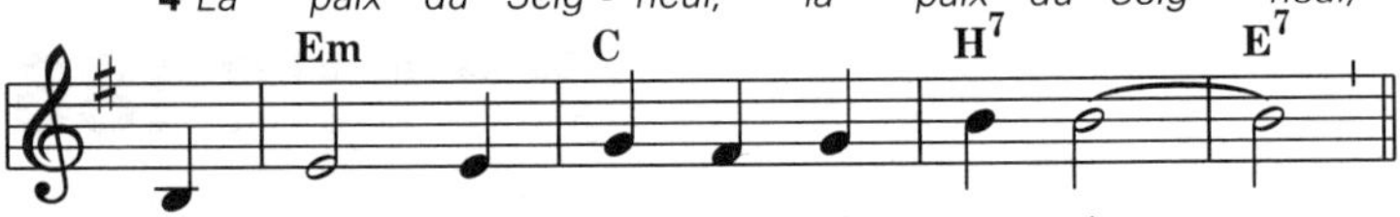

la paz del Re - su - ci - ta - do.
sei mit uns auf un - sern We - gen.
the peace of the One who is ri - sen,
la paix du Res - sus - - ci - té,

La paz del Se - ñor a ti y a
Sei Quel - le und Brot in Wü - sten -
the peace of our God to you and to
la paix du Seig - neur â toi et à

mi, a to - dos al can - za rá.
not, sei um uns mit dei - nem Se - gen.
me, be e - ve - ry - bo - dy reach - ing.
moi et à lous se - ra don - née.

1 2. La paz del Señor, la paz del Señor, / la paz del Resucitado, / se hace presente a hora ya quí / apréstate recibirla.

3. La paz del Señor, la paz del Señor, / la paz del Resucitado, / no puede vivir encerrada en sí, / apréstate compartirla.

---

2 *2. Bewahre uns, Gott, behüte uns, Gott, / sei mit uns in allem Leiden. / Voll Wärme und Licht im Angesicht, sei nahe in schweren Zeiten.*

3. Bewahre uns, Gott, behüte uns, Gott, sei mit uns vor allem Bösen. / Sei Hilfe, sei Kraft, die Frieden schafft, / sei in uns, uns zu erlösen.

4. Bewahre uns, Gott, behüte uns, Gott, / sei mit uns durch deinen Segen. / Dein Heiliger Geist, der Leben verheißt, / sei um uns auf unsern Wegen.

---

3 2. The peace of our God, the peace of our God / the peace of the One who is risen, / it is present now, it is present here, / be ready now to receive it!

3. The peace of our God, the peace of our God / the peace of the One who is risen – / since peace cannot live and exist by itself, / be ready to give and to share it!

---

4 *2. La paix du Seigneur, la paix du Seigneur, / la paix du Ressuscité, / la paix du Seigneur à toi et à moi / et à nous sera donnée.*

3. La paix du Seigneur, la paix du Seigneur, / la paix du Ressuscité, / elle est présente maintenant et toujours / sois prêt à la recervoir.

4. La paix du Seigneur, la paix du Seigneur, / la paix du Ressuscité, / ne peut vivre repliée sur elle-méme / sois prêt à la partager.

1 = spanisch, 2 = deutsch, 3 = englisch, 4 = französisch

Melodie und Text: Anders Ruuth. 2: Eugen Eckert, 3: Jeffrey T. Myers,

Amen, Amen **188**

USA

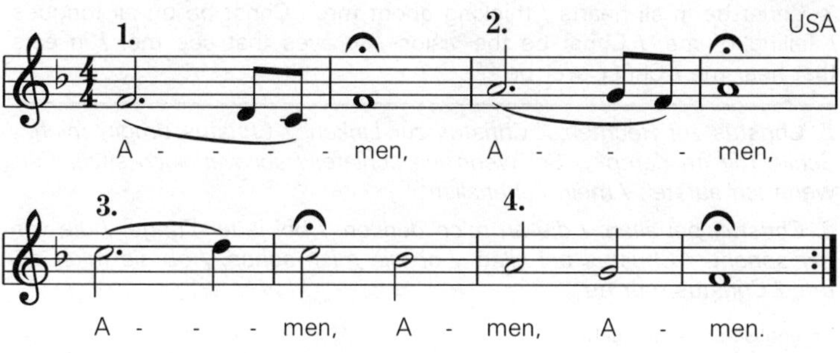

Spiritual aus den USA

189 **Christ be beside me**

Sei mir zur Seite

Irland

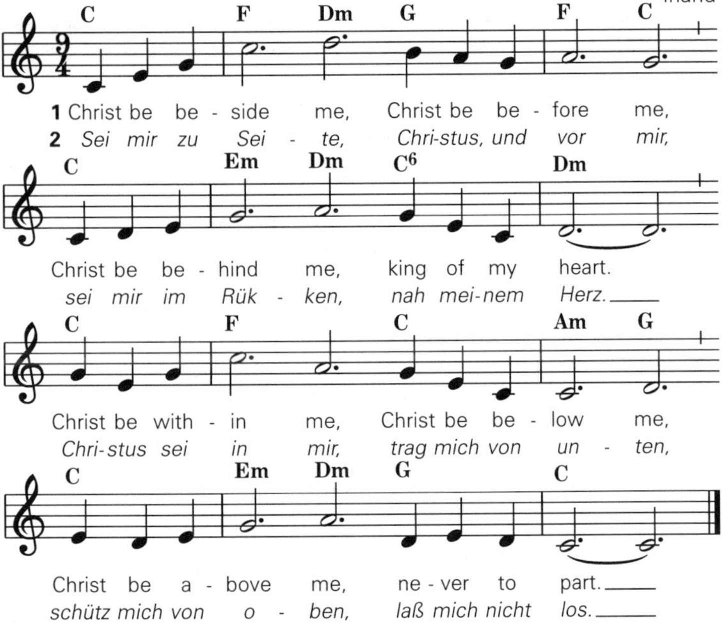

1 2. Christ on my right hand, / Christ on my left hand, / Christ all around me, / Shield in the strife, / Christ in my sleeping, / Christ in my sitting, / Christ in my rising, / Light of my life.

3. Christ be in all hearts / thinking about me. / Christ be on all tongues / Telling of me. / Christ be the vision / In eyes that see me, / in ears that hear me / Christ ever be.

---

2 *2. Christus zur Rechten, / Christus zur Linken, / Christus umgib mich, / Schild mir im Kampf. / Sei wenn ich schlafe, / sei wenn ich sitze, / sei wenn ich aufsteh / mein Lebenslicht.*

3. Christus bei allen, / die an mich denken, / bei jeder Zunge, / die von mir spricht. / Christus bei allen, / ob sie mich sehen, / ob sie mich hören, / Christus, nur du.

1 = englisch, 2 = deutsch

Alte gälische Melodie. Lied zum Gebet des Heiligen Patrick, Irland.
2: Dieter Trautwein.

Iraiva Asi Thanthanuppum 190

Gib uns deinen Segen / Send us with your blessing

Indien

2 *2. Ungleich sind wir, fremd, und doch sind wir nah. / Sind durch dich als Geschwister schon vereint. / Völker, Kulturen sind wichtig vor dir, / geben unserem Glauben Gestalt und Stimme.*

---

3 2. Though we all are different, yet we are one. / In our Christ each a daughter and a son. / Race, nation, culture – all play a part. / Shaping, revealing the faith that's in our heart.

1 = tamil, 2 = deutsch, 3 = englisch

Tamilisches Segenslied. Text: E. Soundaraajan, 2: Dietrich Werner, 3: Jill Schaeffer

191 **O Tuhan pimpinlah langkahku**

Du mein Gott, lenke mir meinen Schritt

Indonesien

Lied aus Indonesien, Batak-Melodie. 2: Christoph Zimmermann, 3: James Minchin, 4: Birgit Duquesne

ca - ri dom - ba yang se - sat, I - tu -
lor - nen zu zei - gen den Weg, dar - um
a - tract all those who have strayed, then I
mon - trer la voie aux é - garés c'est le

lah ke rin - du - an ji - wa - ku.
bit - te ich dich,__ mei - nen Gott.
hope they will join me on your path.
voeux le plus cher__ à mon coeur.

1 = indonesisch, 2 = deutsch, 3 = englisch, 4 = französisch

192 Yeshu supriya

Jesus, barmherziger Gott / Jesus, loving Lord

Indien

1 Ye - shu su - pri - ya. Ye - shu__
2 *Je-sus, barm - her - zi-ger Gott. Je-sus, Kraft und*
3 Je - sus, lov - ing__ Lord: Je - sus,__
4 *Jé - sus mon a - mi, Jé - sus__*

a - shra - ye, Ye - shu pri - ya ta - ra -
uns-res Le-bens Halt. In__ dei-ner Gna - de seg - ne
strength and__ stay, in__ your mer - cy bless us
Fils__ de__ Dieu. Jé - sus, prends pi - tié de

ka, sa - ha - ya__ ho - ma - la.
uns und be - wah - re__ uns Tag und Nacht.
all and keep us__ night and__ day.
moi, toi__ seul peux me__ sau - ver.

1 = hindi, 2 = deutsch, 3 = englisch, 4 = französisch

Segensbitte aus Indien, Gazar, Hini. 2: Dietrich Werner, 4: Didier Rimaud

193 **La bendición de Dios**

Der Segen, der seit Sara / The blessing of the God

Argentinien

1 = spanisch, 2 = deutsch, 3 = englisch

Melodie und Text: Pablo Sosa. 2: Dieter Trautwein, 3: Terry MacArthur

Tembea na Yesu

Kommt, wir gehn mit Jesus

194

Kenia

1 = swahili, 2: deutsch

Gesang aus Kenia, überliefert durch Duncan Wambugu, Swahili.
2: Dieter Trautwein

195 **Komm, Herr, segne uns**

Bless and keep us Lord / Viens et nous bénis — Deutschland

1 Komm, Herr, seg - ne uns, daß wir uns nicht tren - nen,
2 *Bless and keep us Lord, in your love un - i - ted,*
3 Viens et nous bé - nis, Dieu de la ren - con - tre,
4 *Pa - nie poł - ącz nas, niech nas nic nie dzie - li;*
5 Be - ne - di - ci noi, Sig - nore ti pre - ghia - mo.
6 *Pa - ne, dej, aí nás nic už ne - rodz - vo - ji.*
7 Da - tang - lah Tu - han b'ri - kan - lah ber - kat - mu
8 *Kom, vel - singn du os, så vi ik - ke skil - les*
9 A - ben - coa Sen - hor, to - dos nós u - ni - dos
10 *Ben - di - ce Se - ñor, a to - dos noso - tros uni - dos.*

son - dern ü - ber - all uns zu dir be - ken - nen.
from your fa - mi - ly ne - ver se - pa - ra - ted.
C'est toi qui u - nis, ton a - mour le mon - tre,
byś - my z łas - ki Twej Cie - bie wyznać chcie - li!
Con la gra - zia tua, non ci dis - per - dia - mo.
Nejs - me sa - mi svi, ale je - nem, — tvo ji.
Kau t'lah sa - tu - kan ka - mi tak ter - pi - sah
Lad vor tro på dig o - ver - alt be - ken - des.
Da fa - mi - lia tua nun - ca di - vi - di - dos;
Que de tu fa - milia nun - ca es - temos separa - dos;

1 2. Keiner kann allein Segen sich bewahren. / Weil du reichlich gibst, müssen wir nicht sparen. / Segen kann gedeihn, wo wir alles teilen, / schlimmen Schaden heilen, lieben und verzeihn.

3. Frieden gabst du schon, Friede muß noch werden, / wie du ihn versprichst uns zum Wohl auf Erden. / Hilf, daß wir ihn tun, wo wir ihn erspähen; / die mit Tränen säen, werden in ihm ruhn. 4. = 1.

---

2 *2. Blessing shrivels up when your children hoard it; / help us, Lord, to share, for we can afford it: / blessing only grows in the act of sharing, / in a life of caring, love that heals and glows.*

3. Fill your world with peace, such as you intended. / Teach us prize the earth, love, replenish, tend it. / Lord, uplift, fulfil all who sow in sadness: / let them reap with gladness, by your kingdom thrilled. 4. = 1.

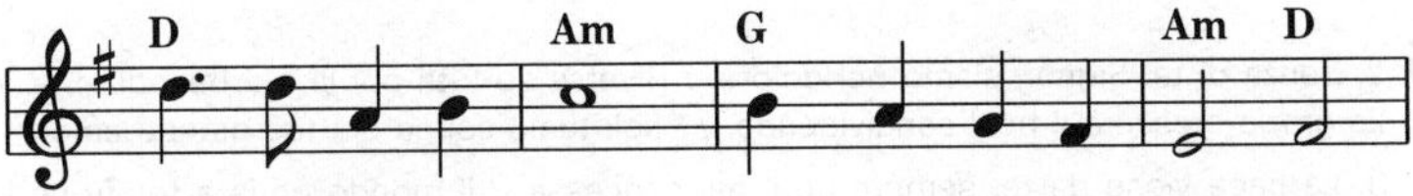

Nie sind wir al - lein. Stets sind wir die Dei - nen,
You make all things new as we fol - low af - ter;
Gar - de tes en - fants au creux des tem - pâ - tes,
Wsa - mot - no - ści swej Two - im bę - dę za - wsze,
Sem - pre sia - mo i tuoi, sia - mo i tuoi fig - li.
Přijd' a z ru - kou svých, kte - ré dob - re chrá - ni,
Cu - rah - kan da - mai da - lam hid - up ka - mi
In - gen har du glemt, du er midt ib - landt os.
Fa - zes tu - do bem, quan - do te se - gui - mos;
Haz - nos to - do el bien, cuando te se - gui - mos;

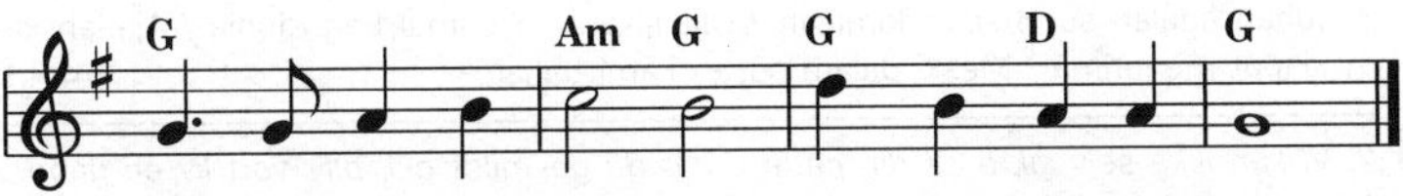

La - chen o - der Wei - nen wird ge - seg - net sein.
whe - ther tears or laugh - ter, we be - long to you.
comme au temps des fê - tes sois tou - jours pré - sent.
śmie - ję się, czy pła - czę bło - gos - ła - wisz mnie.
La no - stra gio - ia e il pian - to giun - ge - ranno a te.
dá - vej po - žeh - ná - ní pro smu - tek i smích.
Da - lam su - ka - du - ka Kau be - ri ber - kat.
Ler vi el - ler grae - der, kom, vel - singn du os!
Cho - ros co - mo ri - sos vais a - ben - ço - ar.
Llo - ros co - mo ri - sas vas a ben - de - cir.

3 2. Tes dons généreux, ta surabondance / pour les malheureux ouvrent une danse. / Feu qui nous saisit porte témoignage! / Esprit de partage, viens, ô Jésus Christ.

3. Porteur de la paix, la paix que tu donnes, / semeurs désormais pour le bien des hommes. / Nous voulons, Seigneur, dans la vigilance / que ton règne avance / Toi, le vrai bonheur. 4. = 1.

---

4 *2. Nikt nie może sam zdobyć łaski Pana; / przez miłości dar darmo jest nam dana. / Ten zwycięży zło, kto sie wszystkim dzieli, / aby wszyscy mieli miłość, łaskę Twą!*

3. Miłośź dałeś już, pokój niech się stanie! / Daj go w sposób, Swój nam na ziemię, Panie! / Zyć w pokoju chcę, jego pojąć cele, / kto ze łzami sieje, spocznie w Panu swym. 4. = 1.

5 2. Senza di te, Signor, siamo nel dolore. / Riversa su tutti noi la tua benedizione. / La grazia crescerà il ben' condividendo. / I figli tuoi ricolma del tuo grande amor.

3. La pace viene da te, sempre ce l' hai concessa. / Il mondo grida a te: Tu ce l' hai promesso. / Con pianto seminar e mietere con gioia / la tua pace doni. Grazie a te, Signor. 4. = 1.

---

6 *2. Tvojo bohatstvi každému, se dává, / v lásce štědrý být, v tom je pravá sláva. / Chléb at lidem všem rádi rozdáváme, / příchozi i známé stejně milujem.*

3. Pokoj daruj nám, který všechno mění. / Země plná je tvého zsaslibeni. / Zbavme bědné pout, ved'me z beznadějí. / Ti, kdo s pláčem sejí, s pisni budou žnout.

4. = 1.

---

7 2. Janganlah segan bagikan berkatmu / B'rikan sedekah bagi sesamamu / Harta milikmu akan t'rus bertambah / Saling mengasihi dalam dunia

3. Tuhan adalah sumber kedamaian / DijanjikanNya damai bagi dunia / Ajarlah kami dapat menerima / Meski dalam susah kami bahagia 4. = 1.

---

8 *2. Vi kan ikke selv sikre os din nåde, / når du gavmildt gi'r, bli'r vort liv en gåde. / Nåden spirer frem, hvor vi alle deler, / laer du os at elske, kom, velsign du os!*

3. Freden gav du os, fred må endnu komme. / Du har lovet os fred, når tid er omme. / Hjaelp, at hvad vi gør, fréden ej forsinker, / lad os leve livet, som du ønsker det! 4. = 1.

---

9 2. Ninguém por sí só bençaos'vem obtendo; / Abundante dás, graças despendendo / Prosperar o bem vai quando amamos, / Males remediamos com perdão e amor

3. Paz ao mundo vem como antigamente; / Na promessa tua, no amor clemente. / Dá que seja assim, lágrimas vertendo, / E mesmo sofrendo, vem glorioso fim.

4. = 1

---

10 *2. Nadie obtiene por si solo bendiciones, / Abundancia otorgas, gracias desprendiendo. / Prosperá el bien, cuando amamos, / males remediamos con perdón y amor.*

3. Venga paz al mundo como antiguamente; / En tu promesa, en el amor clemente. / Haz que sea asi, lágrimas vertiendo, / e igualmente sufriendo, venga el fin glorioso. 4. = 1.

1 = deutsch, 2 = englisch, 3 = französisch, 4 = polnisch, 5 = italienisch, 6 = tschechisch, 7 = indonesisch, 8 = dänisch, 9 = portugiesisch, 10 = spanisch

Melodie und Text: Dieter Trautwein. 2: Fred Kaan, 3: M. L. Munger/L. Levis, 4: Tadeusz Sikora, 5: S. Baldegger, 6: Jarmila u. Zdenek Svobodovi, 7: Marius Tinambunan u. Christian Tamaela, 8: Holger Lam. 9: G. Fuchs, 10: Claudia Nelly.

I

Morgen, Mittag, Abend
Morning, Noon, Evening
Matin, Midi, Soir
Mañana, Mediodía, Noche

196 **All Morgen ist ganz frisch und neu**
Each morning with its newborn light

Deutschland

1 All Mor - gen ist ganz frisch und neu des Her -
2 *Each mor - ning with its new - born light pro-claims*
3 Fraîche et nou - vel - le cha - que jour Ta grâce,
4 *De trouw en goed-heid van__ de Heer ver-schijnt*

ren Gnad und gro - ße Treu, sie hat kein End den
the Lord of life__ is great! His faith - ful-ness will
ô Dieu, dure à__ ja - mais, Of-frant, fi -dèle, à
ons el - ke mor - gen weer, en blinkt en blijft als

lan-gen Tag, drauf je - der sich ver - las - - sen mag.
have no end; to him our songs of praise__ as-cend.
notre a-mour un sûr a - bri de cal - - me paix.
dauw zo fris, zo-lang het dag op aar - - de is.

1 2. Drum steht der Himmel Lichter voll, / daß man zum Leben sehen soll / und es mög schön geordnet sein, / zu ehren Gott, den Schöpfer dein.

3. So hat der Leib der Augen Licht, / daß er dadurch viel Guts ausricht / und seh auf Gott zu aller Frist / und merk, wie er so gnädig ist.

4. O Gott, du schöner Morgenstern, / gib uns, was wir von dir begehrn: / Zünd deine Lichter in uns an, / laß uns an Gnad kein' Mangel han.

5. Treib aus, o Licht, all Finsternis, / behüt uns, Herr, vor Ärgernis, / vor Blindheit und vor aller Schand / und reich uns Tag und Nacht dein Hand,

6. zu wandeln als am lichten Tag, / damit, was immer sich zutrag, / wir stehn im Glauben bis ans End / und bleiben von dir ungetrennt.

1 = deutsch, 2 = englisch, 3 = französisch, 4 = niederländisch

Melodie: Johann Walter. Text: Johannes Zwick. 2: Fred Kaan, 3: Pauline Martin, 4: Ad den Besten.

2 *2. The gift of light that fills the sky / helps us to see and choose our way; / then let us order our affairs / in praise of him who for us cares.*

3. Lord, let our eyes, the body's light, / be drawn to what is good and right / and to yourself, the source of life, / our hope in fear, our peace in strife.

4. You, Lord of all creation, are / as brilliant as the morning star; / light in our hearts your holy flame / and make us fit to bear your name.

5. Dispel the darkness from our days / and free us from all bitterness, / from haughty mind and blinded sight, / and lead us forward day and night.

6. To walk as in the light of day, / be steadfast always, come what may, / we turn in faith to you, our Friend, / and pray: sustain us to the end.

---

3 2. Le Ciel rayonne de clarté / pour que nous puissions voir, Seigneur. / notre péché, ta sainteté / et chantions notre Créateur.

3. Ainsi la clarté de nos yeux / peut nous guider en ces bas lieux, / mais nous tournant vers les hauts cieux / nous connaissons ta grâce, ó Dieu.

4. Seigneur, étoile du matin, / exauce-nous dans ta bonté; / allume en nous, brûlante enfin, / la clarté de ta vérité.

5. Dissipe en nous l'obscurité; / garde-nous de haine et courroux, / d'aveuglement, de dureté, / tends nuit et jour ta main vers nous.

6. Or pour marcher dans le plein jour / nous restons fermes dans la foi / puis, nous haussant vers ton amour, / vivons sans fin tout près de toi.

---

4 *2. Hij siert zijn hemel niet om niet / met sterren, maar opdat gij ziet, / hoe vol van orde, schoon en stil / Hij heel zijn schepping hebben wil.*

3. Daartoe gaf God uw ogen 't licht, / opdat ge‿u naar die orde richt / en blij in al zijn werk herkent, / dat u zijn liefde‿is toegewend.

4. O Christus, schone morgenster, / wees met uw gunst ons hart niet ver; / steck al uw lichten in ons aan, / dan kan uw heil ons niet ontgaan.

5. Drijf uit, o licht, wat duister is, / behoed ons hart voor ergernis, / voor blindheid en voor schande‿en schuld, / houd niet uw glans voor ons verhuld,

6. opdat wij wandlen als bij dag / en, kome wat er komen mag, / staan vast in het geloof, o Heer, / van U verlaten nimmermeer.

197 **Qing zao quilai kan**

Golden bricht der Morgen an / Golden breaks the dawn

1 2. Kengiu sheng Tianfu jiang wo tuo bancun, / xingwei neng liang-shan, yanse hui hewen, / xuxin jiao xiao-bei, / ke ji jing nianzun, / chang-chang qin fuwu, biaoming Tianfu an.

3. Dan yuan jin-tian hao, shi-ke kao Yesu, / tou shang quing-tian zai, xin zhon e-nian wu, / le de bu-i nuan, bu xian mai-fan cu, / qian-qian wan-wan shi, yang-yang Zhu bang-fu.

---

2 *2. Heilger Vater, unser Gott, schütze mich diesen Tag. / Auch wenn ich mich plagen muß, hilf, daß ich's freundlich trag. / Laß den Jungen nah mich sein, ehr'n, die schwach sind und alt. / Laß in Treue Dienste mich tun, Liebe nehm' an Gestalt.*

3. Teil mir zu mein täglich Brot, während mein Werk ich tu; / Himmel strahlend über mir, in mir durch Freude Ruh. / Schenk mir, was das Leben braucht, halt vom Bösen mich frei. / Jesus, bleib stets nahe bei mir, bis dieser Tag vorbei.

---

3 2. Holy Father God, keep me safe today. / Help me as I plod; make me kind, I pray. / Let me guide our youth, honour weak and old. / Let me serve with truth, and God's love unfold.

3. Give me daily bread, while I do my part; / Bright skies overhead, Gladness in my heart. / Simple wants provide, evil let me shun, / Jesus at my side, till the day is done.

Zu Psalm 50,1–2 und Matthäus 6,11

1 = chinesisch, 2 = deutsch, 3 = englisch

Melodie: Te-ngai Hu. Satz: Hartmut Bietz. Text: Tzu-chen Chao. 2: Dietrich Werner, 3: Frank W. Price.

198 Kiedy ranne wstaja zorze

Morgenröte scheint von Ferne / In the distance day

Polen

1 2. Ledwie oczy przetrzeć zodłam, / wnet do megô Pana wołam, / Do mego Boga na niebie / i szukam Go koło siebie.

3. Wielu snem śmierci upadli, / co się wczoraj spać pokładli, / My siez jeszcze obudzili, / byśmy cię Boźe, chwalili.

---

2 *2. Vor dich will ich heute treten, / dich den Herren anzubeten, / meinen Gott im Himmel droben / such ich heut und will ihn loben.*

3. Viele sind von uns gegangen, / noch hält sie der Tod gefangen, / weil wir wach den Tag erblicken, / woll'n wir frühes Lob dir schicken.

---

3 2. Lord, before you I am standing, / your hand grasping, love adoring, / your own dwelling I will enter, / you, my God, my own life's center.

3. Friends who walk with us no longer, / held by death, yet love is stronger. / Day dawns bright, new hope extending, / thanks to God in praise unending.

1 = polnisch, 2 = deutsch, 3 = englisch

Melodie: T. Kiewicz. Satz: Hartmut Bietz. Text: Fr. Karpinski. 2: Tadeusz Sikora, 3: Jeffrey T. Myers. © bei den Autoren

199 **All Morgen ist ganz frisch und neu**
Each morning with its newborn light

Deutschland

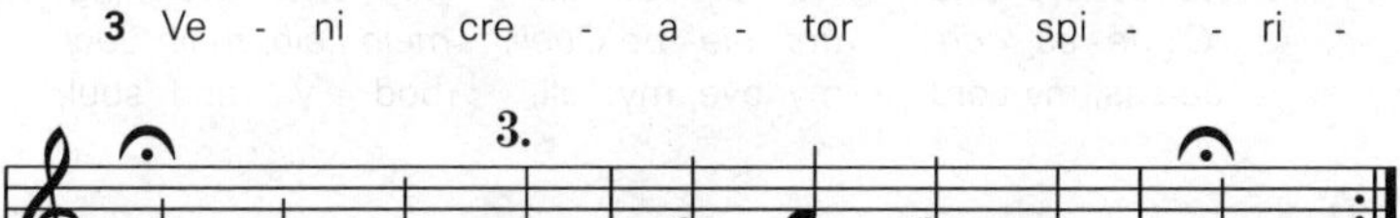

1 All Mor - gen ist ganz frisch_ und
2 *Each morn - ing with its new - born*
3 Ve - ni cre - a - tor spi - - ri -

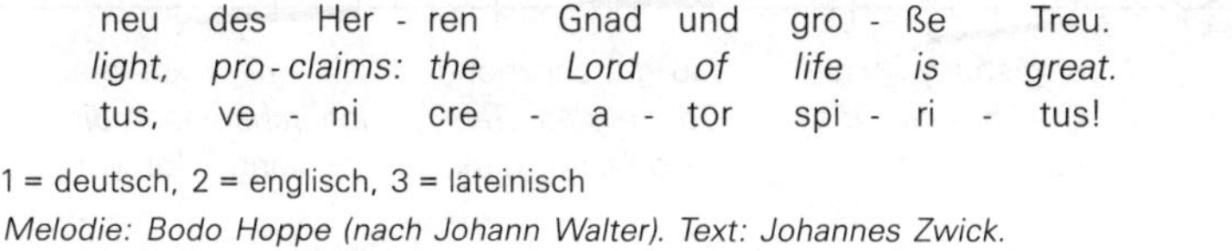

neu des Her - ren Gnad und gro - ße Treu.
light, pro - claims: the Lord of life is great.
tus, ve - ni cre - a - tor spi - ri - tus!

1 = deutsch, 2 = englisch, 3 = lateinisch

Melodie: Bodo Hoppe (nach Johann Walter). Text: Johannes Zwick.
© Hänssler-Verlag, Neuhausen

200 Dong-tian yi wang

Winter und Regen sind vorbei

China

1 2. Qui ni rong wo de jian ni mian, / qiu ni rong wo wen ni di yu / Ni sheng rouhe, ni mao xiu-mei, "Wo di gezi yu wo tong qu". / Yesu wo Zhu . . .

3. Wo di liang-ren wo gen-cung ni / Li-kai dou-yen in-mi zhi di / Bai niao sheng zhong bai hua cunq li / Sui ni jiao-zong yu ni tong qu.

---

2 *2. Verbirg dein Antlitz nicht vor mir. / Nach deiner Stimme steht mein Herz. / Ihr Klang ist süß, und du bist schön. / Du meine Taube, komm mit mir. / O Jesu . . .*

3. Mein Liebster, ich will folgen dir. / Aus Fels und Kluft mach ich mich auf. / Wo Vögel singen, Blumen blühn, / komm ich zu dir und bleib bei dir. / O Jesu . . .

---

3 2. O Lord, your face I long to see, / Your still small voice, reveal to me. / Your tender care, your joy so dear, / "O precious dove, with me be near." / Jesus, my Lord . . .

3. O my belov'd, I'll follow you, / far from the rocks, the hills and sea. / Midst all the song and blossoms anew / in your firm steps, I'll follow you. / Jesus, my Lord . . .

1 = chinesisch, 2 = deutsch, 3 = englisch — Nach Hohes Lied 2, 11–14

Melodie: Shengben Lin. Text: Weifan Wang. 2: Lukas Vischer.
3: Ewing W. Caroll Jr.

Dieses Frühlingslied wurde in China zum Lied der Hoffnung auf den Neubeginn des kirchlichen Lebens.

201 **Morning has broken**
Morgenlicht leuchtet

England

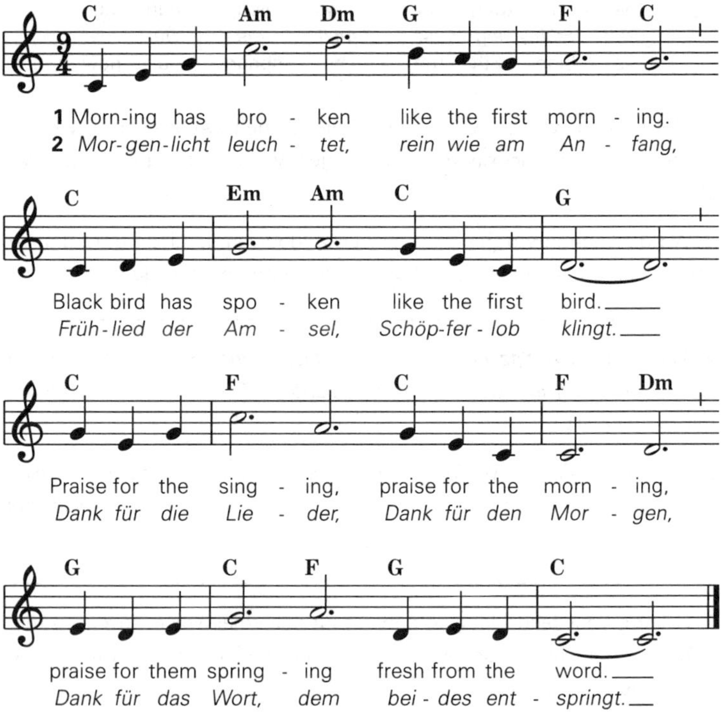

Taubildung

1 2. Sweet the rains new fall, sunlit from heaven, / like the first dewfall on the first grass. / Praise for the sweetness of the wet garden, / sprung in completeness where his feet pass.

3. Mine is the sunlight, mine is the morning, / born of the one light Eden saw play. / Praise with elation, praise ev'ry morning – / God's recreation of the new day.

1 = englisch, 2 = deutsch

Melodie: Gälisches Volkslied. 1: Eleanor Farjeon (vor 1933). 2: Jürgen Henkys

elation - Freude, Hochgefühl
sunlit - besonnt

2 2. *Sanft fallen Tropfen, sonnendurchleuchtet. / So lag auf erstem Gras erster Tau. / Dank für die Spuren Gottes im Garten, / grünende Frische, vollkommnes Blau.*

3. *Mein ist die Sonne, mein ist der Morgen, / Glanz, der zu mir aus Eden* aufbricht! / Dank überschwenglich, Dank Gott am Morgen! / Wiedererschaffen grüßt uns sein Licht.*

*1. Mose 2,15

Alle guten Gaben 202
Ev'ry gift and blessing

Deutschland

1 = deutsch, 2 = englisch

Musik: Paul Ernst Ruppel. Text: überliefert. 2: Jeffrey T. Myers

203 **Aller Augen warten auf dich**
All things living look with hope to you

Deutschland

1 = deutsch, 2 = englisch

Musik: Heinrich Schütz. Text: Psalm 145,15–16. 2: Good News Bible

204 Segne, Herr, was deine Hand

Bless, o Lord, that which your hand

Deutschland

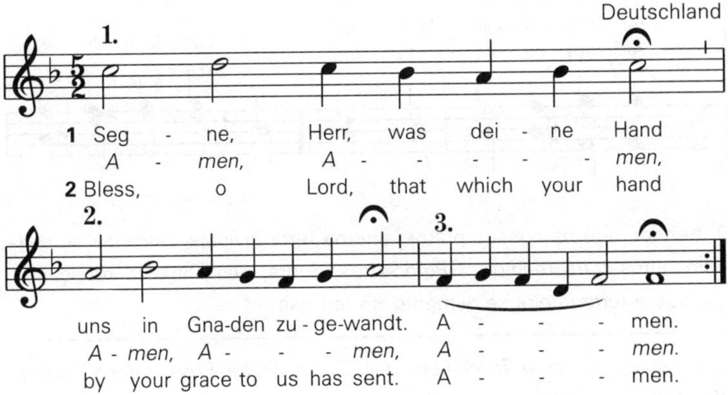

1 = deutsch, 2 = englisch

Melodie: Paul Ernst Ruppel. Text: überliefert. 2: Jeffrey T. Myers.

205 Senhor, te damos

Wir danken, Herr, für diesen Tisch

Brasilien

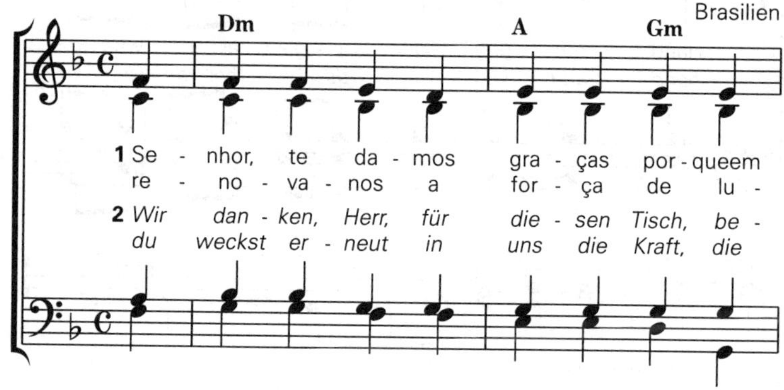

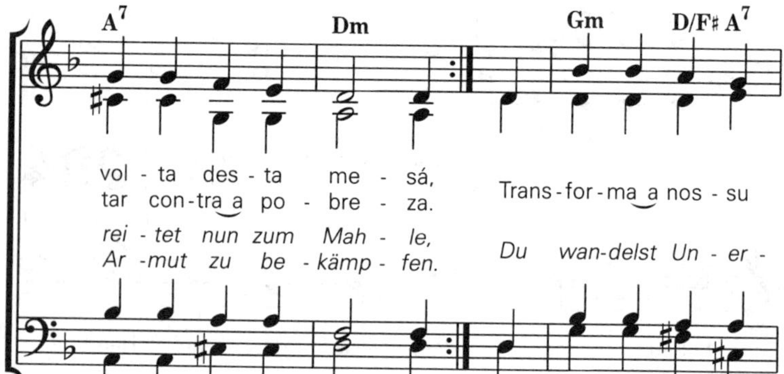

1 2. Senhor, que os nossos pratos, anuma terra dividida, / um dia se dividam numa terra reunida. / Perdoa-nos, agora, nesta injusta refeição, / até que a terra inteira se alimento do teu päo.

---

2 *2. Es spiegeln unsre Teller heut das Bild zerteilter Erde, / doch kommt der Tag, dann zeigen sie die Welt vereint im Teilen. / Vergib uns, Gott, bei diesem Mahl, daß Unrecht es beschattet – / bis deine ganze Völkerwelt am Brot für alle teilhat.*

1 = portugiesisch, 2 = deutsch

Melodie und Text: Jaci C. Maraschin, 2: Dietrich Werner und Luiz Longuini.

206 **Gehe ein in deinen Frieden**

Go in peace, and God be with you

Quand vacillent tes paupières Dieu

Israel

1 = deutsch, 2 = englisch, 3 = französisch

Melodie: aus Israel. 1: Helmut König, 2: Erik Routley, 3: Jean Martin.

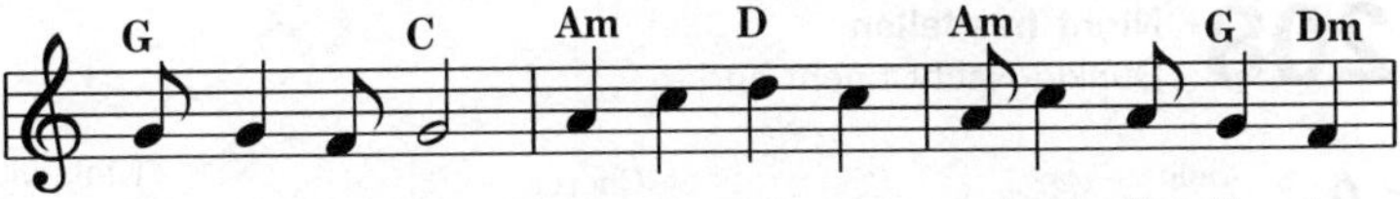

Nacht und den Tag! Preist die Son - ne, prei-set die Er - de,
for dark and light. For the Sun and for all things liv - ing
mè - re du jour! Nuit de la foi, nuit de la Pâ -que,

preist den Herrn al - ler Wel - ten. A - men! A - men!
to their Lord prai-ses giv - ing! A - men, A - men!
tu en - fan - tes la gloi - re! A - men! A - men!

Herr, bleibe bei uns
Stay with us, Saviour

207

Deutschland

1 Herr, blei - be bei___ uns, denn es will A - bend
2 *Stay with us, Sa - viour, for ev' - ning is*
3 Sei - gneur, reste a - vec nous, dé - jà le jour dé -

wer - den, und der Tag hat sich ge - nei - get.
com - ing and to - mor - row is___ an - oth - er day.
cli - ne et la nuit est tou - te pro - che.

1 = deutsch, 2 = englisch, 3 = französisch

Melodie: Albert Thate. Text: Lukas 24,29. 3: Joseph Gelineau.

208 **Night has fallen**
Dunkle Nacht bricht an

1 2. Darkness now has come . . .
3. We are with You, Lord . . .
4. You have kept us, Lord . . .
5. See your children Lord, . . .
6. Keep us in Your love . . .
7. Now we go to rest . . .

---

2 *2. Dunkelheit ist da . . .*
3. Wir sind bei dir, Herr, . . .
4. Und du hältst uns, Herr, . . .
5. Sieh auf jedes Kind, Herr, . . .
6. Hab uns lieb, o Herr, . . .
7. Bei dir find ich Ruh . . .

---

3 2. Il fait noir partout . . .
3. Nous sommes à Toi . . .
4. Garde-nous Seigneur . . .
5. Nous sommes tes enfants . . .
6. Dans ton grand amour . . .
7. Nous allons dormir . . .

1 = englisch, 2 = deutsch, 3 = französisch

Abendlied aus Malawi. Arr. + 1: Tom Colvin, 2+3: unbekannt

209 Vom Aufgang der Sonne

From first light of sunrise

Deutschland

1 = deutsch, 2 = englisch, 3 = französisch, 4 = polnisch, 5 = tschechisch

Melodie: Paul Ernst Ruppel. Text: Psalm 113,3: 4+5: Tadeusz Sikora

210 The day you gave us, Lord has ended

Der Tag, mein Gott, ist nun vergangen

England

1 The day you gave us, Lord has end-ed: the dark-ness
2 Der Tag, mein Gott, ist nun ver-gan-gen und wird vom
3 A l'ho - ri - zon, le jour s'é - loi-gne, ob - scu - ri -
4 Den dag du gav oss, er___ til en-de, og mør-ket

falls at your be - hest. To you___ our morn - ing
Dun - kel ü - ber-weht; am Mor - gen hast du
té___ des-cend sur nous. Comme au___ ma - tin,___ nos
fal - ler på ditt bud. Du lot___ oss da - gens

hymns as-cend-ed; your praise shall hal - low now our rest.
Lob emp-fan-gen, zu dir___ steigt un - ser Nacht-ge-bet.
mains se joi-gnent et nous te lou - ons à___ ge-noux.
kref - ter kjen-ne, gi nå___ oss hat-tens fred o Gud.

1 2. We thank you that your Church, unsleeping / while earth rolls onward into light, / through all the world its watch is keeping, / and never rests by day or night.

3. As to each continent and island / the dawn leads on another day, / the voice of prayer is never silent, / nor dies the strain of praise away.

4. The sun, here having set, is waking / the children under western skies, / and hour by hour, as day is breaking, / fresh hymns of thankful praise arise.

5. So be it, Lord; your throne shall never, / like earth's proud empires, pass away; / but stand and grow and rule forever, / till all your creatures own your sway.

2 *2. Die Erde rollt dem Tag entgegen; / wir ruhen aus in dieser Nacht / und danken dir, wenn wir uns legen, / daß deine Kirche immer wacht.*

3. Denn unermüdlich, wie der Schimmer / des Morgens um die Erde geht, / ist immer ein Gebet und immer / ein Loblied wach, das vor dir steht.

4. Die Sonne, die uns sinkt, bringt drüben / den Menschen überm Meer das Licht; / und immer wird ein Mund sich üben, / der Dank für deine Taten spricht.

5. So sei es, Herr: die Reiche fallen, / dein Thron allein wird nicht zerstört; / dein Reich besteht und wächst, bis allen / dein großer, neuer Tag gehört.

---

3 2. Seigneur, tandis que notre terre / poursuit sa course dans les cieux, / toujours l'Église, à ta lumière, / est vigilante en quelque lieu.

3. Puisqu 'à chaque heure, avec l'aurore, / le soleil luit sur un sommet, / la voix qui te prie et t'adore, / Seigneur, ne se taira jamais.

4. Quand je repose, d'autres veillent, / à l'occident, sous ta clarté, / et, chantant bien haut tes merveilles, / ne cessent pas de t'exalter.

5. Jamais le soleil ne se couche / sur ton Royaume, ô Dieu puissant! / Il faut qu'un jour, toutes les bouches / disent ta gloire, en saints accents.

---

4 *2. Takk at din kirke aldri sover! / Mens jorden ruller uten stans, / ditt folk i vekselsang deg lover / for nattens ro og dagens glans.*

3. Se, over land og hav og øyer / en dag går fram i ubrutt ring, / og folkene på rad seg bøyer / i takk for alltid nye ting.

4. Den sol som vinker oss til hvile, / nå vigsler andres arbeidsdag, / og slik den stund for stund skal smile / til nye land og folkeslag.

5. Vaer lovet, Gud! Ditt herrevelde / skal dekke hver en plett på jord, / og vidt og fritt det skal få gjelde / at du, og bare du, er stor!

1 = englisch, 2 = deutsch, 3 = französisch, 4 = norwegisch

Melodie: Clement Cotterill Scholefield. 1: John Ellerton, 2: Gerhard Valentin, 3: Hermann Ecuyer, 4: Johannes Smemo.

211 Yella kaladollu

Tag für Tag / Day by day

Indien

1 Yel - la ka - la - dol - lu, yel - la ve - le - yol - lu, De - wa -
2 *Tag für Tag, Tag für Tag, Jahr für Jahr, Jahr für Jahr, will ich*
3 Day by day, day by day, ev' ry year, ev' - ry year I shall

re nin - nan - ne__ sthu - thi - pe, Rak - sha - ka nin - nan - ne sthu - thi -
sin - gen und lo - ben mei - nen Gott! Du bist al - les für mich, dar - um
sing and__ praise my__ Lord! You are life for__ me, I____

pe, sthu - thi - pe, yel - la ve - le - yol - lu sthu - thi - pe.
prei - se ich dich, mein Be - frei - er, mein Ret - ter, mein Gott!
praise you my Lord, gra - cious fa - ther you set me__ free!

A - di - yu nee - ne,___ An - tya - wu nee - ne,___
Du warst vor al - ler Zeit, du bleibst in E - wig - keit, du
You were there be - fore thie, e - ter - nal will you stay, you

Jyo - ti - wu nee - ne nan - na Bhag - ya - wu nee ne.
hast in uns - re Nacht Licht und Se - lig - keit ge - bracht.
braught in - to our night light and o - ver - flow - ing joy.

1 = kannada, 2 = deutsch, 3 = englisch

Melodie und Text: aus Indien. 2: Dietrich Werner, 3: unbekannt

J

Einheit, Zeugnis, Leben
Unity, Witness, Life
Unité, Témoignage, Vie
Unidad, Testimonio, Vida

212 **Lågorna är många**
Strahlen brechen viele
Many are the lightbeams

Schweden

1 Lå - gor - na är mång - a lju - set är
2 *Strah - len bre-chen vie - le aus ei - nem*
3 Man - y are the light - beams from the one
4 *Mu - chos res- plan - do - res, só - lo u - na*

ett lju - set Je - sus Kris - tus___
Licht. Un - ser Licht heißt Chri - stus.___
light. Our one light is Je - sus.___
luz: es la luz de Cris - to.___

___ lå - gor - na är mång - a lju - set är
___ *Strah - len bre-chen vie - le aus ei - nem*
___ Man - y are the light-beams from the one
___ *Mu - chos res- plan - do - res, só - lo u - na*

ett vi är ett i ho - nom.___
Licht, und wir sind eins durch ihn.___
light; we are one in Christ.___
luz que nos ha - ce u - no.___

1 2. Grenarna är många stammen är en / stammen – Jesus Kristus / grenarna är många stammen är en / vi är ett i honom.

3. Gåvorna är många kärleken en / finns i Jesus Kristus / gåvorna är många kärleken en / vi är ett i honom.

4. Tjänsterna är många Anden är en / Jesu Kristi Ande / tjänsterna är många Anden är en / vi är ett i honom.

5. Lemmarna är många kroppen är en / Jesu Kristi kyrka / lemmarna är många kroppen är en / vi är ett i honom.

---

2 *2. Zweige wachsen viele aus einem Stamm. / Unser Stamm heißt Christus. / Zweige wachsen viele aus einem Stamm – / und wir sind eins durch ihn.*

3. Gaben gibt es viele, Liebe vereint. / Liebe schenkt uns Christus. / Gaben gibt es viele, Liebe vereint – / und wir sind eins durch ihn.

4. Dienste leben viele aus einem Geist, / Geist von Jesus Christus. / Dienste leben viele aus einem Geist – / und wir sind eins durch ihn.

5. Glieder sind es viele, doch nur ein Leib. / Wir sind Glieder Christi. / Glieder sind es viele, doch nur ein Leib – / und wir sind eins durch ihn.

---

3 2. Many are the branches of the one tree. / Our one tree is Jesus. / Many are the branches of the one tree; / we are one in Christ.

3. Many are the gifts giv'n, love is all one. / Love's the gift of Jesus. / Many are the gifts giv'n, love is all one; / we are one in Christ.

4. Many ways to serve God, the Spirit is one; / servant spirit of Jesus. / Many ways to serve God, the Spirit is one; / we are one in Christ.

5. Many are the members, the body is one; / members all of Jesus. / Many are the members, the body is one; / we are one in Christ.

---

4 *2. Muchas son las ramas, un árbol hay: / y su tronco‿es Cristo. / Muchas son las ramas, un tronco hay / y‿en él somos uno.*

3. Muchos son los dones, uno‿el amor: / el amor de Cristo. / Muchos son los dones, uno‿el amor / que nos hace uno.

4. Muchas las tareas, uno‿el sentir: / el sentir de Cristo. / Muchas las tareas, uno‿el sentir / que nos hace uno.

5. Muchos son los miembros, un cuerpo hay: / ese cuerpo es Cristo. / Muchos son los miembros, un cuerpo hay, / y‿en él somos uno.

1 = schwedisch, 2 = deutsch, 3 = englisch, 4 = spanisch

Melodie: Olle Widestrand. 1: Anders Frostenson, 2: Dieter Trautwein, 3: David Lewis, 4: Pablo Sosa.

213 Singt dem Herrn, alle Völker

Sing to God all the peoples

Melodie: Peter Janssens. 1: Hans Bernhard Meyer, 2: Jeffrey T. Myers.

214 **Ososŏ ososŏ**

Komm nun, Fürst / Come now, O Prince

Korea

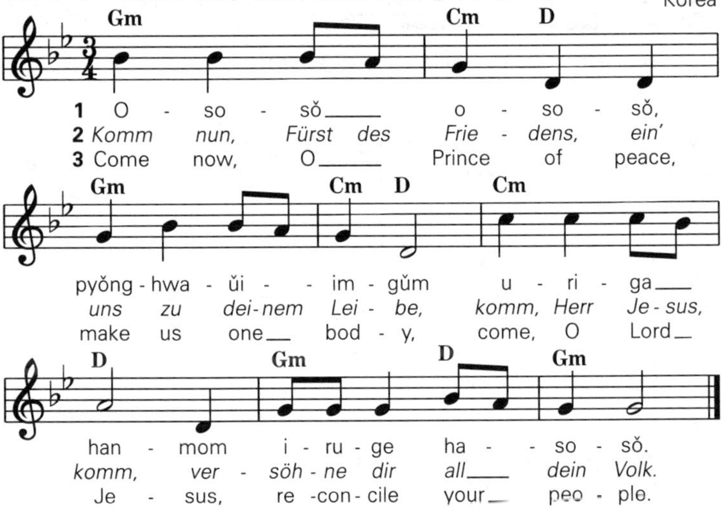

1 2. O-so-sŏ O-so-sŏ, sa-rang ŭi-imgŭm / u-ri-ga han-mom i-ru-ge ha-so-sŏ.

3. O-so-sŏ O-so-sŏ cha-yu ŭi-im-gŭm, / u-ri-ga han-mom i-ru-ge ha-so-sŏ.

4. O-so-sŏ O-so-sŏ, tong-il ŭi-im-gŭm, / u-ri-ga han-mom i-ru-ge ha-so-sŏ.

---

2 *2. Komm nun, Gott der Liebe, ein' uns zu deinem Leibe, / komm, Herr Jesus, komm, versöhne dir all dein Volk.*

3. Komm nun und befrei uns, denn du bist unser Retter, / komm, Herr Jesus, komm, versöhne dir alle Völker.

4. Komm, erhoffte Einheit, ein' uns zu einem Leibe. / Komm, Herr Jesu, komm, versöhne dir alle Völker.

---

3 2. Come now, O God of love, make us one body, / come, O Lord Jesus, reconcile your people.

3. Come now and set us free, O God, our Savior, / come, O Lord Jesus, reconcile all nations.

4. Come Hope of unity, make us one body, / come, O Lord Jesus, reconcile all nations.

1 = koreanisch, 2 = deutsch, 3 = englisch

Melodie und Text (zu 2. Kor. 5,17–20): Geonyang Lee. 2: Dietrich Werner, Dieter Trautwein, 3: Marion Pope.

Herr, du hast darum gebetet
Lord, you offered to the Father

215

Deutschland

1 2. Laß den Christen uns begegnen, / die in andern Kirchen stehn / und sich dort – wie wir es hier tun – / mühen, deinen Weg zu gehn,

3. die mit andern Stimmen loben / deinen Namen, Jesus Christ, / der für sie – wie auch für uns, Herr, – / Name ohnegleichen ist.

4. Laß uns zueinander stehen, / ganz so, wie es dir gefällt, / laß dein Reich in Wahrheit kommen, / Herr, in unsre müde Welt.

5. Dein Volk ist nicht unsre Kirche, / unsre Konfession allein, / denn dein Volk, Herr, ist viel größer. / Brich mit deinem Reich herein!

---

2 *2. For our church is not your kingdom: / this your word may teach us still. / No, your kindgom, Lord, is greater; / reconcile us to your will.*

3. Lord, we long to join your children / whom our rival laws restrain, / but who study just as we do / Christ's own standards to maintain.

4. Lord, we long to share their worship / who prefer another form, / but whose anthems, just as ours do, / take Christ's glory as their norm.

5. Far beyond our church extending, / wider than the prayers we pray, / your church, Lord, is for all peoples, / Let your kingdom have its way.

1 = deutsch, 2 = englisch

Melodie und Text: Otmar Schulz. 2: Ivor Jones, Str. 5. Jeffrey T. Myers.

216 Zolang er Mensen zijn op aarde

Solang es Menschen gibt / While still the world

Niederlande

1 Zo - lang er Men - sen zijn op aar - de, zo - lang de
2 *So - lang es Men-schen gibt auf Er - den, so - lang die*
3 While still the world is full of peo-ple, and earth to
4 *Sans fin, Sei-gneur, Dieu no - tre Pè - re, sans fin, Sei-*

aar - de vruch-ten geeft, zo - lang zijt Gij ons al - ler
Er - de Früch-te trägt, so - lang bist du uns al - len
us her in-crease gives, we give our thanks to you, the
gneur, nous te loue - rons: la terre ex - ul - te d'al - lé -

Va - der, wij dan - ken U___ voor al wat leeft.___
Va - ter, wir dan - ken dir___ für das, was lebt.___
keep - er and Fa - ther God___ of all that lives.___
gres - se, bé - ni sois-tu,___ Dieu des vi - vants.___

1 2. Zolang de mensen woorden spreken, / zolang wij voor elkaar bestaan, / zolang zult Gij ons niet ontbreken, / wij danken U in Jezus' naam.

3. Gij voedt de vogels in de bomen, / Gij kleedt de bloemen op het veld, / O Heer Gij zijt ons onderkomen / en al mijn dagen zijn geteld.

4. Gij zijt ons licht, en eeuwig leven, / Gij redt de wereld van den dood. / Gij hebt uw Zoon aan ons gegeven. / Zyn lichaam is het levend brood.

5. Daarom moet alles U aanbidden, / uw liefde heeft het voortgebracht, / Vader, Gijzelf zijt in ons midden, / O Heer, wij zijn van uw geslacht.

2 *2. Solang die Menschen Worte sprechen, / solang dein Wort zum Frieden ruft, / solang hast du uns nicht verlassen. / In Jesu Namen danken wir.*

3. Du nährst die Vögel in den Bäumen. / Du schmückst die Blumen auf dem Feld. / Du machst ein Ende meinem Sorgen, / hast alle Tage schon bedacht.

4. Du bist das Licht, schenkst uns das Leben, / du holst die Welt aus ihrem Tod, / gibst deinen Sohn in unsre Hände, / er ist das Brot, das uns vereint.

5. Darum muß jeder zu dir rufen, / den deine Liebe leben läßt: / Du, Vater, bist in unsrer Mitte, / machst deinem Wesen uns verwandt.

---

3 2. As long as human words are spoken / and for each other we exist, / you give your love as faithful token, / we thank you in the name of Christ.

3. You feed the birds in tree and rafter, / you clothe the flowers of the field. / Your shelter us, now and hereafter, / and to your care our days we yield.

4. You are our light and our salvation, / you raise your people from the dead. / You gave your Son for every nation, / his body is the living bread.

5. The world is bound to bow before you, / you brought it by your love to birth, / you live among us we adore you, / we are your children down to earth.

---

4 *2. Sans fin, ton Verbe en nos paroles, / sans fin, Seigneur, te chantera; / l'amour s'éveille en nos coeurs d'hommes / au nom du Fils, ton Bien-aimé.*

3. L'oiseau reçoit sa nourriture, / la fleur se pare de beauté; / tu aimes toute créature, / tu sais le prix de nos années.

4. Tu es, Seigneur, notre lumière, / toi seul nous sauve de la mort; / ton fils offert à tous les peuples / est pour chacun le Pain vivant.

5. Heureux les hommes qui t'adorent, / le monde ouvert à ton amour; / l'Esprit déjà te nomme Père; / un jour, Seigneur, nous te verrons.

1 = niederländisch, 2 = deutsch, 3 = englisch, 4 = französisch

Melodie: T. de M. Oyens. 1: Huub Oosterhuis, 2: Dieter Trautwein, 3: Fred Kaan, 4: Marie-Claire Sachot.

217 Jesus, where can we find you

Jesus, wo läßt du dich finden / Dans notre monde

Jamaica

1 2. Jesus, in hand of the healer / can we feel you there? /
Jesus, in word of the preacher / can we hear you there?

3. Jesus, in mind of the leader / can we know you there? /
Jesus, in aims of the planner / can we find you there?

4. Jesus, in thought of the artist / can we sense you there? /
Jesus, in work of the builder / can we see you there?

5. Jesus, in face of the famished / can we see you there? /
Jesus, in face of the prisoner / can we see you there?

6. Jesus, in faces of children / can we see you there? /
Jesus, in all of creation / can we find you there?

---

2 *2. Jesus, in Händen des Arztes / spüren wir dich dort? /
Jesus, in Worten gepredigt / – hören wir dich dort?*

*3. Jesus, im Geist unsrer Mächt'gen / wissen wir dich dort? /
Jesus, im Ziel unsrer Planer / – finden wir dich dort?*

*4. Jesus, im Schaffen der Künstler / fühlen wir dich dort? /
Jesus, im Werk der Erbauer / – sehen wir dich dort?*

*5. Jesus, im hungrigen Nachbarn / sehen wir dich dort? /
Jesus, im Blick der Gefang'nen / – sehen wir dich dort?*

*6. Jesus, im Antlitz der Kinder / sehen wir dich dort? /
Jesus, in all deiner Schöpfung / – finden wir dich dort?*

---

3 2. Dans le combat du médecin / voyons-nous Jésus? /
Dans les mots du prédicateur, / le rencontres-tu?

3. Dans les calculs du chef d'état / sentons-nous Jésus? /
Dans les verdicts des magistrats / le découvres-tu?

4. Peintre, musicien ou sculpteur, / connaît-il Jésus? /
Dans l'oeuvre de l'entrepreneur / perçois-tu Jésus?

5. En secourant les affamés / voyons-nous Jésus? /
En visitant les prisonniers / servons-nous Jésus?

6. Jésus, dans un regard d'enfant, / te saluons-nous? /
Dans le monde entier en tourment, / te confessons-nous?

1 = englisch, 2 = deutsch, 3 = französisch

Melodie und Text: Doreen Potter. 2: Reinhild Traitler, 3: Etienne d. Peyer

218 **Jézus a jó pásztor**

Jesus, der gute Hirt

Ungarn

1 2. Jézus a szölötö, ereje nagy. / Nem él hiába, ki benne marad. / Gyümölcsöt érleljen szereteted. / Tenélküled néped mit sem tehet.

3. Jézus világosság, messze ragyog. / Fényéböl élnek mind a csillagok. / Bününket oszlasd el, nagy a sötét! / Vezesd te jó útra mind, aki vét.

4. Jézus a békesség, fegyvere egy. / A megbocsátó és hü szeretet! / Békére vágyódik mind e világ, / Félelmes inségböl hozzád kiált!

5. Jézus a kezdet és Jézus a vég: / Hadd zengje ég és föld dicséretét! / Vezess az ösvényen, maradj velünk, / Mig örök fényedbe megérkezünk.

---

2 *2. Jesus, dem Weinstock gleich, hat große Kraft, / daß nicht umsonst gelebt, wer an ihm bleibt. / Bringen soll viele Frucht die Kraft der Liebe. / Ohne dich kann dein Volk gar nichts ausrichten.*

3. Jesus, das Licht der Welt, strahlt weit hinaus. / Das Heer der Sterne lebt von seinem Licht. / Lösch unsre schwere Schuld, das große Dunkel. / Bring wieder auf den Weg, die ihn verfehlten.

4. Jesus, dein Friede hat nur eine Waffe, / die Liebe, die vergibt und die uns treu bleibt. / Es sehnt nach Frieden sich unsre Welt, / sie schreit zu dir den Schrei aus Angst und Not.

5. Weil Jesus Anfang ist, Jesus das Ende, / singt Erd und Himmel ihm ein ewges Lob. / Führ uns auf deinen Weg und bleibe bei uns, / bis wir in deinem Licht zu Hause sind.

1 = ungarisch, 2 = deutsch

Musik: Trajtler Gábor. 1: Dóka Zoltán, 2: Gyula Cseri / Dieter Trautwein.

219 **Guds kärlek är som stranden**

Herr, deine Liebe / The love of God

Schweden

1 Guds kär-lek är som stran-den och som grä - set,
2 *Herr, dei-ne Lie - be ist wie Gras und U - fer,*
3 The love of God is broad like beach and mea-dow,
4 *Dieu ton a - mour, es - pa - ce, lar - ge plai - ne,*
5 Co - mo la pla - ya, co-mo el pas - to ver - de,

är__ vind och vidd och ett o - änd-ligt hem.
wie Wind und Wei - te und wie ein Zu - haus.
wide as the wind, and an e - ter - nal home.
souf - fle du vent plus loin que l'ho - ri - zon.
vien - to y re - fu - gio es el a - mor de Dios.

Vi fri - het fick att bo där, gå och kom-ma,
Frei sind wir, da zu woh-nen und zu ge - hen.
God leaves us free to seek him or re - ject him,__
Nous som-mes libres et rien ne nous en - chaî - ne:
Li - bres nos hi - zo so-bre el vas - to mun - do

att__ sä - ga 'ja' till Gud och sä ga 'nej',
Frei sind wir, ja zu sa - gen o - der nein.
he__ gives us room to an-swer 'yes' or 'no'.
l'un di - ra oui, un au - tre di - ra non.
pa - ra a-cep - tar - le o res-pon - der - le: 'no'.

1 = schwedisch, 2 = deutsch, 3 = englisch, 4 = französisch, 5 = spanisch

Melodie: Lars Åke Lundberg. 1: Anders Frostenson, 2: Ernst Hansen, 3: Fred Kaan, 4: Nicole Berthet, 5: F. J. Pagura

1 2. Vi vill den frihet där vi är oss själva, / den frihet vi kan göra något av, / som ej är tomhet men än rymd för drömmar, / en jord där träd och blommor kan slå rot. / Guds kärlek är som stranden och som gräset, / är vind och vidd och ett oändligt hem.

3. Och ändå är det murar oss emellan / och genom gallren ser vi på varann. / Vårt fängelse är byggt av rädslans stenar, / vår fångdräkt är vårt eget knutna jag. / Guds kärlek år som stranden och som gräset, / är vind och vidd och ett oändligt hem.

4. O, döm oss, Herre, frisäg oss i domen. / I din förlåtelse vår frihet är. / Den sträcker sig så långt din kärlek vandrar / bland alla mänskor, folk och raser här. / Guds kärlek är som stranden och som gräset, / är vind och vidd och ett oändligt hem.

---

2 *2. Wir wollen Freiheit, um uns selbst zu finden, / Freiheit, aus der man etwas machen kann. / Freiheit, die auch noch offen ist für Träume, / wo Baum und Blume Wurzeln schlagen kann. / Herr, deine Liebe ist wie Gras und Ufer, / wie Wind und Weite und wie ein Zuhaus.*

3. Und dennoch sind da Mauern zwischen Menschen, / und nur durch Gitter sehen wir uns an. / Unser versklavtes Ich ist ein Gefängnis / und ist gebaut aus Steinen unsrer Angst. / Herr, deine Liebe ist wie Gras und Ufer, / wie Wind und Weite und wie ein Zuhaus.

4. Herr, du bist Richter! Du nur kannst befreien, / wenn du uns freisprichst, dann ist Freiheit da. / Freiheit, sie gilt für Menschen, Völker, Rassen, / so weit, wie deine Liebe uns ergreift. / Herr, deine Liebe ist wie Gras und Ufer, / wie Wind und Weite und wie ein Zuhaus.

---

3 2. We long for freedom where our truest being / is given hope and courage to unfold. / We seek in freedom space and scope for dreaming, / and look for ground where trees and plants may grow. / The love of God is broad like beach and meadow, / wide as the wind, and an eternal home.

3. But there are walls that keep us all divided; / we fence each other in with hate and war. / Fear is the bricks-and-mortar of our prison, / our pride of self the prison coat we wear. / The love of God is broad like beach and meadow, / wide as the wind, and an eternal home.

4. O judge us, Lord, and in your judgment free us, / and set our feet in freedom's open space; / take us as far as your compassion wanders / among the children of the human race. / The love of God is broad like beach and meadow, / wide as the wind, and an eternal home.

4 *2. Nous voulons vivre comme le vent sème, / libre(s) avec lui d'aller où nous voulons. / Il n'est pas creux, l'espace de nos rêves; / c'est une terre et nous l'ensemençons. / Dieu est amour, espace, large plaine, / souffle du vent plus loin que l'horizon.*

3. Oui, mais comment entr'ouvrir la fenêtre? / Oui, mais comment sortir de nos maisons? / Nous avons peur entre nos murs de pierre. / Nous sommes seuls, chacun dans sa prison. / Dieu est amour, espace, large plaine, / souffle du vent plus loin que l'horizon.

4. O, viens, Seigneur, exauce nos prières: / viens, aujourd'hui, accorder ton pardon; / nous pourrons vivre, enfin, auprès du Père, / libres d'aimer au souffle de son Nom: / Dieu est amour, espace, large plaine, / souffle du vent plus loin que l'horizon.

---

5 2. La libertad de ser nosotros mismos / para vivir, soñar, crear, servir; / la libertad como una tierra fértil / que se convierte en pródigo jardin. / Como la playa, como el pasto verde, / viento y refugio es el amor de Dios.

3. Y aún así, murallas nos separan, / y tras las rejas nos podemos ver / nuestras prisiones son nuestros temores, / fuertes cadenas atan nuestro ser. / Como la playa, como el pasto verde, / viento y refugio es el amor de Dios.

4. Júzganos Padre; y al juzgar perdona, / que en tu perdón hallamos libertad, / y no hay fronteras que tu amor no cruce / por liberar a nuestra humanidad. / Como la playa, como el pasto verde, / viento y refugio es el amor de Dios.

220 **Někdo mě vede za ruku**

Es führt mich eine gute Hand

Tschechien

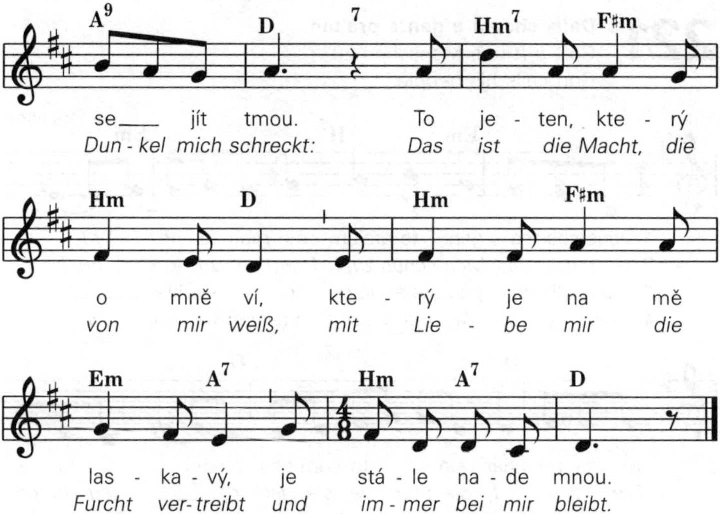

1 2. Někdo mi dává denní chléb, / že nemusím mít hlad. / To je ten, který o mně ví, / který je na mě laskavý / a chce mi pomáhat.

3. Nědkdo mi dává sílu též, / když už jsem unaven. / To je ten, který o mně ví, / který je na mě laskavý / ať je noc nebo den.

4. Někdo mě vede za ruku, / proto se nechci bát. / To je ten, který o mně ví, / můj dobrý Pán Bůh laskavý, / který mě má tak rád.

---

2 *2. Empfange ich mein täglich Brot, / so wird mir der Hunger erspart: / Das ist die Macht, die von mir weiß, / die sich in Liebe zu mir beugt, / als Hilfe sich bezeugt.*

3. Und leb ich auf mit neuer Kraft, / obwohl ich ohnmächtig bin: / Das ist die Macht, die von mir weiß, / die mir in Liebe Gutes tut, / die Tag und Nacht nicht ruht.

4. Und führt mich diese gute Hand, / dann muß ich ängstlich nicht sein: / Es ist die Macht, die von mir weiß, / durch die Gott segnend mich umgibt, / mir sagt: Du bist geliebt.

1 = tschechisch, 2 = deutsch

Melodie und Text: Luděk Rejchrt. 2: Dieter Trautwein.

221 **Deus chama a gente pra'um**

Gott ruft uns Menschen zu
God calls his people

Brasilien

1 Deus cha-ma a gen - te pra'um mo-men-to no - vo
2 *Gott ruft uns Men-schen zu: Fangt an zu le - ben!*
3 God calls his peo - ple now to a new life ______
4 *Dios hoy nos lla - ma a un mo-men-to nue - vo,*

de ca-mi nhar jun - to com seu po-vo.__ E ho-ra
Die Zeit ist reif, die Stun-de, sie ist da,___ neu zu ge-
walk-ing a-long to-geth - er hand in hand;__ The time is
a ca-mi-nar jun - to con su pue-blo. Es ho-ra

de trans-for - mar o que não dá mais: so zi - nho i-so -
stal-ten, was so nicht wei - ter-gehn kann. Das kann kei-ner
ripe for chang-ing, the mo-ment is now.__ Let's walk to -
de trans-for - mar lo que no da más, y so - lo y ais-

la - do, nin - guém é ca - paz. Por is - so,
al - lein. Ich geh euch vor - an. Ich sag dir:
geth- er: no one can go a- lone! So, come and
la - do no hay na - die ca - paz. Por e - so

1 = portugiesisch, 2 = deutsch, 3 = englisch, 4 = spanisch

Melodie: Marcha-Rancho. 1+4: Ernesto B. Cardoso, Paulo Roberto, Déa Affini, Eder Soares, Tércio Junger, Darlene. 2: Fritz Baltruweit, 3: Sonya Ingwersen.

1 2. Não é possível crer que tudo é fácil / há muita força que produz a morte, / gerando dor, tristeza e desolação. / E necessário unir o cordão.

3. A força que hoje faz brotar a vida / atua em nós pela sua graça. / É Deus que nos convida pra trabalhar, / o amor repartir e as forças juntar.

---

2 *2. Keiner soll glauben, das ist leicht zu machen. / Es gibt auch eine Macht, die bringt den Tod, / ja, die bringt Einsamkeit, Schmerz, macht traurig und krank. / Und gegen diese Macht kämpfen wir an.*

3. Die Macht, die Leben bringt durch deine Gnade, / die lädt uns ein, dein neues Volk zu sein, / lädt ein, die Liebe zu teilen, zusammenzustehn / und Hand in Hand dem Licht entgegenzugehn.

3 2. We must not think that things are always easy, / while wicked people cause suff'ring and death, / and many others don't seem to care at all. / Let's walk together: no one can go alone!

3. The power today that makes new life burst forth, / is now in us through the gift of grace. / It's God who calls us to work together for justice. / Let's walk together: no one can go alone!

---

4 *2. Ya no‿es posible creer que todo‿es fácil, / hay muchas fuerzas que producen muerte, / nos dan dolor, tristeza y desolación, / es‿necesario‿afianzar nuestra unión.*

3. La fuerza que‿hace hoy brotar la vida / obra‿en nosotros dándonos su gracia; / es Dios que nos convida a trabajar, / su‿amor repartir‿y las fuerzas juntar.

222 **Père, unis-nous tous**

Vater, mach uns eins / Father, make us one — Frankreich

1 = französisch, 2 = deutsch, 3 = englisch, 4 = holländisch

Melodie: Rick Ridings. Text: nach Joh. 17,21.

223 From you I receive
Du schenkst und gibst mir

USA

Zur Bewegung

Je 2 und 2 im Kreis

1. Zeile
Einander zugewandt die empfangsbereiten Hände zeigen.

2. Zeile
Die offenen Handflächen begegnen einander.

3. Zeile
Handflächen an Handflächen einen Kreis beschreiben, von der Mitte nach oben bis Scheitelhöhe, nach außen und wieder zur Mitte.

4. Zeile
Leichte Verneigung voreinander, Arme vor der Brust gekreuzt – Dank und Abschied.

Dann rechts zur(m) nächsten im Kreis.

Lied beginnt von vorn.

1 = englisch, 2 = deutsch

Bewegungslied, überliefert aus den USA. 2: Dieter Trautwein.

224 **Help us accept each other**

Einander aufzunehmen
Elkander te aanvaarden

Jamaika/England

1 Help us ac - cept each o - ther as Christ ac - cept-ed us;
2 *Ein - an - der auf - zu - neh-men, wie du es hast ge - tan;*
3 Elk - an - der te aan-vaar-den zo - als Gij ons aan-vaardt:

teach us as sis - ter, bro-ther each per - son to em-brace.
ge-schwi - ster - lich zu le - ben, je - der für je - der-mann
één huis - ge - zin op aar - de, de an - der al - les waar

Be pre - sent, Lord, a-mong us and bring us to be - lieve
– Herr, sei hier ge - gen-wär - tig und leg uns stän-dig nah:
– help ons dat waar te ma - ken en geef ons te ver-staan:

we are our-selves ac-cept - ed and meant to love and live.
wir, von dir auf - ge-nom-men, wir sind zum Lie - ben da.
wij le - ven voor de lief - de – Gij hebt het voor-ge-daan.

1 2. Teach us, O Lord, your lessons, / as in our daily life / we struggle to be human / and search for hope and faith. / Teach us to care for people, / for all – not just for some, / to love them as we find them / or as they may become.

3. Let your acceptance change us, / so that we may be moved / in living situations / to do the truth in love; / to practise your acceptance / until we know by heart / the table of forgiveness / and laughter's healing art.

4. Lord, for today's encounters / with all who are in need, / who hunger for acceptance, / for righteousness and bread, / we need new eyes for seeing, / new hands for holding on: / renew us with your Spirit; / Lord, free us, make us one!

---

2 *2. Lehr uns im Alltagsleben / ohn' Unterlaß, o Herr, / nach Menschlichkeit zu streben, / sei auch dein Tag noch fern. / Lehr uns den Menschen lieben, / Adam aus Staub und Erd, / wie immer er vorhanden / ist und noch werden wird.*

3. Verändert ist das Leben, / denn du, Herr, nahmst uns an, / damit von all den Deinen / die Wahrheit wird getan. / Dies hilf uns einzuüben, / bis jeder innehat / die Tafel der Vergebung, / des Lachens Heilungskraft.

4. Für jegliche Begegnung / mit allen, die in Not / nach Aufnahme sich sehnen, / Gerechtigkeit und Brot, / brauchen wir neue Augen / und Arme stark und weit: / ihn, der ja alles neu macht, / uns einigt und befreit!

---

3 2. Heer, wil ons onderwijzen / wanneer wij uur na uur / ons best doen mens te wezen, / de rug tegen de muur. / Leer ons om mensen geven, / om Jan en alleman, / om Jezuswil om Adam / en wat hij worden kan.

3. Gij breekt ons uit het schema, / veranderd is de tijd: / aanvaarding is het thema, / liefd' en waarachtigheid. / Help ons te repeteren / "zeventig zevenmaal", / 't binnenste buiten keren: / Een lach is liefdestaal.

4. Om allen te ontwaren / vertwijfeld in hun nood, / die hunkren naar aanvaarding, / gerechtigheid en brood, / geef, Heer, ons nieuwe ogen, / geef ons vasthoudendheid, / Gij, die de wereld nieuw maakt, / verenigt en bevrijdt!

1 = englisch, 2 = deutsch, 3 = niederländisch
Melodie: Doreen Potter. 1: Fred Kaan, 2+3: C. Michael de Vries

225 Sekai no tomo to te o tsunagi

Wir sind hier zum Dienst bereit / Here, O Lord

Japan

1 Se - ka - i no to - mo to te o tsu - na -
2 *Wir sind hier zum Dienst be - reit und ste - hen Hand in*
3 Here, O Lord, thy ser-vants ga - ther, hand we link with
4 *O Jé -sus voi - ci tes frè - res, se te - nant la*

gi, Ju - ji - ka no mo - to ni ta - tsu wa - re -
Hand, schau-en auf das Kreuz des Ret-ters, Lie- be ist das
hand, look - ing t'ward our Sa-vour's cross joined in love we
main, re -gar- dant la croix du mon-de si - gne de la

ra, Ka - mi no mi - ku - ni o me - a - te to shi,
Band. Weil wir Got-tes Reich er-seh-nen, ru - fen wir dir zu:
stand. As we seek the realm of God_ we u - nite to pray:
vie. Pour con-naî - tre ton Ro-yau- me nous for-mons le cri:

Shu Ie - su no mi - chi_ o su - su - mi - yu - kan.
Je-sus, len - ke uns - re Schrit-te, un - ser Weg bist du.
Je-sus, Sa-viour guide our steps,_ for you are the Way.
O Jé-sus, con - duis nos pas,_ toi le seul che- min!

1 2. Kuni to kotobaba wa kotonaredo, / Kokoro wa onaji Shu no tamo zo. / Kuraki jidai no nozomi naru. / Shu Iesu no makoto hiromeyukan.

3. Uchuu no, himitsu saguru tomo, / tokiwa no heiwa nas tooshi. / Tsukare itameru hitobito ni. / Shu Iesu no inochi wakachiyukan.

4. Michi to makoto to inochi naru. / Shu Iesu o tsune no aogitsutsu, / ai ni motozuku tsugi no yo o, / chukara o awase kizukiyukan.

2 *2. Viele Sprachen sprechen wir und weit sind wir zerstreut, / doch der eine Gott vereint uns, Liebe uns erfreut, / Jesus, du rufst Junge, Alte, du lädst alle ein. / Wohne in uns, guter Lehrer, hilf uns, wahr zu sein.*

3. Voller Wunder ist die Erde, zeigt uns deine Macht. / Doch wie solln wir Frieden finden in der eignen Nacht? / Bring unter die arg Verstörten, die der Kampf zerreißt, / Jesus, großer Arzt, was Heilung, Hilfe uns verheißt.

4. Herr, gewähre neues Leben, Liebe ohne Tod. / Ob in Arbeit, ob im Beten, schick in unsre Not / Wahrheit, Mut und starken Glauben, der im Kampf uns nützt, / Jesus Christus, Weg und Wahrheit, der das Leben schützt.

---

3 2. Many are the tongues, we speak, scatter'd are the lands, / yet our hearts are one in God and his love's demands. / Ev'n in darkness hope appears calling age and youth: / Jesus, Teacher, dwell with us, for you are the Truth.

3. Nature's secrets open wide, changes never cease; / where, O where can weary folks find the source of peace? / Unto all those sore distressed, torn by endless strife, / Jesus healer, bring your balm, for you are the Life.

4. Grant, o Lord, an age renewed, filled with deathless love; / help us as we work and pray, send us from above / truth and courage, faith and power needed in our strife: / Jesus, Christ, you are our Way, you our Truth, our Life.

---

4 *2. Tant de peuples, tant de langues! Nous entendrons-nous? / Mais un Père qui nous aime fonde notre amour. / Tant de langues, Mais la même pousse en nous ce cri: – / O Jésus, habite en nous, toi la Vérité!*

3. Notre monde se rénove: tout est merveilleux . . . / Mais pourquoi parmi les hommes tant de malheureux, / tant de guerres, de détresses . . / Où trouver la paix? / O Jésus, guéris tout homme, toi qui es la Vie!

4. Fais revivre tous les âges par ton seul Esprit! / Fais renaître à l'espérance notre humanité, / Dieu jeunesse, Dieu courage, force d'unité! / Jésus Christ, tu es Chemin, Vie et Vérité.

1 = japanisch, 2 = deutsch, 3 = englisch, 4 = französisch

Melodie: Isao Koizumi. 1: Toko Yamaguchi, 2: Erich Griebling, Neufassung Dieter Trautwein, 3: E. M. Stowe, 4: Claude Rozier.

226 **Llamado soy de Dios**

Ich kenne Gottes Ruf

Kuba

1 = spanisch, 2 = deutsch

Melodie und Text: Iglesia C. Pentecostal de Cuba, José Aguir Pedro Infante.
2: Eugen Eckert

Vi sätter oss i ringen
Wir schließen uns zusammen **227**

Schweden

1 2. Vi sätter oss i ringen / och tar varann i hand. / Vi är en massa syskon / som tycker om varann. / Tack gode Gud för jorden / och alla människor. / Gör en familj av alla, / en enda jättestor.

---

2 *2. Wir schließen uns zusammen / und geben uns die Hand / als Schwestern und als Brüder / vereint aus aller Welt. / Gott Dank für diese Erde, / für Menschen nah und fern, / das Volk, das als Familie / von seiner Liebe lebt.*

1 = schwedisch, 2 = deutsch

Melodie: Lars Åke Lundberg. 1: Margareta Melin, 2: Dieter Trautwein.

228 Danos un corazón

Gib uns allen ein Herz

1 2. Hombres nuevos luchando en esperanza, / caminantes sedientos de verdad; / hombres nuevos sin frenos ni cadenas, / hombres libres que exigen libertad. / Danos un corazón . . .

3. Hombres nuevos amando sin fronteras, / por encima de razas y lugar; / hombres nuevos al lado de los pobres, / compartiendo con ellos techo y pan. / Danos un corazón . .

2 *2. Neue Menschen, die neu nach Hoffnung ringen, / Wandrer, die Durst nach Wahrheit vorwärts treibt, / neue Menschen, die ohne Zaum und Ketten sind, / freie Menschen vom Freiheitsdrang erfüllt. / Gib uns . . .*

3. Neue Menschen, die ohne Grenzen lieben, / nicht nach Rassen und Klassen eingeschränkt, / neue Menschen, die Beistand für die Armen sind, / die bereit sind, zu teilen Brot und Dach. / Gib uns allen . . .

1 = spanisch, 2 = deutsch

Melodie: Hombres Nuevos, Juan Antonio Espinosa. Text: Juan Antonio Espinosa. 2: Dieter Trautwein. © bei den Autoren. © 2: Strube, München

229 **Wandernde sind wir**

Wandering are we

Schweiz

1 2. Suchende sind wir von Wort zu Wort,
Da, wo du bist, ist unser Hort.

3. Wandernde sind wir wie Sonne und Mond,
wandelnd dein Bild in unserm wohnt.

---

2 *2. Wondering are we from voice to voice.*
Where'r you are, we shall rejoice.

3. Wandering are we like day and night.
Your image calls us into light.

1 = deutsch, 2 = englisch

Melodie und Texte: Susanne Kramer-Friedrich.

230 Cuando el pobre nada tiene

Wenn der Arme gar nichts hat

When the poor one

Spanien

1 Cuan-do el po - bre na - da tie - ne y aùn re -
2 *Wenn der Ar - me gar nichts hat und doch noch*
3 When the poor one own - ing noth - ing yet is

par - te, cuan-do un hom - bre pa - sa
aus - teilt, wenn ein Mensch ver - dur-stet
sha - ring, ___ when one thir - sty gives us

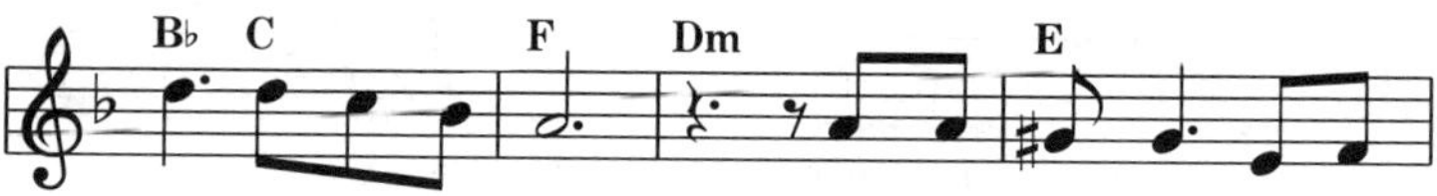

sed y a - gua nos da, cuan-do el dé - bil a su her-
und uns Was - ser gibt, wenn der Schwa-che sei - nen
wa - ter when we thirst, when the weak one helps a

ma - no for - ta - le - ce, va Dios
Näch-sten stützt und trägt, ___ geht Gott
neigh-bour who's in need, ___ God him -

mis-mo en nues-tro mis - mo ca - mi - nar, ___ Va Dios
sel - ber mit uns auf un - se-rem Weg, ___ geht Gott
self is walk-ing with us on our way, ___ God him -

1 2. Cuando un hombre sufre y logra su consuelo, / cuando espera y no se cansa de esperar, / cuando amaro aunque el adio nos rodee, / va Dios mismo en nuestro mismo caminar, / Va Dios mismo en nuestro mismo caminar.

3. Cuando crece la alegria y nos inunda, / cuando dicen nuestros labios la verdad, / cuando amamos el sentir de los sencillos, / va Dios mismo-en nuestro mismo caminar, / va Dios mismo en nuestro mismo caminar.

---

2 *2. Wenn ein Mensch leidet und Trost findet durch andre, / wenn er wartet, nicht des Wartens müde wird, / wenn wir lieben, obwohl Haß uns stets umgibt, / geht Gott selber mit uns auf unserem Weg, / geht Gott selber mit uns auf unserem Weg.*

3. Wenn die Freude wächst und unser Herz erfüllt wird, / wenn nur Wahrheit über unsre Lippen kommt, / wenn wir achten die Gefühle der Geringsten, / geht Gott selber mit uns auf unserem Weg, / geht Gott selber mit uns auf unserem Weg.

---

3 2. When in pain one's finding comfort by friends caring, / when ones hope while waiting falls not in despair, / when we love altough surrounded by strong hatred, / God himself is walking with us on our way, / God himself ist walking with us on our way.

3. When joy grows and fills our hearts to overflowing, / when our lips the truth alone frankly proclaim, / when the feelings of 'the least of these' we honour. / God himself is walking with us on our way, / God himself ist walking with us on our way.

1 = spanisch, 2 = deutsch, 3 = englisch

Melodie und Text: Miguel Manzano. 2: Inge Scott / Dietrich Werner. 3: Jeffrey J. Myers/Dieter Trautwein.

231 **Svete tichi svjatyje**

Jesus Christus, du Licht

Ukraine/Rußland

1 = russisch, 2 = deutsch, 3 = englisch, 4 = französisch

Melodie und Text: Russisch-Orthodoxe Liturgie. 2: Johann Christoph Hampe, 3: R. Birch Holye, 4: H. Ecuyer. Satz: Hartmut Bietz.

232 **Walang sinuman nabubuhay**
Wer hat dir das Leben denn gegeben

1 2. So ating pagmanahalan at pagliling – / kod sa kaninuman / Tayo ay nagdadala ng balita ng / kaligcasan. / Tayong lahat . . .

3. Sabay-sabay ngang mag–aawitan / ang mga bansa / Tayo ay tinuring ng Panginoon / bilang mga anak / Tayong lahat . . .

---

2 *2. Durch Dienst und durch Liebe für den Nächsten / – keiner von uns lebt sich selber – / erfüllt sich die Botschaft: Jeder wird frei / – keiner von uns stirbt sich selber.*

3. Dann singen es alle auf der Erde: / – keiner von uns lebt sich selber – / der himmlische Vater lädt alle ein, / keiner von uns stirbt sich selber.

1 = philippinisch, 2 = deutsch

Melodie und Text: aus den Philippinen. 2: Michael Benckert/Jörg-Martin Kirschnereit.

K

Gerechtigkeit, Frieden, Bewahrung der Schöpfung
Justice, Peace, Integrity of Creation
Justice, Paix, Sauvegarde de la création
Justicia, Paz, Integridad de la creación

233 Senja mèrah darah

Gerötet will die Abendsonne stille stehn

Indonesien

1 2. Mentari pun sembungi di malam rawan / bulan berlindung di balik pepohonan kanakkanak telanjang kelaparan / bundanya merangkul dengan targisan / membubung doaku menghadap Tuhanku.

3. Hujan kejam datang turun dengan kenang / malam sudah tua angin terbang garang / mereka tak berpandok kebasahan / mereka tak berkain kedinginan / membubung doaku menghadap Tuhanku.

---

2 *2. Die Nacht bewegt sich dunkel, keine Sonne wärmt, / der Mond verkriecht sich hinter Bäume wie verhärmt, / Hunger haben viele Kinder, sie liegen nackt / bei der Mutter, die sie mit bittern Tränen deckt. / Mein Gebet seine Flügel hebt, / flieht zu dem, der mich hegt und pflegt.*

3. Der Regen peitscht grausam den Blitz und sein Gebrumm, / die Winde torkeln wild in alter Nacht herum, / Kinder haben keine Hütte, sie werden naß, / und sie haben kein Gewand, und sie werden kalt. / Mein Gebet seine Flügel hebt, / flieht zu dem, der mich hegt und pflegt.

---

3 1. Twilight like blood ornates the western sky / Birds fly back to their nests. / People have tired under a heavy load. / The lamentation of a riksha driver is full of sadness. / My prayer rises before my Lord.

2. The sun has disappeared in a sad night. / The moon is hiding behind the trees. / Naked, hungry children run / to their mothers that embrace them and cry. / My prayer rises before my Lord.

3. Heavy rains pour down. / The night is old, the winds mighty. / The homeless shiver in the wet. / Those who have no blanket tremble in the cold. / My prayer rises before my Lord.

***Rikscha, "Taxi" – Fahrer**

1 = indonesisch, 2 = deutsch, 3 = englisch

Ein Trauerlied der Armen für die Ärmeren.
Melodie: Dayak-Maanyan. Text: Fridolin Ukur. 2: Christoph Zimmermann. 3: unbekannt.

234 **Deep in the human heart**

Ein Hunger brennt in uns

Aoteroa-Neuseeland

1 2. This is our task today / to build a world of peace; / a world of justice, freedom, truth, / where kindness will increase; / a world from hunger free, / a world where people share, / where ev'ry person is of worth / and no one lives in fear.

3. We take the step of faith, / and leave the past behind / and move into the future's world / with open heart and mind. / By grace we work with Christ, / as one community, / to bring new hope and fuller life / to all humanity.

---

2 *2. Die Tat für heute heißt, den Frieden aufzubaun, / Welt bess'ren Rechts, die uns befreit zu wachsendem Vertraun. / Welt, die vom*

Hunger frei, weil Teilen wird geübt, / wo Leben höchsten Wert erhält, von Haß nicht mehr getrübt.

3. Wir tun des Glaubens Schritt, das Gestern bleibt zurück. / Wir gehn in die verheißne Welt, erwarten wahres Glück. / Durch Christi Gnade wächst Gemeinschaft, die vereint, / die Hoffnung bringt und neues Licht, das allen Menschen scheint. **Zu Lukas 4,18f.**

1 = englisch, 2 = deutsch

Melodie: Francisco F. Feliciano. 1: Bill Wallace. 2: Dieter Trautwein.

235 Sin tí nada somos

Ohne dich, Gott, wer sind wir

Peru

1 = spanisch, 2 = deutsch, 3 = schweizerdeutsch

Melodie: überliefert. 1: aus Peru, 2: Dieter Trautwein, 3: überliefert.

236 **Brich mit den Hungrigen dein Brot**

Break with the hungry ones your bread

Deutschland

1 2. Such mit den Fertigen ein Ziel, / brich mit den Hungrigen dein Brot, / sprich mit den Sprachlosen ein Wort, / sing mit den Traurigen ein Lied.

3. Teil mit den Einsamen dein Haus, / such mit den Fertigen ein Ziel, / brich mit den Hungrigen dein Brot, / sprich mit den Sprachlosen ein Wort.

4. Sing mit den Traurigen ein Lied, / teil mit den Einsamen dein Haus, / such mit den Fertigen ein Ziel, / brich mit den Hungrigen dein Brot.

5. Sprich mit den Sprachlosen ein Wort, / sing mit den Traurigen ein Lied, / teil mit den Einsamen dein Haus, / such mit den Fertigen ein Ziel.

2 *2. Seek with the empty ones a goal, / break with the hungry ones your bread, / speak with the speechless ones a word, / sing with the grieving ones a song.*

3. Share with the lonely ones your house, / seek with the empty ones a goal, / break with the hungry ones your bread, / speak with the speechless ones a word.

4. Sing with the grieving ones a song, / share with the lonely ones your house, / seek with the empty ones a goal, / break with the hungry ones your bread.

5. Speak with the speechless ones a word, / sing with the grieving ones a song, / share with the lonely ones your house, / seek with the empty ones a goal.

---

3 2. Streef met die willen naar een doel, / breek met de hong'rigen uw brood, / spreek met de spraaklozen een woord, / zing met de treurenden een lied.

3. Deel met de eenzamen uw huis, / streef met die willen naar een doel, / breek met de hongrigen uw brood, / spreek met de spraaklozen een woord.

4. Zing met de treurenden een lied, / deel met de eenzamen uw huis, / streef met die willen naar een doel, / breek met de hung'rigen uw brood.

5. Spreek met de spraaklozen een woord, / zing met de treurenden een lied, / deel met de eenzamen uw huis, / streef met die willen naar een doel.

1 = deutsch, 2 = englisch, 3 = niederländisch

Melodie: Peter Janssens. 1: Friedrich Karl Barth, 2: Jeffrey T. Myers, 3: Jan J. H. Hofland.

237 **We meet you, O Christ, in many a guise**

Wir treffen dich, Christus, in mancher Gestalt

1 2. In millions alive, away and abroad, / involved in our life you live down the road. / Imprisoned in systems you long to be free. / We see you, Lord Jesus, still bearing your tree. /

3. We hear you, O Man, in agony cry. / For freedom you march, in riots you die. / Your face in the papers we read and we see. / The tree must be planted by human decree.

4. You choose to be made as one with the earth; / the dark of the grave prepares for your birth. / Your death is your rising, creative your word: / the tree springs to life and our hope is restored.

---

2 *2. Du lebst in Millionen, du kommst allen nah, / teilst menschliches Schicksal, bist überall da. / In Zwängen gefangen, ist Freiheit dein Traum. / Wir sehen dich, Jesus, noch trägst du den Baum.*

3. Wir hören dich, Mensch, deinen Schrei in der Not, / du stirbst für die Freiheit gewaltsamen Tod. / Die Zeitungen zeigen dein Leidensgesicht. / Der Baum muß gepflanzt sein, vollstreckt das Gericht.

4. Du wähltest den Weg, den das Erdreich bedeckt. / Doch bist du aus finsterem Grab auferweckt. / Dein Tod bringt uns Leben, neu schafft uns dein Wort. / Der Baum, der trägt Früchte, die Hoffnung wächst fort.

1 = englisch, 2 = deutsch

Melodie: Peter Janssens. 1: Fred Kaan, 2: Dieter Trautwein.

238 Each of the places

Jeder Teil dieser Erde / Chaque lieu sur cette erre

USA

1 Each of the pla - ces on this my earth is for my
2 *Je - der___ Teil___ die - ser___ Er - de ist mei-nem*
3 Cha - que lieu___ sur cet - te ter - re est pour mon
4 *Ca - da lu - gar___ de es - te mun - do es lu - gar*
5 Ti - ap___ ba - - gi - an___ bu - mi su - ci ba -

peo-ple a ho - ly place. Each of the pla-ces on this my
Volk hei - - lig. Je - der Teil___ die - ser___
peu-ple bien sa - cré. Cha- que lieu___ sur cet - te
san- to pa - ra mi pueblo. Ca - da lu - gar___ de es - te
gi___ bang-sa - ku. Ti - ap___ ba - gi - an___

earth___ is for my peo - ple a ho - ly place.
Er - de ist mei-nem Volk___ hei - - lig.
ter - re est pour mon peu - ple bien sa - cré.
mun- do es lu - gar san - to pa - ra mi pueblo.
bu - mi ba - gi - - mu___ su - - ci.

1 = englisch, 2 = deutsch, 3 = französisch, 4 = spanisch, 5 = indonesisch

Melodie: Stefan Vesper. Text: tradiert als Ausspruch des Indianerhäuptlings Seattle vor dem amerik. Kongreß. 1: Smith, 2–5: Basler Mission.

239a **All across the nation**
Überall im Lande

1 2. Women can't be silent when all around the world / people hurt and hungry children cry. / We'll sing out now for justice and development / and hold the rights of all the people high. / So sing a song . . .

3. Women now are working to build a better world / where the love of peace can rest on every share / where men lay down their weapons and learn to love and share / and people work to bring an end to war. / So sing a song . . .

---

2 *2. Können Frauen schweigen, / wenn in dieser Welt / Leid wächst und Kinder hungrig schrein? / Drum wir die Stimm' erheben / für Gerechtigkeit, / für Menschenrechte setzen wir uns ein. / Kommt, singt . . .*

3. Frauen stehn zusammen, / baun die bessre Welt, / wo Friedensliebe sich bewährt, / wo Männer Waffen meiden, / Liebe Teilen lehrt, / wo allem Krieg das Ende wird erklärt. / Kommt, singt . . .

1 = englisch, 2 = deutsch

Melodie und Text: aus Afrika – African Women's-Day-Song,
2: Dieter Trautwein. © 2: Strube, München

239b Hope for the children

Hoffnung für Kinder / Con esperanza

Kanada

1 2. Rumours of war sound everywhere, / wondering if there's chance for peace. / Yet for all children that we love, / we will not yield 'til hate shall cease.

3. Peace is the goal of all we do. / Love leads to justice on the earth, / let justice flow like waters clear, / so may we see the world's rebirth.

4. Hope for the children yet to be. / Pray they may find years free from war. / Let us make plowshares of all swords, / harvesting life healed evermore.

---

2 *2. Reden vom Krieg sind laut zu hör'n, / ob jemals Friede wird erreicht? / Doch für die Kinder, die wir lieben, / wolln wir, daß Haß der Liebe weicht.*

3. Frieden ist Ziel all unsres Tuns. / Liebe führt zur Gerechtigkeit, / sie wird wie klare Wasser sein, / wir sehn den Neubeginn der Zeit.

4. Für alle, die noch nicht geborn, / wünschen wir Zukunft ohne Krieg. / Pflüge laßt uns aus Schwertern schmieden, / dann bringt das Leben Frucht und Sieg.

---

3 2. Guerras y muerte por doquier, / ¿Habrá oportunidad de paz? / A nuestros niños hay que‿amar / para que el odio cese ya.

3. Paz es la meta que‿alcanzar / y la justicia‿así mostrar: / Que como rico manatial / el mundo venga‿a renacer.

4. La esperanza‿en la niñez / es encontrar un mundo feliz. / Dejen las armas de‿existir / y haya‿en el mundo siempre paz.

1 = englisch, 2 = deutsch, 3 = spanisch

Melodie: Lynda Katsuno. Text: Douglas L. Moschella Clark. 2: Wolfgang Leyk, 3: Rachel Achon.

240 Lieben statt hassen

You shall love not hate / Non à toute haine

Deutschland

1 2. Lachen statt weinen, Leid überwinden, / miteinander teilen, Heimat finden. / Die Ersten werden Letzte und Große klein. / Die Frucht der Gerechtigkeit wird Friede sein.

3. Leben statt sterben, Gottes Weg gehen, / seinem Wort vertrauen, auferstehen. / Er gab die Erde allen, keinem allein. / Die Frucht der Gerechtigkeit wird Friede sein.

---

2 *2. You shall laugh not weep, dry your neighbour's tears. / You shall live together, be at home on earth. / The first shall be the last, the mighty low. / The fruit of god's justice will be peace for all.*

3. You shall live not die, follow the Lord's way. / You shall trust his promise, be a child of god. / He gave his world to us all, women and men. / The fruit of god's justice will be peace for all.

---

3 2. Rire et non pleurer, surpasser nos peines, partager nos besoins / c'est le nouveau monde, où le premier et le dernier, le pauvre fêté. / Le fruit de Sa justice sera la paix.

3. Vivre et non mourir, cheminant en Dieu, nous vivrons ses promesses / tous aimés de Dieu. Il donne à tous Son Royaume, qu'il soit loué. / Le fruit de Sa justice sera la paix.

Zu Jesaja 32,17

1 = deutsch, 2 = englisch, 3 = französisch

Melodie: Hans-Jürgen Hufeisen. 1: Eckart Bücken, 2: Annemarie Smith-Osten, 3: Michel Binet.

241 Tu não nasceste amigo para estar triste

Du bist nicht für ein Jammerleben geboren

1 2. Como podemos / estar alegres /
se há crianças / que morrem de fome.

3. Somente a guerra / violência e sangue /
destróem toda / nossa alegria.

4. Como podemos / seguir calados /
Se nosso provo / sofre injustiças.

5. Nunca estaremos / todos contentes /
Se nos educam / em moldes velhos.

---

2 *2. Wie können wir noch / Freude genießen, /*
wenn Kinder hungern / und daran sterben!

3. Schon diese Kriege, / Gewalt und Verbrechen /
vernichten alles, / was Menschen froh macht.

4. Wie können wir noch / still sein und schweigen, /
wenn ganze Völker / Unrecht erleiden.

5. Wir werden niemals / Frieden erlangen, /
wenn wir uns weiter / dem Jammer beugen!

1 = portugiesisch, 2 = deutsch

Melodie und Text: Atalibia Schneider. 2: Dorival Ristoff / Dieter Trautwein

242 **Seigneur, rassemble nous**

Im Frieden mach uns eins / Unite us, Lord

Refrain

Frankreich

1 2. Tu es notre espérance / parmi nos divisions; / plus haut que nos offenses / s'élève ton pardon.

3. Seigneur, vois la misère / des hommes affamés. / Partage à tous nos frères / le pain de l'unité.

4. Heureux le coeur des pauvres / qui cherche l'unité! / Heureux dans ton royaume / les frères retrouvés.

5. Faix croître en notre attente / l'amour de ta maison; / l'Esprit dans le silence / fait notre communion.

6. Ta croix est la lumière / qui nous a rassemblés; / O joie de notre terre, / tu nous a rachetés.

7. La mort est engloutie, / nous sommes délivrés: / qu'éclate en nous ta vie, / Seigneur ressuscité!

---

2 *2. Du, Herr, bist unsre Hoffnung / in der Zerrissenheit. / Wir haben dich beleidigt, / trotzdem verzeihst du uns.*

3. Sieh, wie die Menschen leiden, / am Hunger, der sie quält! / Teil aus unter uns allen / das Brot der Einigkeit!

4. Preist glücklich alle Armen, / die auf der Suche sind! / Preist glücklich alle Menschen, / die zu dir heimgekehrt!

5. Laß in uns allen wachsen / die Liebe für dein Reich! / Dein Geist wirkt in der Stille / Gemeinschaft unter uns.

6. Dein Kreuz wirft helle Strahlen, / die haben uns vereint. / O Glück, weil du die Erde / uns wieder lieben lehrst!

7. Der Tod ist jetzt verschlungen, / wir Menschen sind befreit! / Durchdringe unser Leben, / du auferstand'ner Herr!

---

3 2. You are our expectation / in loneliness and pain; / your healing and your pardon / are greater than our sin.

3. Lord, look upon the starving / and set the captive free. / Share out among your children / the bread of unity.

4. How happy are the people / who strive to be at one, / who learn to love each other / who lay their hatred down.

5. O Lord, whose silent spirit / enlightens and endows, / make us in faith receptive / and help us love your house.

6. Your cross will draw together / the round of humankind, / in you shall all the people / their true communion find.

7. Death can no longer hurt us, / triumphant is your word. / Let life now grow and blossom. / O Jesus, risen Lord!

1 = französisch, 2 = deutsch, 3 = englisch

Melodie und Text: Dominique Ombrie. 2: Marlies Flesch-Thebesius. 3: Fred Kaan.

243 Jesus Christus, das Leben der Welt

Jesus Christ – the life of the world

Deutschland

1 2. Wer leben will, muß leiden an allem, was zerstört, /
durch Christus überwinden, was noch dem Tod gehört.

3. Wer leben will, muß wachsen, bis Gottes ganzes Reich /
in Fülle sich entfaltet, verschieden und doch gleich.

4. Wer leben will, muß eins sein mit allen, die Gott liebt, /
und Schranken niederbrechen, wo Christus Zeichen gibt.

---

2 *2. To live is to be ready to fight the friends of death, /
and rise with Christ the victor, to once again take breath.*

*3. To live is to grow daily in ways that lead to life, /
God's kingdom, one, yet varied, encompassing all strife.*

*4. To live is to be one with all those whom God does love, /
to break down ev'ry barrier to let Christ's Spirit move.*

---

3 2. Si tu veux vraiment vivre, il te faudra souffrir, /
il te faudra le suivre jusqu'à être martyr.

3. Si tu veux vraiment vivre, tu dois croître_en amour /
pour que son règne_arrive et transforme nos jours.

4. Vivre, c'est l'espérance d'être_un jour tous unis, /
puisqu'en l'amour du Père, nous sommes unis en Christ.

---

4 *2. Vivir es sufrimiento al enfrentar el mal, /
y triunfo_en Jesucristo, la muerte_al derrotar.*

*3. Vivir es crecimiento, deseos de lograr /
que_el Reino se_establezca, variado pero_igual.*

*4. Vivir es esperanza y_anhelo de_unidad /
con todos los que aman de Dios la voluntad.*

1 = deutsch, 2 = englisch, 3 = französisch, 4 = spanisch

Melodie: Herbert Beuerle. 1: Dieter Trautwein, 2: Len Lythgoe, 3: Etienne de Peyer, 4: Pablo Sosa.

244 Nous avons vu les pas de notre Dieu

Wir haben Gottes Spuren / We have seen God's

Frankreich

1 Nous a - vons vu les pas de no - tre Dieu
2 *Wir ha- ben Got - tes Spu - ren fest -ge-stellt*
3 We have seen God's own foot-steps with our eyes

croi - ser les pas des hom - mes, Nous a - vons vu brû -
auf un - sern Men-schen - stra - ßen, Lie - be und Wär- me
on roads which we have tra - vel'd, seen so much love and

ler comme un grand feu pour la joie de tous les pau-vres:
in der kal - ten Welt, Hoff-nung, die wir fast ver - ga - ßen.
warmth in this cold world, hope that al-most had un - ra - vel'd.

Refrain

Re - vien - dra - t-il mar - cher sur nos che-mins,
Zei - chen und Wun - der sa - hen wir ge-schehn
Look! Sign and won - ders right be - fore our eyes

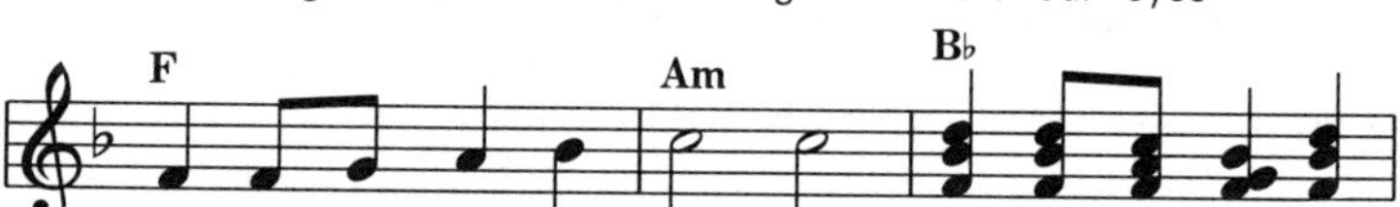

chan-ger nos coeurs de pier - re? Re - vien - dra - t-il se -
in längst ver - gang-nen Ta - gen. Gott wird auch uns - re
in days long past yet li - ving. God will go with us

1 = französisch, 2 = deutsch, 3 = englisch

Melodie: J. Akepsimas. Text: Michel Scouarnec, 2: Diethard Zils, Str. 4–6: Dieter Trautwein, 3: Jeffrey T. Myers.

1 2. Nous avons vu fleurir dans nos déserts les fleurs de la tendresse, / Nous avons vu briller sur l'univers / l'aube d'une paix nouvelle:

3. Nous avons vu danser, les malheureux / comme au jour de la fête, / Nous avons vu renaitre au fond / des yeux l'espérance déjà morte:

4. Nous avons vu le riche s'en aller / le coeur et les mains vides, / Nous avons vu le pauvre se lever / le regard plein de lumière:

5. Nous avons yu se rassasier / de pain les affamés du monde, / Nous avons vu entrer pour / le festin les mendiants de notre terre:

6. Nous avons vu s'ouvrir les bras de Dieu / devant le fils prodigue, / Nous avons vu jaillir du coeur de Dieu la fontaine de la vie:

---

2 *2. Blühende Bäume haben wir gesehn, / wo niemand sie vermutet, / Sklaven, die durch die Wasser gehn, / das die Herren überflutet.*

3. Bettler und Lahme sahen wir beim Tanz, / hörten die Stummen sprechen, / aus toten Fensterhöhlen kam ein Glanz, / Strahlen, die die Nacht durchbrechen.

4. Wir sah'n, wie Reiche leer an Herz und Hand / tief in der Nacht versanken, / wie um die Armen helles Licht entstand, / Blicke strahlend, voller Danken.

5. Wir sah'n die Hungernden in unsrer Welt / endlich vom Brot sich nähren, / sah'n, wie sie froh zum Fest sich eingestellt. / Gott will alle Bettler ehren.

6. Wir sahen Gottes Arme offen stehn, / lief, um uns aufzuheben. / Wir haben ihm ins Herz hinein gesehn, / Quelle, sprudelnd voller Leben.

---

3 2. Blossoming trees appearing in the place / where no one dreamed them growing, / bound ones who passed through water to be free, / God the captors overthrowing.

3. Poor ones and lame ones dancing one and all, / the speechless we heard speaking, / through window holes there pours the streaming light, / darkness of the night now breaking.

4. We saw the rich, their empty hands and hearts, / into the dark night falling, / light sudd'nly shining bright upon the poor, / grateful, glad and God's name calling.

5. We saw the hungry people in our world, / their fill of bread now taking, / saw how they came rejoicing at the feast, / God his blessing on them speaking.

6. We saw God's arms before us open'ing wide, / his love down to us bending, / felt our hearts stir, love made in us a home, / spring of life, joy never ending.

245 Anunciaremos tu reino, Señor

Laß uns den Weg / We are announcing your kingdom

Peru

1 2. Reino de amor y de gracia, reino que habita en nostros.
3. Reino que sufre violencia, reino que no es de este mundo.
4. Reino que ya ha comenzado, reino que no tendrá fin.

2 *2. Dein Reich des Lichts und der Liebe lebt und geschieht unter uns.*
3. Wege durch Leid und Entbehrung führen zu dir, in dein Reich.
4. Dein Reich, das schon hat begonnen, dein Reich, das nie enden wird.

3 2. Kingdom of loving and caring, kingdom inside of ourselves.
3. Kingdom that suffers from violence, kingdom that's not of this world.
4. Kingdom already existing, kingdom that will never end.

4 *2. Règne au plus profond de mon coeur,*
règne d'amour et de compassion.
3. Règne qui souffre la violence, règne qui n'est pas de ce monde.
4. Règne d'hier et de maintenant, règne de demain, d'éternité.

1 = spanisch, 2 = deutsch, 3 = englisch, 4 = französisch

Melodie: Cristobal Halffter. 1: M. P. Figuera. 2: Diethard Zils, Christoph Lehmann, Str. 4: Nicole Fries, 3: Nicole Fries, 4: Koung Gahel Mundele.

246 **Liebe ist nicht nur ein Wort**

Love is not only a word

Deutschland

1 2. Freiheit ist nicht nur ein Wort, / Freiheit, das sind Worte und Taten. / Als Zeichen der Freiheit ist Jesus gestorben, / als Zeichen der Freiheit für diese Welt.

3. Hoffnung ist nicht nur ein Wort, / Hoffnung, das sind Worte und Taten. / Als Zeichen der Hoffnung ist Jesus lebendig, / als Zeichen der Hoffnung für diese Welt.

---

2 *2. Freedom 's not only a word, / freedom, that means both words and actions. / As a sign of God's freedom gave Jesus his life, / as sign of God's freedom for this world.*

3. Hope is not only a word, / for hope, that means both words and actions. / As a sign of God's hope Jesus lives among us, / as sign of God's sure hope for this world.

1 = deutsch, 2 = englisch

Melodie: Gerd Geerken. 1: Eckart Bücken, 2: Jeffrey T. Myers.

Let us hear what God the Lord
Höret hin, was Gott, der Herr

England

Nach Psalm 85

1 = englisch, 2 = deutsch, 3 = französisch, 4 = lateinisch, 5 = indonesisch

Melodie und Text: Myra Blyth. 2–4: überliefert, 5: Basler Mission

248 Ciagły niepokój na świećie

Unfriede herrscht auf der Erde

Polen

1 2. Ciągły niepokój w człowieku, / Ucieczka w hałas, zabawy, / Szukamy wciąż nowych wrażen, / A w głębi ciszy pragniemy; / Pokój . . .

3. Pokój budować na co dzień, / W sobie, w rodzinie, przy pracy, / Nasze mozolne wysiłki, / Pan Swoją łaską wzbogaci. / Pokój . . .

---

2 *2. In jedem Menschen selbst herrschen Unrast und Unruh ohn Ende, / selbst wenn wir ständig versuchen, Friede für alle zu schaffen. / Friede sei . . .*

3. Laß uns in deiner Hand finden, was du für alle verheißen. / Herr, fülle unser Verlangen, gib du uns selber den Frieden. / Friede sei . . .

1 = polnisch, 2 = deutsch

Melodie und Text: Zofia Jasnota. 2: unbekannt.

Nr. 5 Himmel

22 Schweige u. höre

25 229 ??

Wandernde

130 Friede sei

150 Komm // 201 Morgenlied

187 (?) Bewahre

249 Mandelzweig

EINTRITTSKARTE
FÜR FREITAG, DEN 27.OKT. 2002
MARKTKIRCHE HALLE

(Der Weg, auf den die Seele die Sinne zieht, und der frei ist von Herzeleid)
Es ist ein ungewöhnlicher und ein hoher Weg, ihn hält die getreue Seele inne und leitet nach sich die Sinne, so wie der Sehende den Blinden führt. Auf diesem Wege ist die Seele frei und lebt ohne Herzeleid.
(Mechthild von Magdeburg, um 1270)

Freunde, daß der Mandelzweig **249**
Almond trees, renewed in bloom

Deutschland/Israel

Strophe 1,2+4

1 Freunde, daß der Man-del - zweig wie-der blüht und treibt,
2 *Almond trees, re - newed in bloom, do they not pro - claim,*

ist das nicht ein Fin-gerzeig, daß die Lie-be bleibt?
life re - turn-ing year by year, love that will re-main?

Strophe 3

3. Tau-sen-de zerstampft der Krieg, ei - ne Welt ver - geht.
3. War destroys a thou-sandfold, hat-red scars the earth,

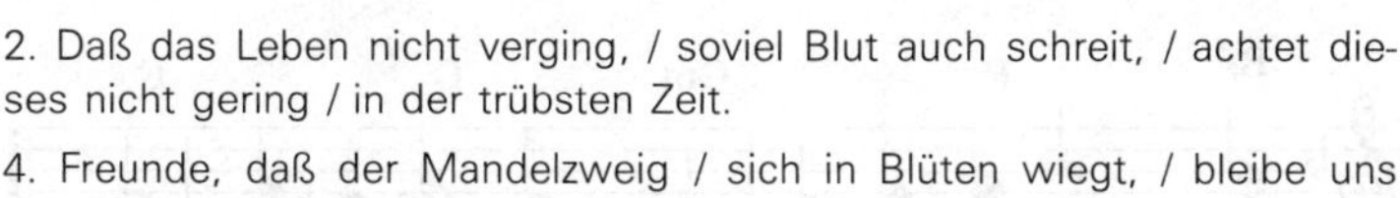

Doch des Le - bens Blü-ten - sieg leicht im Win-de weht.
but the day when almonds bloom is a time of birth.

1 2. Daß das Leben nicht verging, / soviel Blut auch schreit, / achtet dieses nicht gering / in der trübsten Zeit.

4. Freunde, daß der Mandelzweig / sich in Blüten wiegt, / bleibe uns ein Fingerzeig, / wie das Leben siegt.

---

2 *2. Almond blossom, sign of life / in the face of pain, / raises hope in people's hearts / spring has come again.*

4. Friends, give thanks for almond blooms / swaying in the wind: / token that the gift of life / triumphs in the end.

1 = deutsch, 2 = englisch

Melodie: Fritz Baltruweit. Text: Schalom Ben-Chorin, 2: Fred Kaan

250 **Damit aus Fremden Freunde werde**

That strangers into friends are turning

Deutschland

1 2. Damit aus Fremden Freunde werden, / gehst Du als Bruder durch das Land, / begegnest uns in allen Rassen / und machst die Menschlichkeit bekannt.

3. Damit aus Fremden Freunde werden, / lebst Du die Liebe bis zum Tod. / Du zeigst den neuen Weg des Friedens, / das sei uns Auftrag und Gebot.

4. Damit aus Fremden Freunde werden, / schenkst du uns Lebensglück und Brot: / Du willst damit den Menschen helfen, / retten aus aller Hungersnot.

5. Damit aus Fremden Freunde werden, / vertraust Du uns die Schöpfung an. / Du formst den Menschen Dir zum Bilde, / mit Dir er sie bewahren kann.

6. Damit aus Fremden Freunde werden, / gibst Du uns Deinen Heilgen Geist, / der, trotz der vielen Völker Grenzen, / den Weg zur Einigkeit uns weist.

---

2 *2. That strangers into friends are turning, / you walk as brother through the land, / reach out to us in all the peoples, / help one and all join hand in hand.*

3. That strangers into friends are turning, / your love till death for us does stand. / You show the new way that peace offers, / which is our work and your command.

4. That strangers into friends are turning, / you give us joy of life and bread: / Signs of your help for all your people, / from all your bounty you have fed.

5. That strangers into friends are turning, / your house, your world you do us lend, / you form all persons in your likeness, / who shall with you your garden tend.

6. That strangers into friends are turning, / you give your Spirit, full of glow. / Not held back by the peoples borders / the way to oneness you will show.

1 = deutsch, 2 = englisch

Melodie, Text und Satz: Rolf Schweizer. 2: Jeffrey T. Myers.

251 **For the healing of the nations**

Für die Heilung aller Völker

England

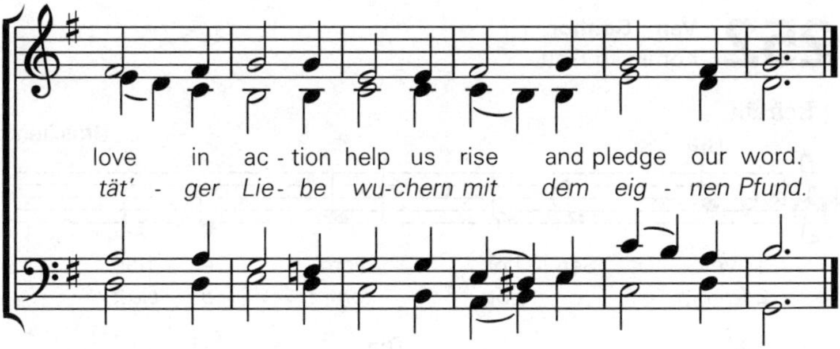

1 2. Lead us, Father, into freedom, / from despair your world release; / that redeemed from war and hatred, / all may come and go in peace. / Show us how through care and goodness / fear will die and hope increase.

3. All that kills abundant living, / let it from the earth be banned: / Pride of status, race or schooling, / dogmas that obscure your plan. / In our common quest for justice / may we hallow life's brief span.

4. You, creator God, have written / your great name on humankind; / for our growing in your likeness / bring the life of Christ to mind: / That by our response and service / earth its destiny may find.

---

2 *2. Führ uns, Vater, in die Freiheit, / mach uns von Verzweiflung frei, / daß erlöst von Haß und Kriegen / Friede mit uns allen sei. / Zeig uns, wie durch Hilf und Güte / Angst stirbt, Hoffnung wächst herbei.*

3. Alles, was das Leben tötet, / stelle unter deinen Bann: / Stolz auf Stellung, Farbe, Klasse, / Lehren gegen deinen Plan. / Noch im Kampf für das, was recht ist, / seh'n wir Leben heilig an.

4. Schöpfer, du schreibst deinen Namen / tief ins Buch der Menschheit ein: / Laß in uns dein Bildnis wachsen, / hilf uns, Christus näher sein, / daß durch unsres Lebens Antwort / Erde glänzt in deinem Schein.

1 = englisch, 2 = deutsch

Melodie: nach Henry Purcell. Satz: Hartmut Bietz. Text: 1: Fred Kaan, 2: Dieter Trautwein.

252 Vem, Senhor
Komm, o Gott

Refrain

Brasilien

1 2. Apesar de deprimido / por lutar sem ver sentido / Fazer sem ter querido, / por morrer sem ter vivido: / este povo ainda espera a tua vinda; / este povo ainda espera a tua vinda.

3. Apesar do ateísmo / e das marcas de egoismo / da cobiça e da ambição / e de tanta solidão; / este povo ainda espera a tua vinda, / este povo ainda espera a tua vinda.

---

2 *2. Komm, o Gott, komm, o Gott, komm doch dein Volk zu befreien. (2x) / Trotz Verzweiflung in dem Kampf, bei dem das Ziel so endlos weit, / ein Leben ohne Liebe und ein Sterben vor der Zeit: / Dieses Volk, es wartet und hofft noch auf dein Kommen; / dein Volk wartet und hofft noch auf dein Kommen.*

3. Komm, o Gott, komm, o Gott, komm doch dein Volk zu befreien. (2x) / Wenn der Eigennutz sich breit macht, die Gewinnsucht und der Neid, / Mißachtung der Gebote und die große Einsamkeit: / Dieses Volk, es wartet und hofft noch auf dein Kommen; / dein Volk wartet und hofft noch auf dein Kommen.

1 = portugiesisch, 2 = deutsch

Melodie und Text: Pater Antonio Haddad. 2: Peter Weigand / Renate Schiller.

253 Jesus Christ is waiting

Jesus Christus wartet

Jésus Christ appelle

Frankreich/Schottland

1 = englisch, 2 = deutsch, 3 = französisch, 4 = spanisch

Melodie: traditionell aus Frankreich (15. Jhdt.). 1: Iona Community. 2: Dieter Trautwein, 3: Robert Faerber, 4: Juan Gattinoni.

1 2. Jesus Christ is raging, / raging in the streets, / where injustice spirals, / and real hope retreats. / Listen, Lord Jesus, / I am angry too. / In the Kingdom's causes / let me rage with you.

3. Jesus Christ is healing, / healing in the streets; / curing those who suffer, / touching those he greets. / Listen, Lord Jesus, / I have pity too. / Let my care be active, / healing just like you.

4. Jesus Christ is dancing, / dancing in the streets, / where each sign of hatred / he, with love, defeats. / Listen, Lord Jesus, / I should triumph too. / On suspicion's graveyard / let me dance with you.

5. Jesus Christ is calling, calling in the streets. / "Who will join my journey? / I will guide their feet". / Listen, Lord Jesus, / let my fears be few. / Walk one step before me; / I will follow you.

---

2 *2. Zorn packt Jesus Christus überall im Land, / wo das Unrecht anwächst, Hoffnung wird verbannt. / Höre mich, Jesus! Zorn steigt auf in mir! / Laß mich für die Hoffnung zornig sein mit dir.*

3. Jesus heilt die Menschen überall im Land, / hilft, wo Menschen leiden, gibt uns Wort und Hand. / Höre mich, Jesus! Mitleid setzt mir zu. / Laß mich wirksam helfen, heilen wie auch du.

4. Tanzend zeigt sich Jesus überall im Land, / daß statt Haß die Liebe siegt, macht er bekannt. / Höre mich, Jesus! Sieg wünsch ich auch mir. / Laß am Grab des Mißtrau'ns tanzen mich mit dir.

5. Jesus Christus ruft uns überall im Land: / "Alle, die mir folgen, leitet meine Hand!" / Höre mich, Jesus! Laß die Ängste fliehn. / Bleibt dein Schritt nah vor mir, will ich mit dir ziehn.

---

3 2. Jésus Christ se dresse / d'un air courroucé. / L'injustice oppresse, / l'espoir est chassé. / Ecoute ô Jésus l'appel de ma foi, / fais-moi à ta droite / lutter avec toi.

3. Jésus Christ nous sauve, / calme le malheur. / Aide ceux qui souffrent, / sèche tous les pleurs. / Ecoute ô Jésus / mon cri de pitié, / aide moi à sauver / les désespérés.

4. Jésus d'amour danse / sur tous les chemins. / La haine s'avance, / il la chasse au loin. / Ecoute ô Jésus / étouffe mes peurs, / que ta joie éclate, / pénètre mon coeur.

5. Jésus Christ appelle / sur tous les chemins; / qui veut bien me suivre / ceigne fort ses reins. / Ecoute ô Jésus, / ton enfant te suit / partout où ta droite / le guide et conduit.

4 *2. Jesús tiene "bronca", / "bronca" en la ciudad / donde hay injusticia / y nada que esperar. / Escucha oh Cristo, me enojo también / quiero arder contigo / y tu Reino traer.*

3. Jesucristo sana, / sana en la ciudad / calma a quienes sufren / toca a quien anda mal. / Escucha oh Cristo, me apiado también / serviré cuidando / contigo sanaré.

4. Jesucristo danza, / danza en la ciudad / Cada signo de odio / au amor lo venceré. / Esucha oh Cristo, lucharé también / en terreno incierto / contigo danzaré.

5. Jesucristo llama, / llama en la ciudad / "¿Quien vendrá conmigo?" / mis pies tu guiarás. / Escucha oh Cristo, calma mi temor. / Camina adelante / yo seguiré tu amor.

254 **Thank you, God, for water, soil and air**

Dank dir, Gott, für Wasser, Erde, Luft

England

1 Thank you, God, for wa - ter, soil and air,
2 *Dank dir, Gott, für Was- ser, Er - de, Luft*

large gifts sup-port-ing ev' - ry thing that lives, For -
– Ga-ben, de-nen al - les Le-ben sich ver - dankt. Ver -

give our spoil - ing and ab - use of them.
gib, was wir ver - geu - det und miß-braucht.

1 2. Thank you, God, for minerals and ores, / the basis of all building trade and flight. / Forgive our reckless plundering and waste. / Help us renew the face of the earth.

3. Thank you, God, for priceless energy, / stored in each atom, gathered from the sun. / Forgive our greed and carelessness of power. / Help us renew the face of the earth.

4. Thank you, God, for weaving nature's life / into a seamless robe, a fragile whole. / Forgive our haste that tampers unawares. / Help us renew the face of the earth.

5. Thank you, God, for making planet earth / a home for us and ages yet unborn. / Help us to share, consider, save, and store. / Come and renew the face of the earth.

---

2 *2. Dank dir, Gott, für Erze und Gestein / – Grund, daß Bauen, Handel, Wirtschaft uns gelingt. / Vergib, was wir geplündert und vertan. / Hilf uns, zu erneu'n der Erde Gesicht.*

3. Dank dir, Gott, für reiche Energie, / aufgespeichert im Atom, im Sonnenlicht. / Vergib die Gier, die rücksichtslose Macht. / Hilf uns, zu erneu'n der Erde Gesicht!

4. Dank dir, Gott, fürs Weben der Natur, / ohne Naht, ein Ganzes, das zerbrechlich bleibt. / Vergib die Hast, die nicht bedenkt, was droht. / Hilf uns, zu erneu'n der Erde Gesicht!

5. Dank dir, Gott, der uns die Erde schuf, / uns zur Heimat und für Zeiten ungeborn. / Hilf teilen, planen, schützen und bewahrn. / Komm, erneure du der Erde Gesicht.

1 = englisch, 2 = deutsch

Melodie: überliefert. 1: Brian Wren, 2: Dieter Trautwein

255 **För livets skull ska sanningen bli synlig**

Fürs Leben soll die Wahrheit / For the sake of life

Schweden

1 För li - vets skull ska san-ning - en bli syn - lig.
2 *Fürs Le- ben soll die Wahr-heit sicht-bar wer - den.*
3 For the sake of life the face of truth will bright- en.
4 *Face à la vie, la vé - ri - té é - cla - te,*
5 Por es - ta vi - da la ver - dad a - lum - bra

För li-vets skull ska läng - tans frön slå rot.___ För
Fürs Le-ben schlägt die Sehn-sucht Wur-zeln tief. Fürs
For the sake of life the seeds of hope will root.__ For the
face à la vie que gran- dis - se l'es - poir,___ face
por es- ta vi - da va - le es - pe - rar por

li - vets skull ska fre-dens väg bli tyd - lig för
Le- ben sucht sich Frie - de Bahn auf Er - den, für
sake of life the way of peace will ligh - ten for
à la vie que la paix se ré - pan - de___ sur
es - ta vi - da la paz tiene un rum - bo lo hem-

dem som vå - gar gå för li - vets skull.___
al - le, die ihn wa - gen, um zu leben.___
those who dare to walk, for the sake of life.___
le che - min ru - gueux face à la vie.___
mos de - ca - mi - nar,___ pa - ra vi - vir.___

1 = schwedisch, 2 = deutsch, 3 = englisch, 4 = französisch, 5 = spanisch

Melodie: Gunhild Scheide. 1+3: Per Harling, 2: Hans-Michael Trautwein, 4: Robert Faerber, 5: Joan Gattinoni.

1 2. För livets skull ger ännu marken gröda. / För livets skull bär jorden ännu kraft. / För livets skull ska alla få sin föda / ur denna jord vi fått – för livets skull.

3. För livets skull vänds vanmakten till vrede. / För livets skull ska rätten flöda fram. / För livets skull ska källor utav glädje / ge modet hopp och kraft – för livets skull.

4. För livets skull blev Gud ett barn, vår like. / För livets skull gav han sitt liv för oss. / För livets skull ska rättens rätta rike / bli synligt genom oss – för livets skull.

---

2 *2. Fürs Leben schenkt der Boden seine Garben. / Fürs Leben gibt die Erde uns noch Kraft. / Fürs Leben soll auf Erden keiner darben. / Wir teilen, was wir haben – um zu leben.*

3. Fürs Leben wendet Ohnmacht sich in Stärke. / Fürs Leben setzt Gerechtigkeit sich durch. / Fürs Leben gern tut Freude Wunderwerke, / schenkt Hoffnung, Mut und Kraft uns – um zu leben.

4. Fürs Leben wurde Gott zu unsresgleichen. / Fürs Leben ging er für uns in den Tod. / Fürs Leben werden wir die Hände reichen / all denen, die sie brauchen – um zu leben.

---

3 2. For the sake of life the fields are being seeded. / For the sake of life there's still growth in the earth. / For the sake of life we'll share with all that need it / the bread from common soil – for the sake of life.

3. For the sake of life a righteous wrath needs power. / For the sake of life let streams of justice roll. / For the sake of life the springs of joy will mother / the newborn child of hope – for the sake of life.

4. For the sake of life our God became an infant. / For the sake of life he lived and died for all. / For the sake of life the time of God is constant. / The kingdom is at hand – for the sake of life.

---

4 *2. Face à la vie, répandons la semence, / face à la vie, que grandisse le grain, / face à la vie, que nul ne désespère / que tous aient part au pain face à la vie.*

3. Face à la vie, la justice se révolte, / face à la vie, élevons notre voix, / face à la vie, redonnons espérance / aux victimes du malface à la vie.

4. Face à la vie, c'est Dieu qui se révèle, / face à la vie, il a donné son Fils / face à la vie, il a ouvert son règne, / son Royaume est tout près face à la vie.

5 2. Por esta vida está sembrado el campo / por esta vida hay crecimiento aùn / por esta vida el pan de nuestra tierra / compartiremos hoy, para vivir.

3. Por esta vida se rebela el débil / por esta vida justicia fluirá / por esta vida cada primavera / renueva y da valor para vivir.

4. Por esta vida Dios se hizo pequeño / por esta vida el vivió y murió / por esta vida el verdadero Reino / en nuestra acción verán, para vivir.

256 **Sommer und Winter, Saatzeit und Ernte**
Summer and winter, seedtime and harvest

Deutschland

1 = deutsch, 2 = englisch

Zu 1. Mose 8,22

Melodie und Text: Dieter Trautwein. 2: Donald Wetherick

Put peace into each other's hands 257
Gebt euch den Frieden in die Hand

1 2. Put peace into each other's hands / with loving expectation; / be gentle in your words and ways, / in touch with God's creation.

3. Put peace into each other's hands, / like bread we break for sharing; / look people warmly in the eye: / our life is meant for caring.

4. As at communion, shape your hands / into a waiting cradle; / the gift of Christ receive, revere, / united round the table.

5. Put Christ into each other's hands, / he is life's deepest measure; / in love make peace, give peace a chance / and share it like a treasure.

---

2 *2. Gebt euch den Frieden in die Hand, / erwartet ihn mit Liebe; / seid sacht beim Reden und beim Tun, / laßt wachsen seine Triebe.*

3. Gebt euch den Frieden in die Hand / wie Brot, bestimmt zum Teilen, / sucht freundlich eurer Nächsten Blick, / des Lebens Sinn heißt Heilen.

4. Formt wie bei Christi Mahl die Hand, / gleich einer Krippe offen, / damit euch sein Geschenk vereint, / er hilft am Tisch uns hoffen.

5. Gebt euch den Christus in die Hand / als Maß in allen Dingen. / Wenn ihr den Schatz in Liebe teilt, / muß Frieden euch gelingen.

1 = englisch, 2 = deutsch

Melodie: überliefert. 1: Fred Kaan, 2: Dieter Trautwein.

258 **Veglia sul mondo**

Bewahr die Erde

Italien

1 2. Veglia sul mondo, sul giovane sfruttato, / sopra chi è solo e ormai non spera più. / Veglia sul mondo, famiglia senza pace, / sopra i tuoi figli che muoiono quaggiù.

3. Veglia sul mondo, sui popoli in cammino, / sopra gli schiavi di questa civiltà. / Siamo tuoi figli, tu sei il Salvatore, / veglia sul mondo e sull'umanità.

---

2 *2. Bewahr die Erde, verletzte junge Menschen, / alle, die einsam und ohne Hoffnung sind. / Bewahr die Erde, Familien ohne Frieden, / all deine Kinder vom Sterben stets bedroht.*

3. Bewahr die Erde, dein Volk, das unterwegs ist, / Menschen als Sklaven der Welt, die sich verfehlt. / Wir, deine Kinder, und du, unser Erlöser – / bewahr die Erde und uns die Menschlichkeit.

1 = italienisch, 2 = deutsch

Melodie und Text: aus Italien. 2: Marlies Flesch-Thebesius.

259 **Es kommt die Zeit**

The day will come

Deutschland

1 = deutsch, 2 = englisch

Melodie: Peter Janssens. Satz: Hartmut Bietz. 1: Str. 1: Gerhard Schnath, Str. 2+3 Rudolf Otto Wiemer. 2: Fred Kaan.

1 2. Es kommt die Zeit, in der die Völker sich versöhnen, / wenn alle befreit sind und zusammenstehn / im einen Haus der Welt. / Dann gehen Gott und die Menschen Hand in Hand, / dann gehen Gott und die Menschen Hand in Hand.

3. Es kommt die Zeit, da wird der Erdkreis neu ergrünen / mit Wasser, Luft, Feuer, wenn der Menschen Geist / des Schöpfers Plan bewahrt. / Dann gehen Gott und die Menschen Hand in Hand, / dann gehen Gott und die Menschen Hand in Hand. 4. = 1.

---

2 *2. The day will come / when nations will embrace each other, / when all shall be free, and yet together bound, / safe in one earthly home. / Then shall the people with God / walk hand in hand, / then shall the people with God walk hand in hand.*

3. The day will come / when earth will be renewed and flourish / through people who care for the Creator's gifts / of water, air und fire. / Then shall the people with God / walk hand in hand, / then shall the people with God walk hand in hand. 4. = 1.

260 This is the only world

Nach dieser Erde

England

1 = englisch, 2 = deutsch

Melodie: Don Mc Lean. Text: überliefert.

L

Lieder zum Kirchenjahr
Hymns of the Church Year
Chants de l'année ecclésiastique
Canciones del Año Eclesiástico

261 My soul gives glory to the Lord

Von ganzer Seele lobsinge ich Gott / Mon âme rend gloire

USA

1 2. My God has done great things for me: / yes, holy is this name. / All people will declare me blessed, / and blessings they shall claim.

3. From age to age, to all who fear, / such mercy love imparts, / dispensing justice far and near, / dismissing selfish hearts.

4. Love casts the mighty from their thrones, / promotes the insecure, / leaves hungry spirits satisfied, / the rich seem suddenly poor.

5. Praise God, whose loving covenant / supports those in distress, / remembering past promises with present faithfulness.

---

2 *2. Für mich hat Gott große Dinge getan, / sein Name heilig heißt. / Selig wird mich nun preisen alles Volk, / um Segen wird es flehn.*

3. Zu aller Zeit wird, wer Gott fürchtet, sehn, / wie Gnade Liebe schenkt, / wie Gerechtigkeit wächst für fern und nah, / wie Ichsucht Herzen flieht.

4. Die Liebe schleudert die Starken vom Thron / und richtet Schwache auf, / und den Hungernden gibt sie täglich Brot, / läßt Reiche leer ausgehn.

5. Es bleibt Gott treu seinem Volk Israel, / erbarmt sich seiner Not / und vergißt nicht, was er ihm einst versprach, / dem Samen Abrahams.

---

3 2. Le Seigneur Dieu est merveilleux, / Saint, Saint est son nom. / Tout le peuple me dit bénie, / bénédiction sur lui.

3. D' âge en âge pour celui qui craint et de Dieu / reçoit l'amour / la justice abonde. Elle fait chanter les mondes.

4. L'Amour détrône les puissants, / rend l'humble confiant, / satisfait l'esprit affamé. / Le riche est renvoyé.

5. Fidèle est le Dieu d'Israel, / écoutant nos prières, / se souvenant de ses promesses, / pour Abr'am et ses enfants.

Zu Lukas 1,46–55

1 = englisch, 2 = deutsch, 3 = französisch
Melodie und Text: Mirjam Therese Winter. 2: Dieter Trautwein, 3: Joëlle Gouël.

262 My soul does magnify the Lord

Aus tiefster Seele preis ich Gott

Indonesien/Sri Lanka

1 2. Behold, from henceforth to my name shall generations give / their blessings, for the Lord who came as man with all to live. / The mercy of our God is great and great his deeds of love, / he looked upon our low estate and lifted us above.

3. The proud he scattered in their pride, the rich must empty go. / The strong his strength doth set aside, the mighty are brought low. / The humble are exalted high, the hungry filled with food. / The God of Israel has drawn nigh, the Lord, our God, is good.

---

2 *2. Mein Name wird für allezeit in jeder Generation / gepriesen werden, weil Gott kam, Mensch unter Menschen zu sein. / Die Gnade Gottes ist so groß, groß seiner Liebe Taten; / er sah der Menschen Niedrigkeit und richtete sie auf.*

3. Den Hochmut bringt er jäh zu Fall, läßt Reiche leer ausgehn, / die Starken straft sein strenger Arm, stößt Mächtige vom Thron. / Die Niedrigen erhebt er hoch, füllt Hungrige mit Gütern. / Gott steht zu seinem Israel, kommt nah und ist uns gut.

Zu Lukas 1,46–55

1 = englisch, 2 = deutsch

Melodie: Maluku Volksmelodie. 1: Daniel T. Niles. 2: Johanna Linz.

263 **Sing we a song of high revolt**

Auf, singt das Lied, das Umsturz preist

Au souffle ardent

Jamaica/England

1 2. Sing we of him who deeply cares / and still with us our burden bears. / He who with strength the proud disowns, / brings down the mighty from their thrones.

3. By him the poor are lifted up; / he satisfies with bread and cup / the hungry ones of many lands; / the rich must go with empty hands.

4. He calls us to revolt and fight / with him for what is just and right, / to sing and live "Magnificat" / in crowded street and council flat.

---

2 *2. Auf, singt von ihm, der tief besorgt / die Last der Unterdrückten trägt, / der aus der Bahn die Stolzen wirft / und Größenwahn vom Platz verweist.*

3. Er setzt die Armen obenan, / und er versorgt mit Brot und Trank / die hungrig sind und ohne Lohn. / Besitzer läßt er leer ausgehn.

4. Zum Umsturz ruft er und zum Kampf, / ihm nach für Menschentum und Recht. / Wo Volk sich drängt und Elend herrscht, / zeigt, was es heißt: Nur Gott ist groß!

---

3 2. Un long mépris les tenait captifs, / mais Dieu en eux reconnaît son Christ! / Le Fils de l'homme avec eux fait corps, / il boit leur coupe et détruit leur mort!

3. Ouvrez vos coeurs au combat de Dieu, / L'Agneau viendra y jeter son feu; / dépouillez-vous car le temps est court, / suivez la voie qu'a tracée l'amour.

4. Vos biens retiennent vos mains liées, / ne gardez rien, vous serez comblés; / il faut tout perdre et laisser monter / le chant nouveau que chantait Marie.

Zu Lukas 1, 46–55

1 = englisch, 2 = deutsch, 3 = französisch

Melodie: Doreen Potter. Satz: Hartmut Bietz. 1: Fred Kaan, 2: Dieter Trautwein, 3: Soeur Marie-Pierre Faure.

264 O mbati mbat'a idiba

Ganz früh am Morgen noch bei Nacht

Kamerun

1 2. Lo si yańa min myango / Ma ba ba ta o songo / Nde Angel i bisę babo / Na Yesu a pumbo.

3. Nde lo camane min myango: / na Angel i wu nde o mǫń / I sumo dalę o songo / Na Kristo a busa.

---

2 *2. O zweifle nicht an diesem Wort, / denn auch am finstren Kreuzesort / erfuhrn die Seinen in der Nacht: / "Mein Werk, das ist vollbracht!"*

3. Du kannst nicht schweigen, du mußt schrein. / Die Engel wälzten weg den Stein, / es dringt die Kunde in das Land, / daß Jesus auferstand!

1 = douala, 2 = deutsch

Melodie und Text: aus Kamerun (Douala-Sprache). 2: Irmhild Lyonga / Dieter Trautwein.

Ylistys olkoon ristiinnaulitun **265**
Du sprichst mich frei / I am forgiven

Finnland

1 2. Henkesi on voimani mun. Ylistys olkoon ristiinnaulitun.
3. Luonasi on kotini mun. Ylistys olkoon ristiinnaulitun.

---

2 *2. Dein Geist, o Herr, richtet mich auf.*
Lob sei Dir, Christe, teilst das Kreuz der Welt.

3. Leben und Frieden finden wir in Dir.
Lob sei Dir, Christe, hebst das Kreuz der Welt.

---

3 2. Your Spirit, Lord is my strength and guide.
All praise and glory to the Crucified.

3. I am at home when You're by my side.
All praise and glory to the Crucified.

1 = finnisch, 2 = deutsch, 3 = englisch

Musik: Pekka Simojoki. Text 1+3: Anna-Mari Kaskinen, 2: Dietrich Werner

266 **Sautu Tähliilen bädää**

Hört ihr ihn, den Jubelschall

Libanon/Jordanien/Palästina

1 Sau-tu Täh-li-len bä-dää in-nä-hu Sau-tu-s Su-ruur

2 *Hört ihr ihn, den Ju-bel-schall und das Lied, das Freu-de bringt?*

Busch-ra Nu-ren wä-hu-dää lil-mä-lä 'ab-rad-du-huur

Fro-he Bot-schaft ist be-reit' al-len Men-schen al-ler Zeit.

Busch-ra Nu-ren wä-hu-dää lil-mä-lä 'ab-rad-du-huur.

Fro-he Bot-schaft ist be-reit' al-len Men-schen al-ler Zeit.

1 2. Hälliluyä Rabbunä / zu-qtidaarin säyäsuud / **I:** liyärinnä-s-Sautu fi / kulli Aqtaaril-wugguud. **:I**

3. Hälliluyä fässmä'u / bäläghä-s-Sautu-l-'ulä / **I:** Sautu Älhääni-s-Sämä / lil Araadi qad_'älä. **:I**

4. Simätä-n-Nassrin-zuruu / qadd bädä Nuuru-l-Ilääh / **I:** Innä Mulkä-l-Ardi qadd / saara Mulkän li-Fätääh. **:I**

---

2 *2. Halleluja, unserm Herrn, der bald alle Welt regiert. /* **I:** *Darum kommt herbei und singt, / daß es überall erklingt.* **:I**

3. Halleluja, unser Lied / dringt empor zu Gottes Ehr / **I:** *und vom Himmel kommt als Klang / froher Engelchöre Sang.* **:I**

4. Seht, das helle Gottes-Licht / gibt bereits Signal vom Sieg: / **I:** *Dieses ganze Erdreich ist / schon das Reich des Herren Christ.* **:I**

1 = arabisch, 2 = deutsch

Melodie und Text: aus arabischen Gemeinden (Libanon, Jordanien, Syrien, Palästina). 2: Dieter Trautwein.

Gdy się Chrystus rodzi **267**

Als die Welt verloren

Polen

1 2. Mówią do pasterzy, / którzy trzód swych strzegli, / Aby do Betlejem / czym predzej pobiegli, / Bo sie nardoził Zbawiciel, / Wszego świata Odkupiciel. / Gloria, Gloria, Gloria / in excelsis Deo!

---

2 *2. Und die Engelscharen / bei den Hirten waren, / brachten frohe Kunde / von des Heilands Stunde: / "Bei den Herden nicht verweilet / und nach Bethlehem hin eilet." / Gloria, Gloria, Gloria / in excelsis Deo!*

3. Zu dem heilgen Kinde / eilten sie geschwinde, / konnten staunend sehen, / was da war geschehen: / Gott im Himmel schenkt uns allen / mit dem Kind sein Wohlgefallen. / Gloria, Gloria, Gloria / in excelsis Deo!

1 = polnisch, 2 = deutsch

Melodie und Text: aus Polen. 2: Gustav Kucz.

268 Weil Gott in tiefster Nacht erschienen

Since God has come when night was deepest

1 2. Weil Gott in tiefster Nacht erschienen . . .
Bist du der eignen Rätsel müd? Es kommt, der alles kennt und sieht!

3. Weil Gott in tiefster Nacht erschienen . . .
Er sieht dein Leben unverhüllt, zeigt dir zugleich dein neues Bild.

4. Weil Gott in tiefster Nacht erschienen . . .
Nimm an des Christus Freundlichkeit, trag seinen Frieden in die Zeit!

5. Weil Gott in tiefster Nacht erschienen . . .
Schreckt dich der Menschen Widerstand, bleib ihnen dennoch zugewandt!

---

2 *2. Since God has come . . . / Has life been hard, the way too long, he comes, our hurts too make his own.*

3. Since God has come . . . / All stands revealed before God's view, he shows you now your life brand new.

4. Since God has come . . . / Christ's kindness in our hearts release, that we in turn might be his peace.

5. Since God has come . . . / Should doors be closed and hearts shut tight, keep loving till they open wide!

Refrain (nach der 5. Strophe)

1 = deutsch, 2 = englisch

Melodie und Text: Dieter Trautwein. Satz: Hartmut Bietz. 2: Jeffrey T. Myers.

269 **Mida 'kpe na Mawu le 'fe**

Gott sei Dank für alle Gaben

Togo/Ghana

1 = ewe, 2 = deutsch

Melodie und Text: Seth A. Kwadzo. 2: Dieter Trautwein.

270 O little town of Bethlehem

O Bethlehem, du kleine Stadt / Å Betlehem, du vesleby

England

1 2. All morning stars together proclaim the holy birth, / and praises sing to God the King, and peace to men on earth, / for Christ is born by Mary, and gathered all above, / while mortals sleep the angels keep their watch of wondering love.

3. O holy Child of Bethlehem, descend to us we pray: / cast out our sin and enter in, be born in us today! / We hear the Christmas angels the great glad tidings tell. / O come to us, abide with us, our Lord Emanuel.

---

2 *2. Des Herren heilige Geburt verkündet hell der Stern, / ein ewger Friede sei beschert den Menschen nah und fern; / denn Christus ist geboren und Engel halten Wacht, / dieweil die Menschen schlafen, die ganze dunkle Nacht.*

3. O heilig Kind von Bethlehem, in unsre Herzen komm, / wirf alle unsre Sünden fort und mach uns frei und fromm. / Die Weihnachtsengel singen die frohe Botschaft hell: / Komm auch zu uns und bleib bei uns, o Herr Immanuel!

---

3 2. Å morgonstjerner tindrande, forkynn hans fødselsstund. / I bjarte skrud ber fram for Gud vår takk frå hjartegrunn. / Hans mor er møy Maria, ein krubbekarm hans seng, / og englevakt har kring han lagt så vernande sin veng.

3. Stilt kjem Guds Son til kvar og eir og spakt om rom han spør, / og veg han finn, stig til deg inn, om du lèt opp di dør. / Han rettar sine hender mot kvar ei syndarsjel, / og mellom oss er reist den kross som gjer ein syndar sael.

4. Du Jesusbarn frå Betlehem, kom til oss denne kveld. / Driv ut all synd, din fred forkynn til oss, Immanuel. / Då ser vi dine englar og himmelånders rad. / Om fryd på jord frå deg vår bror vi syng med dei vårt kvad.

1 = englisch, 2 = deutsch, 3 = norwegisch

Melodie: 16. Jh., Ralf Vaughan Williams 1906. Satz: Hartmut Bietz. 1: Peter Brooks. 2: Helmut Barbe, 3: Alfred Haug.

271 Aujourd'hui dans notre monde

Heute noch kommt Gottes Wort

Lo! today into our world

Frankreich

1 2. Aujourd'hui dans nos ténèbres / le Christ a lui pour ouvrir les yeux des hommes, / qui vont dans la nuit. / L'univers est baigné de sa lumière: / Gloire à Dieu et paix sur terre, alléluia!

3. Aujourd'hui dans notre mort a paru la Vie / pour changer le coeur des hommes qui sont endurcis, / et l'amour est plus fort que nos misères: / Gloire à Dieu et paix sur terre, alléluia!

4. Aujourd'hui, dans notre chair est entré Jésus / pour unir en lui les hommes qui l'ont attendu. / Et Marie, à genoux, l'offre à son Père: / Gloire à Dieu et paix sur terre, alléluia!

---

2 *2. Heute fällt in unsre Dunkelheit großes Licht. / Christus leuchtet hell den Menschen im Dunkel der Nacht. / Alle Nacht ist durchstrahlt von diesem Glänzen. / Ehre sei Gott und Fried auf Erden. Halleluja!*

3. Heute bricht in unsrem Tod sich das Leben Bahn, / wandelt Herzen, die belastet und hoffnungslos sind. / Stärker ist Gottes Macht als unser Elend. / Ehre sei Gott und Fried auf Erden. Halleluja!

4. Heute kommt in Jesus Gott als ein Mensch zu uns, / um sie alle zu vereinen, die warten auf ihn. / Gott gab ihn durch Marie – mit ihr wir singen: / Ehre sei Gott und Fried auf Erden. Halleluja!

---

3 2. Lo! today into our darkness has shone the Light, / to restore eyesight to men who are groping in night. / All his vast universe bathes in his mystery: / Glory to God, and peace on earth. Alleluia!

3. Lo! today into our death the Life breaks in, / to transform the hearts of men who are hardened by sin. / Love shall be stronger far than all our misery: / Glory to God, and peace on earth. Alleluia!

4. Lo! today into our flesh the Lord descends / to unite the men who wait to be counted his friends; / offering him to his Father, Mary kneels reverently: / Glory to God, and peace on earth. Alleluia!

1 = französisch, 2 = deutsch, 3 = englisch

Melodie: nach "Jesus Redemptor" des C. Geoffray. 1: Didier Rimaud. 2: Ursula Trautwein, 3: F. Pratt Green.

272 **Von guten Mächten wunderbar geborgen**

By gracious pow'rs so wonderfully
Sur nous, merveille

Deutschland/Frankreich

1 2. Noch will das alte unsre Herzen quälen, / noch drückt uns böser Tage schwere Last. / Ach Herr, gib unsern aufgeschreckten Seelen / das Heil, für das du uns geschaffen hast.

3. Und reichst du uns den schweren Kelch, den bittern / des Leids, gefüllt bis an den höchsten Rand, / so nehmen wir ihn dankbar ohne Zittern / aus deiner guten und geliebten Hand.

4. Doch willst du uns noch einmal Freude schenken / an dieser Welt und ihrer Sonne Glanz, / dann woll'n wir des Vergangenen gedenken, / und dann gehört dir unser Leben ganz.

5. Wenn sich die Stille nun tief um uns breitet, / so laß uns hören jenen vollen Klang / der Welt, die unsichtbar sich um uns weitet, / all deiner Kinder hohen Lobgesang.

---

2 *2. Yet is this heart by its old foe tormented, / still evil days bring burdens hard to bear: / O give our frightened souls the sure salvation / for which, O Lord, you taught us to prepare.*

3. And when this cup you give is filled to brimming / with bitter suffering, hard to understand, / we take it thankfully and without trembling / out of so good and so beloved a hand.

4. Yet when again, in this same world you give us / the joy we had, the brightness of your sun, / we shall remember all the days we lived through / and our whole life shall then be yours alone.

5. Now when your silence deeply spreads around us, / O let us hear all your creation says: / That world of sound which soundlessly invades us, / and all your children's highest hymns of praise.

---

3 2. Le lourd passé encore nous tourmente. / Nos coeurs en sont restés tout accablés! / Que ton salut s'empare de nos âmes. / Seigneur, puisque tu nous l'as préparé!

3. La coupe amère, si Tu la présentes, / et Tu proposes le calice plein, / nous l'acceptons, sans crainte, rendant grâce. / ô Dieu, de Ta si bonne et tendre main.

4. Si Tu nous donnes Ton soleil encore, / la joie des hommes dans ce monde-ci, / nous en gardons entière la mémoire / afin de Te remettre notre vie!

5. Quand nous oppresse le trop grand silence, / fais-nous entendre au fond du firmament / l'accord puissant du monde de louange / où chantent, invisibles Tes enfants!

1 = deutsch, 2 = englisch, 3 = französisch

Melodie: Joseph Gelineau. 1: Dietrich Bonhoeffer, 2: F. Pratt Green, 3: J. F. Frié.

273 **Tuhanku, Tuhanku mengapa**

Mein Gott, warum hast du mich verlassen

My God, my God, why have you forsaken me

Indonesien/Philippinen

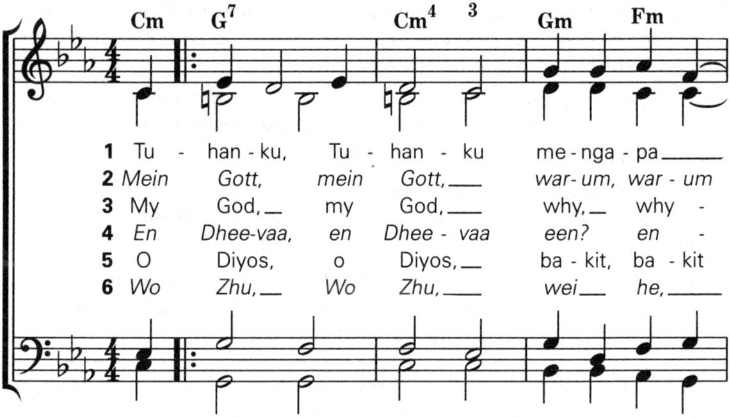

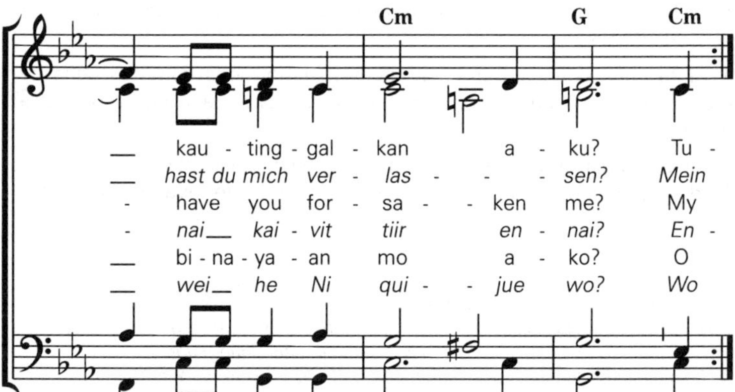

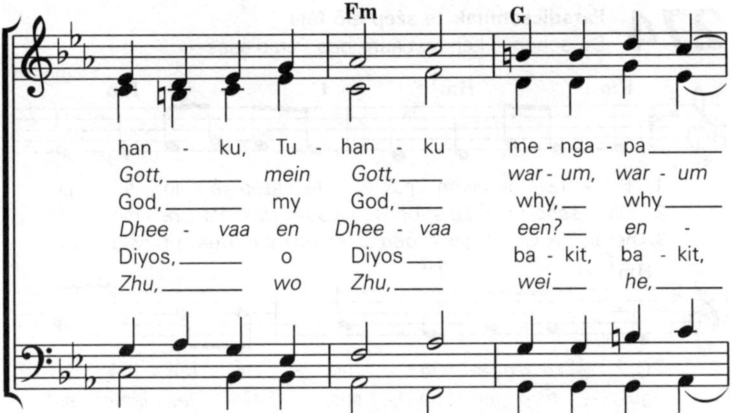

Zu Psalm 22,2

1 = indonesisch, 2 = deutsch, 3 = englisch, 4 = tamilisch, 5 = philippinisch, 6 = mandarin

Melodie: Francisco F. Feliciano. Satz: Hartmut Bietz. 1: Fridolin Ukur, 2: Dieter Trautwein, 3: Fridolin Ukur, 3–6: Rolando S. Tipo.

274 **Paradicsomnak te śzep élö fàja**

Du schöner Lebensbaum des Paradieses

Ungarn

1 2. Ertünk egyedül szörnyü kint szenvedtél, / megfeszittetvén töviset viseltél, / mi büneinkért véreddel fizettél, / megölettettél.

3. Edes Jèzusunk, szenteld meg lelkünket, / hogy megbocsássuk mi is a bünöket / mindeneknek, kik ellenük vétettek / es elestenek.

4. Adjad, hogy mi is értük könyörögjünk, / téged követvén szivböl esedezzünk, / hogy sok szentekkel tehozzád mehessünk, / üdvözülhessünk.

5. A pàlyafutàst mi is elvégezvén, / lelkünket anjànlhassuk szent kezedbe, / mint megvàltottak mondhassuk nagy szépen / eletünk végében:

6. Hála lègyen a mennybeli Istennek, / ki megvàltója a bünös embernek, / es megszerzöje szent békességünknek, / idvességünknek.

2 *2. Nur unsretwegen hattest du zu leiden, / gingst an das Kreuz und trugst die Dornenkrone. / Für unsre Sünden mußtest du bezahlen / mit deinem Leben.*

3. Lieber Herr Jesus, wandle uns von Grund auf, / daß allen denen wir auch gern vergeben, / die uns beleidigt, die uns Unrecht taten, / selbst sich verfehlten.

4. Für diese alle wollen wir dich bitten, / nach deinem Vorbild laut zum Vater flehen, / daß wir mit allen Heilgen zu dir kommen / in deinen Frieden.

5. Wenn sich die Tage unsres Lebens neigen, / nimm unsren Geist, Herr, auf in deine Hände, / daß wir zuletzt von hier getröstet scheiden, / Lob auf den Lippen:

6. Dank sei dem Vater, unsrem Gott im Himmel, / er ist der Retter der verlornen Menschheit, / hat uns erworben Frieden ohne Ende, / ewige Freude.

---

3 2. Its name is Jesus, name that says "Our Saviour!" / There on its branches see the scars of suffering; / see where the tendrils of our human selfhood / feed on its life-blood.

3. Thorns not its own are tangled in its foliage; / our greed has starved it; / our despite has choked it. / Yet look, it lives! Its grief has not destroyed it, / nor fire consumed it.

4. See how its branches reach to us in welcome; / hear what the voice says, "Come to me, ye weary! / Give me your sickness, give me all your sorrow. / I will give blessing."

5. This is my ending; this my resurrection; / into your hands, Lord, I commit my spirit. / This have I searched for; now I can possess it. / This ground is holy!

6. All heaven is singing, "Thanks to Christ, whose Passion / offers in mercy healing, strength and pardon. / All men and nations, take it, take it freely!" / Amen! My Master!

1 = ungarisch, 2 = deutsch, 3 = englisch

Melodie: Klausenburg. 1: Imre Pécseli Király. 2: Dieter Trautwein / Vilmos Gyöngyösi, 3: Erik Routley.

275 Ayyuhäl Masslubu zulman yämunää

Großes Unrecht ist geschehen

So much wrong

Libanon/Syrien/Jordanien/Palästina

1 2. Schagaru-z-Zeituuni yähnu / bääkiän Rabba-l-Gäläal / wä tänuu-hu-l-Quddsu huzznän / wätuläbbiihä-l-Gibääl.

3. yä Häbbiibi äyyu Lähnin / min Schägä-l-Qalbi-l-häziin / yämnähu-r-Ruuha 'äzää'änc / wä yusälli-l-Mu'miniin.

4. yä Häbiibi kullu Qaulin / faada min ghääli-l-käläam / lä yäfiikä-d-Dahru Schurkan / läkä yä Fäädi-l-Änääm.

---

2 *2. Die Olivenbäume weinten, trauerten um ihren Herrn. / Und Jerusalem war traurig, seine Berge weinten mit.*

3. Es gibt keine Melodie, die trösten kann mein wundes Herz. / Nicht nur ich allein muß trauern, alle Gläub'gen leiden mit.

4. Alles, was ich sagen möchte, gäbe nie dir vollen Dank. / Würd ich lebenslang dir danken, es wär nimmermehr genug.

---

3 2. Olive trees were also crying, / they were grieving for their Lord. / And Jerusalem was mourning, / hills and mountains crying, too.

3. There is no song and no tune / which can heal my broken heart. / Not alone I must be grieving, / all believers suffer, too.

4. Ev'rything I liked to offer, / never could be thanks in full. / If I thanked you all my life long, / it would never be enough.

1 = arabisch, 2 = deutsch, 3 = englisch

Melodie und Text: aus arabischen Gemeinden (Libanon, Jordanien, Syrien, Israel, Palästina). 1: Jubrail Gabbour, 2: Dieter Trautwein, 3: Jeffrey T. Myers.

276 Lift up the cross

Hebt hoch das Kreuz

Refrain

Philippinen

1 2. Lift up the cross, lift up our hearts, / Christ is the King who died for peace. / Carry the cross to Calvary, / brothers and sisters let us be, / justice shall reign for Christ has died, / sing for the dawn shall burst with light.

3. Lift up the cross, lift up our hearts, / Christ is the King who died for peace. / Carry the cross to Calvary, / here is the greatest mystery, / Christ shall part the gloom of sin, / lift up our hearts in joyful hymns.

2 *2. Hebt hoch das Kreuz, hebt hoch das Herz! / Frieden bringt Christus durch den Tod. / Tragt Jesu Kreuz nach Golgatha, / um Brüder, Schwestern Jesu zu sein. / Recht kommt zum Sieg, weil Christus sich gab. / Singt, aus der Dämmrung bricht schon das Licht.*

3. Hebt hoch das Kreuz, hebt hoch das Herz! / Frieden bringt Christus durch den Tod. / Tragt Jesu Kreuz nach Golgatha, / größer kann kein Geheimnis mehr sein. / Christus nimmt unsre Sünde auf sich. / Hebt euer Herz, singt froh euer Lied!

1 = englisch, 2 = deutsch

Melodie: Francisco F. Feliciano. 1: Rolando S. Tinto. 2: Dieter Trautwein

Christos anesti ek nekron 277

Christus ist von den Toten auferstanden

Griechenland

Englisch (translation)

Christ is risen from the dead, trampling down death by death, and to those in the tombs hath he given life.

Französisch (traduction)

Le Christ est ressuscité des morts, par sa mort il a triomphé de la mort, il nous délivre du tombeau pour nous donner la vie.

1 = griechisch, 2 = deutsch

Aus der griechisch-orthodoxen Osterliturgie. 2: Johanna Linz

278 **Christós voskrése**

Christ ist erstanden / Christ is risen

Rußland

1 = russisch, 2 = deutsch, 3 = lateinisch, 4 = englisch

Russisch-orthodoxes Oster-Troparion. Choralbuch zur Göttlichen Liturgie, Würzburg. 4: Jeffrey T. Myers.

279 **Bwana Yesu kafufuka**

Jesus Christus ist erstanden

Tansania

1 2. Kweli, Yesu kafufuka, / ametupa tumaini! / Haleluya, Haleluya! Ametupa tumaini, / Haleluya, Haleluya, Haleluya.

---

2 *2. Es ist wahr! Er ist erstanden, / gibt uns allen neue Hoffnung! / Halleluja, Halleluja! Gibt uns allen neue Hoffnung, / Halleluja, Halleluja, Halleluja.*

1 = suahili, 2 = deutsch

Melodie und Text: Joas Kijugo. 2: Gerhard Jaspers.

280 **Mfurahini, Haleluya**

Er ist erstanden, Halleluja / He has arisen. Alleluia

Tansania

Melodie: aus Tansania. 1: Bernard Kyamanywa. 2: Ulrich S. Leupold, 3: Howard S. Olsen, 4: Meieli Stettler.

1 2. Amefufuka Mkombozi, Haleluya, tushangilie. / Nguvu za mwovu ameshinda. Ametuondoa kufani. / Tumwimbie sote . . .

3. Malaika alwaambia Wanawake, "Msiogope. / Sasa kaburi lipo tupu, Kwani Yesu amefufuka." / Tumwimbie sote . . .

4. "Amebatilisha Shetani. Amewaletea wokovu. / Kwa hiyo ninyi mtangaze, Ni hakika, Yesu yu hai." / Tumwimbie sote . . .

---

2 *2. Er war begraben drei Tage lang, / ihm sei auf ewig Lob, Preis und Dank; / doch die Gewalt des Tod's ist zerstört; / selig ist, wer zu Jesus gehört. / Laßt uns frohlocken . . .*

3. Der Engel sagte: "Fürchtet euch nicht! / Ihr suchet Jesus, er ist hier nicht. / Sehet die Stätte, wo er einst lag; / er ist erstanden, wie er gesagt!" / Laßt uns frohlocken . . .

4. "Geht und verkündigt, daß Jesus lebt, / er lebt in allem, was lebt und webt. / Was Gott geboten, ist nun vollbracht, / Christus hat's Leben wiedergebracht". / Laßt uns frohlocken . . .

---

3 2. For three long days the grave did its worst, / until its strength by God was dispersed. / He who gives life did death undergo, / and in its conquest his might did show. / Let us sing praise . . .

3. The angel said to them, "Do not fear, you look for Jesus who is not here. / See for yourselves, the tomb is all bare: / only the grave-clothes are lying there." / Let us sing praise . . .

4. Go spread the news, he's not in the grave. / He has arisen, mankind to save. / Jesus' redeeming labours are done. / Even the battle with sin is won. / Let us sing praise . . .

---

4 *2. Trois jours durant la tombe il connut / pour nous donner la vie il mourut. / Heureux celui qui à Jésus vient, / le glorifie et lui appartient. / Chantons . . .*

3. L'ange leur dit: Femmes, ne craignez point! / Vous cherchez, Jésus, il est plus loin. / Sa tombe est vide, venez la voir. / Il est ressuscité dans la gloire. / Chantons . . .

4. Allez annoncer que Jésus vit; / par son pouvoir l'ennemi a fui. / Le salut est accompli pour nous. / Honneur et gloire à son nom si doux! / Chantons . . .

1 = suahili, 2 = deutsch, 3 = englisch, 4 = französisch

281 Cristo vive, fuera el llanto

Christus lebt, drum laßt das Jammern
Christ is risen, Christ is living

Argentinien

1 Cris - to vi - ve, fue - ra el llan - to, los la -
2 *Chri - stus lebt, drum laßt das Jam - mern, al - le*
3 Christ is ri - sen, Christ is liv - ing, dry your
4 *Le Sei - gneur vit! Plus de lar - mes, plus de*

men - tos y el pe - sar! Ni la muer - te ni el se -
Kla - gen und das Leid! Denn vom Kreuz, von To - des-
tears, be un - a - fraid! Death and dark - ness could not
plain - tes, plus de peurs! Ni la mort, ni le sé -

pul - cro lo han po - di - do su - je - tar. No bus -
schat - ten ist der Hei - land längst be - freit. Sucht nun
hold him, nor the tomb in which he laid. Do not
pul - cre, de Lui, n'ont é - té vain-queurs! Il n'est

quéis en - tre los muer - tos al que
nicht mehr bei den To - ten ihn, der
look a - mong the dead for one who
pas en - tre les morts Ce - lui qui

siem - pre ha de vi - vir. Cris - to vi - ve!
uns am Le - ben hält. Chri - stus lebt, drum
lives for e - ver - more: tell the world that
pour tou - jours vi - vra! Jé - sus vit, et

Melodie: Pablo Sosa. 1: Nicolas Martinez, 2: Arturo Blatezky, 3: Fred Kaan, 4: J. F. Frié.

es - tas nue - vas por do - quier de - jad o - ir.
sagt es wei - ter al - len Men-schen in der Welt.
Christ is ri - sen, make it known he goes be - fore.
la nou - vel - le par le mon- de s'en i - ra!

1 2. Que si Cristo no viviera / Vana fuera nuestra fe. / Mas se cumple su promesa; / 'Porque vivo, viviréis.' / Si en Adán entró la muerte, / por Jesús la vida entró: / No temáis, el triunfo es vuestro: / ¡El Señor resucitó!

3. Si es verdad que de la muerte / El pecado es aguijón, / No temáis pues Jesucristo / Nos da vida y salvación, / Gracias demos al Dios Padre / Que nos da seguridad. / Que quien cree en Jesucristo / Vive por la eternidad.

---

2 *2. Wäre Christus nicht am Leben, / wär der Glaube Schall und Rauch. / Doch nun ging es in Erfüllung: / "Weil ich lebe, lebt ihr auch!" / Müssen wir mit Adam sterben, / so mit Jesus aufersteh'n! / Alle Furcht hat nun ein Ende, / weil wir in das Leben geh'n!*

3. Ist die Sünde doch der Stachel, / der zum Tode führt die Welt, / laßt uns alle Angst vergessen, / Jesus hat die Nacht erhellt! / Dank sei Gott, dem Herrn, gesungen, / er schenkt uns die Sicherheit; / wer schon hier gebaut auf Christus, / lebt mit ihm in Ewigkeit!

---

3 2. If the Lord had never risen, / we'd have nothing to believe. / But his promise can be trusted: / "You will live, because I live." / As we share the death of Adam, / so in Christ we live again. / Death has lost its sting and terror. / Christ the Lord has come to reign.

3. Death has lost its old dominion, / let the world rejoice and shout! / Christ, the firstborn of the living / gives us life and leads us out. / Let us thank our God who causes / hope to spring up from the ground. / Christ is risen, Christ is giving / life eternal, life profound.

---

4 *2. Si le Christ ne ressuscite / vaine alors est notre foi! / Mais Il tient cette promesse: / "Vous vivrez tous comme moi!" / Par Adam nous vient la mort. / La vie, Jésus nous l'a donnée! / Plus de peur! C'est la victoire / du Seigneur ressuscité!*

3. La mort tient de notre faute, / du péché, son aiguillon. / N'ayez crainte, Jésus donne / et la vie et le pardon. / Rendons grâces! Dieu le Père / nous veut en sécurité. / En Jésus, si l'homme espère, / il vivra l'éternité!

1 = spanisch, 2 = deutsch, 3 = englisch, 4 = französisch

282 **Přemohl Ježíž smrti noc**

Besiegt hat Jesus Tod und Nacht

Through Jesus death and dark now gone

Tschechien

1 = tschechisch, 2 = deutsch, 3 = englisch

Melodie und Text: Luděk Rejchrt, Satz: Hartmut Bietz. 2: Bedřich Šurman, 3: Jeffrey T. Myers

1 2. To jitro velikonoční smíš chválit v každém místě. / Vždyť všude, kde se shromáždí ve jménu jeho dva neb tři, je s námi zcela jístě.

3. Tak s církví svou se setkává ve svátostech a Slovu. / Každému, kdo jej poznává, v pokorné víře vyznává, svůj život dává znovu.

4. Ježíši věrný, zůstaň již i s námí, když den hasne. / Ať nad hroby, jež všude zříš, nám svítí, / vede dál a výš tvé, Pane, světlo jasné!

---

2 *2. Daß große Auferstehung sei, vermelde allen Zeiten. / Wo sich berufen zwei und drei auf Jesu Namen kühn und frei, / wird sie sein Geist geleiten.*

3. Zu seiner Kirche kommt er neu im Wort und in den Zeichen. / Wer ihn erkennt und ohne Scheu ihn auch bekennt und ist ihm treu, / von dem wird er nicht weichen.

4. Du treuer Jesus, bleib uns nah. Wird unser Tag sich neigen, / sei auch an unsern Gräbern da, damit das Licht, das dir geschah, / auch uns den Weg wird zeigen.

---

3 2. His resurrection power will extend to times and places. / Where two or three in Jesus' name are gath'ring free, confessing him, / his spirit is descending.

3. In word and sign he comes anew again his church creating. / To all who speak his name and stand steadfast to take their place by him / his love remains unshaking.

4. O faithful Jesus stay with us. When our last day is calling, / be also there where our graves stand, and let the light that shone in you, / on our way now be falling.

283 Chegou a Páscoa, que alegria

Heut ist Ostern, welche Freude / Sing, it's Easter

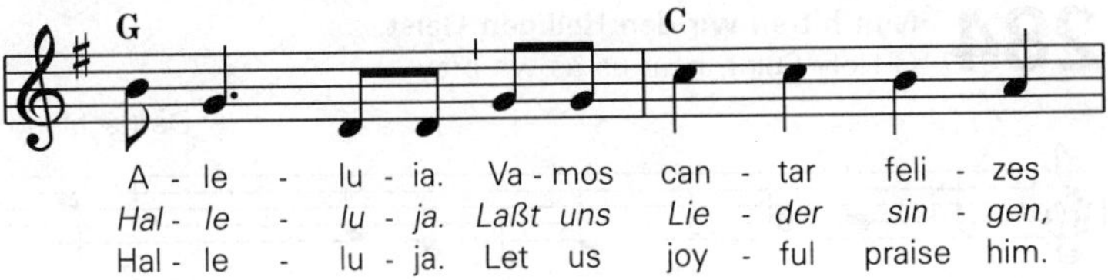

2 *2. Auferstanden kommt er wieder, / will schon heute gegenwärtig sein. / Brot der Liebe und Gemeinschaft / teilt er an Verlass'ne aus. / Laßt uns Lieder . . .*

3. Er befreit uns aus den Ängsten, / hilft uns, füreinander dazusein. / Öffnet Türen, die verschlossen, / gibt den Geist, der Frieden bringt. / Laßt uns Lieder . . .

---

3 2. Jesus risen comes again, / wonts to be among us here today. / The bread of love and his / communion is for all who're left alone. / Let us joyful praise him . . .

3. From our fears he liberates us, / teaches us to care for other ones. / He opens closed doors, gives the Spirit, / by the Spirit he gives peace. / Let us joyful praise him . . .

1 = brasilianisch, 2 = deutsch, 3 = englisch

Melodie und Text: aus Brasilien. 2: Dieter Trautwein/Dorival Ristoff, Str. 2+3 Dieter Trautwein, 3: Jeffrey T. Myers/Dieter Trautwein.

284 Nun bitten wir den Heiligen Geist

O Holy Spirit, hear us as we pray

Deutschland

1 Nun bit - ten wir den Hei - li - gen Geist um den
2 *O Ho - ly Spirit, hear us as we pray; keep our*
3 Es - prit de Dieu, la force est en toi. Viens en
4 *Tu, for - za vi - va, con - for - ta - ci, nel - la*
5 Ro - ga - mos al buen Con - so - la - dor nos con -

rech - ten Glau - ben al - ler - meist, daß er uns be -
faith re - newed from day to day. Free us from the
nous, aug - men - te - nous la foi. Si, dans la dé -
ve - ra fe - de tie - ni - ci, Spi - ri - to del
ce - da gra - cia, fe y fer - vor, el nos de su a -

hü - te an un - serm En - de, wenn wir heim - fahrn aus
cha - os of night and deep - ness; in our life and death
tres - se, le mal nous pres - se af - fer - mis nos coeurs
Pa - dre, che ci pro - teg - gi fi - no all'o - ra di
yu - da, su ma - no fuer - te nos am - pa - re en la

die - sem E - len - de. Ky - ri - e - leis.
cheer and keep___ us. Ky - ri - e - leis.
et les rends vain - queurs. Ky - ri - e - leis.
no - stra mor - - te. Ky - ri - e - leis.
an - gus - tia y la muerte. Ky - ri - e - leis.

1 2. Du wertes Licht, gib uns deinen Schein, / lehr uns Jesus Christ kennen allein, / daß wir an ihm bleiben, dem treuen Heiland, / der uns bracht hat zum rechten Vaterland. / Kyrieleis.

3. Du süße Lieb, schenk uns deine Gunst, / laß uns empfinden der Liebe Glut, / daß wir uns von Herzen einander lieben / und im Frieden auf einem Sinn bleiben. / Kyrieleis.

4. Du höchster Tröster in aller Not, / hilf, daß wir nicht fürchten Schand noch Tod, / daß in uns die Sinne nicht verzagen, / wenn der Feind wird das Leben verklagen. / Kyrieleis.

---

2 *2. Uproot and teach us by your restless love, / help us to share all that we are and have, / that with strong affection, in truth and doing, / we may love all men, peace pursuing. / Kyrieleis.*

3. You plead our cause, and by your gift of peace / life is from the fear of death released. / How we need your presence, O gift from heaven, / all our words and deeds to enliven. / Kyrieleis.

---

3 2. Esprit de Dieu, l'espoir est en toi, / dans la nuit d'un monde obscur et froid! / Viens et nous éclaire de ta lumière, / aujourd'hui, demain, dans tous nos chemins. / Kyrieleis.

3. Esprit de Dieu, l'amour est en toi. / C'est l'amour du Christ offert en croix. / Qu'il mette en notre âme la vive flamme / de la vérité dans la charité. / Kyrieleis.

---

4 *2. Tu, fiamma chiara, riscaldaci, / solo Gesù Cristo insegnaci, / Spirito del Figlio, il Salvatore / che alla vera patria ci guida. / Kyrieleis.*

3. Tu, dolce amore, rinnovaci, / nella carità confermaci, / Spirito di pace per questo mondo, / e saremo segni di Dio. / Kyrieleis.

---

5 2. Amor sin par, danos tu favor, / llénanos de fervoroso amor, / para que hermanado tu pueble entero / marche en paz por el mismo sendero. / Ten piedad. Señor.

3. Consuelo fiel, poderoso Dios, / de maldad y afrentas líbranos. / Contra el enemigo cruel y malvado, / sé, al fin, nuestro fuerte abogado. / Ten piedad, Señor.

1 = deutsch, 2 = englisch, 3 = französisch, 4 = italienisch, 5 = spanisch

Melodie: 13. Jh. 1: 13. Jh., Martin Luther. 2: Fred Kaan, 3: nach James Siordet, 4: Eugenio Costa jr., 5: Albert Lehenbauer.

285 Evlogitos i Christe o Theos

Gepriesen seist du, Christus / O blessed are You

Griechenland

1 = griechisch, 2 = deutsch, 3 = englisch

Melodie und Text: überliefert. 2: Dieter Trautwein. 3: überliefert

O viens, Esprit Créateur
Komm, du Schöpfer Geist
O come God, Creator

286

Schweiz

1 = französisch, 2 = deutsch, 3 = englisch

Pfingst-Antiphon der Schwestern der Communität von Grandchamp. Satz: Hartmut Bietz. 3: Jeffrey T. Myers.

287 De Geest van God waait als een wind

Der Geist von Gott weht wie der Wind

Niederlande

1 2. De Geest van God is als een vuur, / als vlammen felbewogen, / vertetrend wat-aan onrecht leeft, / een gloed vol mededogen. / Een vonk van hoop in onze nacht, / een wenkend licht dat op ons wacht, / een warmt' in hart en ogen.

3. In stilte werkt de Geest van God, / stuwt voort met zachte krachten, / een wijze moeder die ons hoedt, / een bron van goede machten. / Zij geeft ons moed om door te gaan, / doet mensen weer elkaar verstaan, / omgeeft ons als een mantel.

---

2 *2. Der Geist von Gott wie Feuer brennt, / wie züngelnder Flammen Gebilde, / das Unrecht verzehrt und den Haß versengt, / wie Glut voll Treu und Milde – / ein Hoffnungsfunke in der Nacht, / ein tröstlich Licht, das über uns wacht, / das Liebe uns gebracht.*

3. Verborgen wirket Gottes Geist / mit sanften, zarten Händen, / wie Mutter uns die Wege weist, / wo Angst und Trauer enden – / sie gibt uns Mut, hindurchzusehn / und aufeinander zu zugehn, / umhüllt uns mit Verstehen.

1 = niederländisch, 2 = deutsch

Melodie: Gon Voorhoeve. 1: Marjike Koijk-de Bruijne. 2: Susanne Kramer-Friedrich

288 Yä Quddsä Ruuhil-Lääh

Erschein, du Heilger Geist

Libanon/Syrien/Jordanien/Palästina

1 2. Ileikä Tässbihi / bi-ä'zäbi-l-Älhään / yä Mäu'ilä-l-Gämääl / yä Mänbä'äl Ihhsään / älhimniär-Rägää / wä -Hubbä wäl-limään // wäl-Kheirä wäl-Ataa / -älä-däDäwääm.

3. Fä-Ahfazazzikrää / fi aqdäsil-Äyyääm / wä anschural-Buschraa / bi saanIJs-Säläām / fi Hubbihi äghnää / fis-Sahwi wäl-Mänääm / wä Hubbi lää yäfnää / •-lä-d-Däwääm.

---

2 *2. Dir gebe ich zum Lob die schönsten Melodien. / Du bist die Herrlichkeit, des Guten klarer Quell. / Die Hoffnung schenke mir, die Liebe, Glauben, / daß ich sie weitergebe alle Zeit.*

3. Die Treue halt ich dir in Freude, Leid und Not. / Verkünden will ich stets, daß du den Frieden bringst. / Dein Name sei gelobt vom Morgen bis zur Nacht. / Die Liebe bleibt bestehen allezeit.

1 = arabisch, 2 = deutsch

Melodie und Text: aus arabischen Gemeinden (Libanon, Jordanien, Syrien, Palästina). 2: Dieter Trautwein.

Spirit of the living God

Komm, Geist vom lebendigen Gott

Trinidad

Mit Bewegungen:
I Hände von unten nach oben, dann zum Körper hinführen.
II Offene Hände in arbeitenden Bewegungen von unten nach oben führen.
III Hände von oben wieder zum Körper führen.

im Kreis:
Hände zum Schluß nach rechts und links zum Nachbarn oder zur Nachbarin.

1 = englisch, 2 = deutsch

Melodie: Marjorie Wooding. 1: überliefert. 2: Ursula und Dieter Trautwein

290 Gottes Geist überrascht uns

God's Spirit rushes o'er us

Deutschland

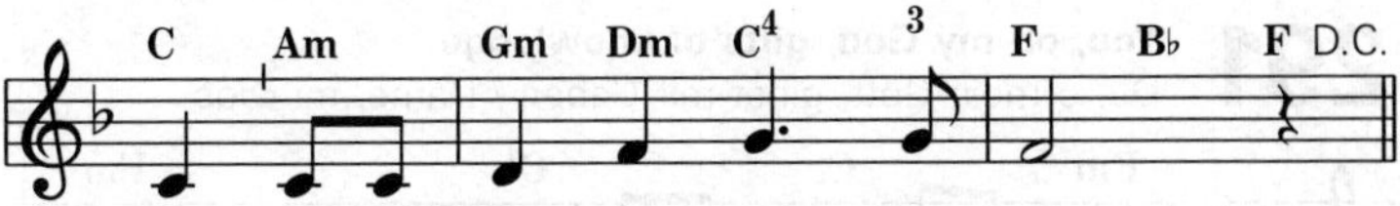

prägt, hilft in Fein - den Men - schen sehn.
dice, helps us see our - selves in foes.

1 2. Denn er löst uns von Ängsten, von Schuld, die uns bedrückt, / gibt uns Mut zum nächsten Schritt. / Denn er führt uns zusammen aus Völkern vieler Art, / macht, daß Fremde Freunde sind.

3. Denn er bringt seine Früchte auch dort noch an den Tag, / wo ein fremder Glaube wohnt. / Denn er zündet die Zeichen der Liebe überall, / wo ein Mensch dem andern hilft.

4. Denn er wirkt auch im Seufzen der schwachen Kreatur, / bleibt der ganzen Schöpfung nah. / Denn nicht Menschen allein treibt der Geist aus Gottes Kraft, / alles Leben macht er neu.

---

2 *2. For it frees us from anguish, from guilt that weighs us down, / shows the way to carry on. / For it draws us together and makes us all as one, / turning strangers into friends.*

3. For it brings all his bounty to see the light of day / where another faith holds sway. / For it lights up the lantern of love in ev'ry place / where one person aids the rest.

4. For it even works wonders in feeble creature's sighs, / stays the whole creation nigh. / For it's not just in humans we see the Spirit's work, / God renews life ev'rywhere.

1 = deutsch, 2 = englisch

Melodie und Text: Ursula und Dieter Trautwein. 2: Len Lythgoe.

291 You, oh my God, gifts of knowledge

Du, o mein Gott, gibst mir Gaben / Dame, mi Dios

Iran

1 2. Spirit of God, source of wisdom, guidance, life. / Yet to receive these gifts, we must daily die. / Spirit of Jesus Christ reaches our pain. / Consciences weak through guilt, / He'll make whole again.

3. Love from the human heart through selfishness will fail, / love that Your Spirit gives, causes it to pale. / Lord, fill us deep within, so friends will know, / to even enemies, Your love we can show.

4. Jesus, we'll follow You, servant hearts we need, / with Your compassion, Lord, others we will feed, / Grant us to follow You, never retreat, / gladly to wash and cleanse one another's feet.

5. People without God are living for themselves, / bringing such sep'rateness, suffering and fear. / Come Lord and show us all Your power can heal, / uproot the source of hate, may Your peace reign here.

6. You, oh my God, gifts of knowledge give to me / that hidden mysteries I may clearly see. / Living obediently, grace You'll endue, / my soul and character You'll make wholly new.

---

2 *2. Geist Gottes, Wahrheitsquell, Kraft, die uns umwirbt, / nur dem gebt ihr euch hin, der dem Hochmut stirbt. / Der Geist aus Jesu Geist kennt unser Leid, / von Schuld, die niederdrückt, werden wir befreit.*

3. Menschliche Liebe in Selbstsucht schnell verfällt, / Liebe aus deinem Geist niemals sich verstellt. / Füll' uns von innen, Herr, daß Freunde sehn / und Feinde auch: so weit kann die Liebe gehn.

4. Jesus, wir folgen im Geist, der von dir zehrt, / daß so dein Mitgefühl viele stärkt und nährt. / Hilf uns, dir nah zu sein, niemals mehr fern, / daß wir einander auch Füße waschen gern.

5. Wer ohne Gott lebt, der lebt für sich allein, / bringt sich viel Einsamkeit, Leid und Ängste ein, / Komm, Herr, und zeige die Kraft, die uns heilt. / Hilf, daß der Haß vergeht, Friede bei uns weilt.

6. Du, o mein Gott, gibst mir Gaben, zu verstehn, / läßt dein Geheimnis mit klarem Blick mich sehn. / Wird deine Gnade in Taten bewährt, / schenkst neues Leben du, das niemals verjährt.

---

3 2. Para poder tus favores recibir / debemos cada día junto a ti morir, / y por tu Espíritu al corazón / herido por el mal restaurarás.

3. Si nuestro amor es un débil resplandor / que empalidece junto a tu propio fulgor, / danos, Señor, poder para mostrar / que a amigos y enemigos podemos amar.

4. Te seguiremos, Jesús, de corazón / sirviendo a todos con tu misma compasión; / con humildad, Señor, para lavar / los pies de aquel que tú nos pediste amar.

5. Sin Dios, la gente se cierra sobre sí, / aislada por poderes que la hacen sufrir. / Muéstranos, oh Señor, que tu poder / al odio y al terror puede hoy vencer.

6. Dame, oh Dios, dones para comprender; / que los misterios pueda claramente ver. / Voy a aceptar con fe tu voluntad / para que así mi ser puedas renovar.

1 = englisch, 2 = deutsch, 3 = spanisch

Lied aus dem Iran. Melodie und Text: Bahram Dehqani und Bischof Hassan Dehqani-Tafti. 2: Dieter Trautwein, 3: Pablo Sosa.

Bahram, einziger Sohn von Bischof Dehqani-Tafti und seiner Frau, starb am 6. Mai 1980 im Iran als Märtyrer.

292 **Spread the news that our world**

Ruft hinaus: Alle Welt / Entonnez un chant nouveau

Iran

1 Spread the news that__ our world is re-deemed
2 *Ruft hin - aus: Al - le Welt wird bald er - löst*
3 En - ton - nez un chant nou - veau, tout re- vient

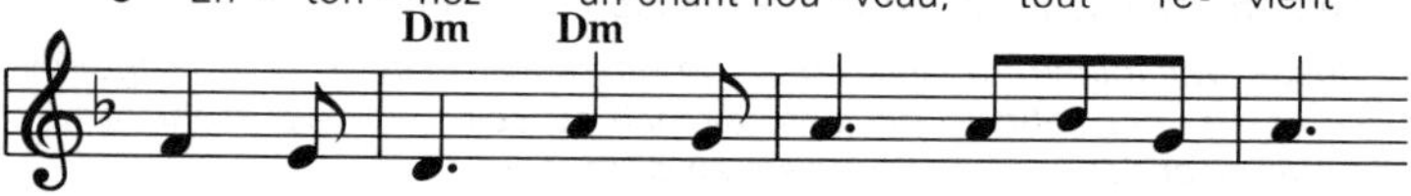

through and through, each from slum - ber__ so deep
ganz und gar. Al - le wer - den aus dem Tief -
à la vie; cé - lé - brez des jours plus beaux

wakes to bright - ness a - new. See the heav - ens a -
schlaf zum Le - ben er - weckt. Seht den Him - mel von
car la mort s'est en- fuie. Le Sei - gneur est plus

blaze with the co - lours of dawn, and the gar - dens do
Far - ben des Mor - gen-rots er - füllt, und es la - chen die
fort que la mort, il est vi - vant, li - bé - rés a - vec

laugh as their wee - ping is gone. See how Na - ture, once
Gär - ten, das Wei - nen ver- ging. Seht die Schöp-fung, die
lui, fê - tons - le en chan-tant. Tout re - prend un vi -

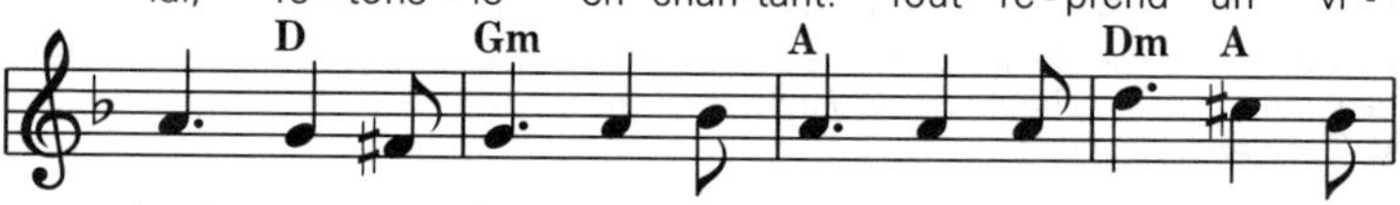

dead, comes a - live out of night, how the sun o - ver
starb, tritt her- vor aus der Nacht, hüllt wie Son - ne das
sage au so - leil du ma - tin, re - gar - dons la lu -

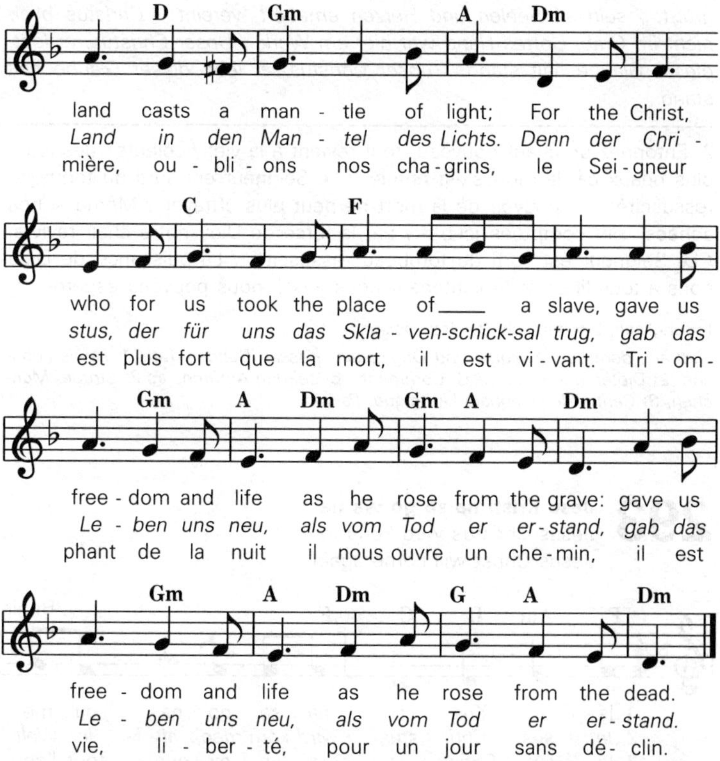

1 2. Spread the news! Look abroad! He has risen to reign! / Now at last heav'n is open'd to earth once again. / Now that death's power is spent and is vanquish'd for aye, / who should fear any storm, who now cringe in dismay? / Lift your eyes to the hills, greet the bright rising sun; / now our hearts and our souls are renewed all as one! / See, the tomb is found bare; this the work of God's hand; / see our Jesus now ris'n! In this faith may we stand: / see our Jesus now ris'n! In this faith may we stand!

---

2 *2. Ruft hinaus, überallhin: Christus lebt und regiert. / Denn der Himmel hat sich wieder zur Erde geneigt, / als des Todes Macht schwand und für allezeit verging. / Macht ein Sturm uns noch Angst, nimmt ein Schrecken den Mut? / Zu den Bergen, zum Licht hebt die Augen und*

grüßt; / seid an Seelen und Herzen erneuert, vereint. / Christus blieb nicht im Grab, Gottes Hand war hier am Werk. / Unser Christus, er lebt, dieser Glaube hält stand, / unser Christus, er lebt, dieser Glaube hält stand.

---

3 2. Entonnez un chant nouveau, tout revient à la vie; / célébrez des jours plus beaux car la mort s'est enfuie. / Le Seigneur est sorti du tombeau ressuscité: / le pouvoir de la mort ne peut plus effrayer. / Même si nos années sont comptées ici-bas / par la force de Dieu notre chair revivra. / Le Seigneur est sorti du tombeau ressuscité. / La puissance de Dieu nous a tous libérés; / maintenant nous aussi, nous pouvons espérer.

1 = englisch, 2 = deutsch, 3 = französisch

Lied aus dem Iran. Melodie und Originalext: Hassan Dehqani-Tafti. 1: Lewis Johnson, 2: Dieter Trautwein, 3: G. Comment.

293 **Jesu Kristi na so go wa na**

Jesus Christus wird kommen

Jesus Christ will come again

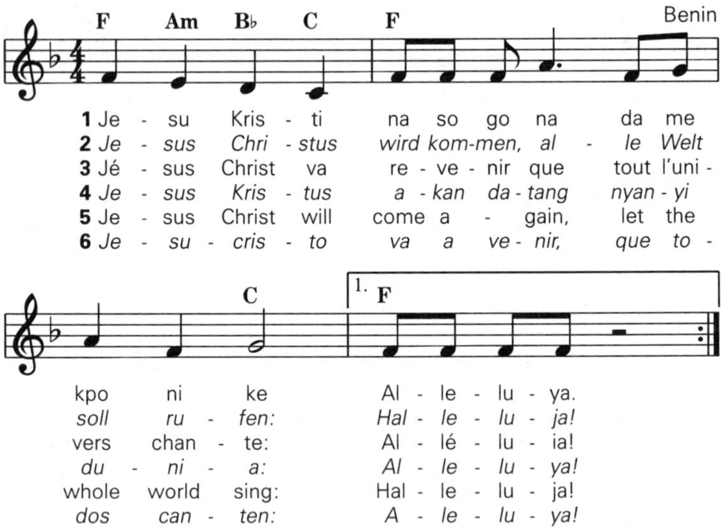

1 = gun, 2 = deutsch, 3 = französisch, 4 = indonesisch, 5 = englisch, 6 = spanisch

Melodie und Text: aus Benin. Das Lied wurde von Kossi Simon Dossou aus Benin als Gabe an die Schweizer Gemeinden übermittelt.

294 Lo, I am with you to the end

Sieh, ich bin bei dir bis ans Ende

Schottland

1 2. Lo, I am with you when you leave self behind . . .
3. Lo, I am with you in the struggle for peace . . .
4. Lo, I am with you when you suffer for love . . .
5. Lo, I am with you in the way of the cross . . .
6. Lo, I am with you in the darkness of death . . .
7. Lo, I am with you to the end of the world . . .

---

2 *2. Sieh, ich bin bei dir, drum laß los von dir selbst . . .*
3. Sieh, ich bin bei dir, wenn für Frieden du kämpfst . . .
4. Sieh, ich bin bei dir, wenn du Leiden erträgst . . .
5. Sieh, ich bin bei dir auf dem Weg hin zum Kreuz . . .
6. Sieh, ich bin bei dir, wenn der Tod dich bedroht . . .
7. Sieh, ich bin bei dir bis ans Ende der Welt . . .

1 = englisch, 2 = deutsch

Melodie und Text: Iona Community. 2: Dieter Trautwein.

Ordnung für den täglichen Gottesdienst

Order of Daily Worship

Ordre de Culte Quotidien

Orden de Culto Diario

**	deutsch	englisch
A	Gemeinsames Singen	Community singing
	Meditative Musik	Meditative music
	Trinitarische Eröffnung	Trinitarian invocation
F	Doxologie (Heilig, heilig)	Doxology (Holy, holy)
	(Buß-)Psalm /Lied	(Penitential)Psalm/Hymn
B	Sündenbekenntnis, Kyriegesang	Confession of Sin, Kyrie
	Worte der Vergebung	Word of forgiveness
	Hereinbringen der Bibel,	Entry of the Word of God
D	Lichter (Blumen), Gesang	lights (flowers), singing
	Lesungen AT oder Epistel	Reading of OT or Epistle
	Evangelium	Gospel
C	Akklamation (Gloria/Halleluja)	Acclamation (Glory/Halleluja)
	Meditation über das Wort	Meditation on the Word
E	Glaubensbekenntnis/Lied	Affirmation of faith/Hymn
G B	Fürbitten, Bittruf,	Intercessions, invocation,
	stilles Gebet	silent prayer
	Vaterunser	Lord's prayer
H	Sendung und Segen	Commission and benediction
	Lied/Gesang zum Auszug	Hymn/Singing while moving out

Dieser Wortgottesdienst kann zur Eucharistie-Feier ausgestaltet werden. / **Die entsprechenden Lieder und Gesänge finden sich in den seitlich angegebenen Rubriken. Auch Lieder aus den Rubriken **I, J, K, L** fügen sich je nach Tag, Thema und Kirchenjahr ein.

This order of worship can be easily enlarged to a full eucharistic service. / **The respective songs and hymns are to be found in the sections as indicated at the left margin. Hymns of the sections **I,J,K,L** may also be used according to day, theme and the Church Year.

Die hier wiedergegebene Ordnung entspricht der bei den Vollversammlungen des Ökumenischen Rates der Kirchen in Vancouver (1983) und Canberra (1991) als Kurzgottesdienst/Morgenandacht erprobten Form. Sie ermöglicht eine Mitbeteiligung vieler bei den Gebeten und Lesungen, nicht zuletzt bei einer Vielzahl und Vielfalt von Liedern und biblisch-liturgischen Kurzgesängen.

The order of worship given here is in accordance with the liturgical form used in the General Asscemblies of the WCC in Vancouver (1983) and Canberra (1991) for short services/morning prayers. It encourages wide participation in the prayers and readings as well as in the hymns and short liturgical pieces.

französisch	**spanisch**
Chant commun	Communidad cantando
Musique méditative	Música de meditación
Invocation trinitaire	Invocación a la Trinidad
Doxologie (Saint, saint)	Doxologia (Santo, santo)
Psaume (de repentance)/cantique	Salmos (de penitencia)/Himno
Confession des péchés, Kyrie	Confesión de pecados, Kyrie
Paroles de pardon	Palabras de absolución
Entrée, solennelle avec la Bible, lumière (fleurs), chant	Introducíón de la Palabra, de la luz (flores), cantando
Lecture AT ou Epîtres	Lectura AT o de las Epistolas
Lecture de l'Evangile	Lectura del Evangelio
Acclamation (Gloire/Alleluia)	Aclamaciôn (Gloria/Aleluya)
Méditation sur la parole	Meditación sobre la Palabra
Confession de la foi/cantique	Afirmación de fe Himno
Intercessions, invocation prière en silence	Intercesiones, invocación, oración en silencio
Oraison dominicale	Oración del Señor
Envoi et bénédiction	Envío y bendición
Cantique/Sortie en chantant	Himno/Marcha de Salida

Le service de la Parole peut être étendu à une célébration eucharistique. / **Le cantiques et chants correspondants se trouvent dans les rubriques indiquées en marge. Des cantiques des rubriques **I,J,K,L** s'insèrent selon le jour, le thème et l'année ecclésiale.

Este culto hablado sirve también como celebración eucarística. / **Las correspondientes canciones y cánticos se encuentran elencados bajo los rubros marcados al margen. Canciones de los rubros **I,J,K,L** se adhieren también según el día, el tema y el año eclesiástico.

Le'ordre de culte reproduit ici correspond à la forme expérimentale des services brefs/méditations du matin lors des assemblées générales du Conseil Oecuménique des Eglises à Vancouver (1983) et à Canberra (1991). Elle facilite la participation active de l'assemblée aux prière et aux lectures tout en offrant aussi une grande diversité de cantiques et de chants brefs biblicoliturgiques.

El orden aquí reproducido se basa en la experimentada forma de culto breve y de devoción matutina de las Asambleas generales del Consejo Mundial de Iglesias en Vancouver (1983) y Canberra (1991). Dicho orden facilitó la participación de mucha gente en las oraciones y lecturas, así como en las numerosas y variadas canciones o breves cánticos litúrgicos.

Alphabetisches Inhaltsverzeichnis / Index of first lines
Table alphabétique / Lista de paises

Länderverzeichnis / Index of countries
Repertorie des pays / Lista de paises